예비유아교사를 위한

교육사회학

EDUCATION AND SOCIETY

예비유아교사를 위한

교육사회학

이정표 저

dm 동문사

머리말

필자가 교육학을 전공으로 선택하게 된 계기는 교육사회학을 접하게 되면서부터이다. 대학 재학 시 교육학이 지루하면서도 의미 없는 지식의 덩어리로 느껴졌던 상황에서 대학 졸업반에 들어 접하게 된 교육사회학 이론은 잠자던 지성에 불을 당긴 일종의 신선한 충격 그 자체였다. 대학 입학과 맞물려 시작된 군부독재 시기에 국가의 안위를 걱정하며 독파했던 사회과학 저서들로 사회에 대한 편향된 시각과 도그마로 꽉 차 있던 시절이었다. 교육현상을 바라보는 다양한 사회학적 관점을 통해 1980년대 초 답답하고 혼란스러운 한국사회의 정치경제, 교육현상을 객관적이고 종합적으로 바라볼 수 있는 안목을 갖게 된 것이다. 인간과 사회에 대한 고정관념을 멈추고 사회학적 상상력으로 사회 및 교육현상을 거시적이고 객관적인 성찰을 유도하는 교육사회학의 매력에 푹 빠져들게 된 것이다.

교직으로서 교육사회학 과목을 가르친 것은 아주 오랜만이다. 젊은 시절 박사과정 시기에 학부생을 대상으로 그리고 몇 년간 대학원에서의 강의 이후로 많은 세월이 흘렀다. 당시에는 기존 교재에 있는 내용을 충실하게 전달하는 것이 목표였고, 학생들 역시 필자의 강의에 흥미를 갖고 내용을 이해한다고 여겼다. 그런데 유아교육과에서 교직과목으로 교육사회학 강의를 맡게 되면서 교재를 선정하는 데 애를 먹었다. 수많은 교재들의 내용이 비슷하면서도 예전과 변함없이 동일한 내용으로 구성된 점에 놀랐고, 교육사회학을 전공하는 대학원생에게 어울릴 만한 내용의 수준과 범위로 구성된 점이 아쉬웠다. 교직과목을 이수하는 학생들이 교육사회학을 가장 어려워하는 과목의 하나로 생각한다는 점과 왜 배워야 하는가에 대한 의구심을 갖는다는 점이 공감되었다.

학생들에게 적합하면서도 유용한 교재를 제공해 주고 싶은 마음에서 교재 발간을 준비하게 되었다. 교육사회학 전공자라는 점에서 교육사회학 관련 교재를 쓴다는 것은 더욱 조심스럽고 매우 신경이 쓰이는 일이다. 그러나 필자가 느끼고 있는 교육사회학의 매력을 학생들과 공유하고 싶었고, 흥미를 갖고 공부할 수 있도록 도와주기 위해 용기를 내어 집필하게 되었다. 내용을 구성하는 과정에서 교육사회학의 핵심적 기본 지식을 포괄하면서도 지식 자체가 아닌 교육과 사회에 대한 민감성을 갖도록 하는 데 관심을 두었다. 또한 교육사회학의 학문적 성격상 변화하는 사회의 현상 속에서 다양하게 제기되는 사회적 이슈를 담아내고, 이를 교육적으로 해결하기 위한 주제를 담는 데 주목하게 되었다.

이 교재는 크게 세 가지 영역의 주제로 구성되어 있다. 첫 번째 영역은 제1장에서 제4장에 걸쳐 구성한 교육사회학에 대한 이해, 교육사회학 이론, 사회화와 교육 영역은 학생들이 교육과 사회에 대한 거시적이면서 객관적이고 비판적인 관점을 갖도록 하는 데 목표를 두었다. 두 번째 영역인 제5장은 다문화교육을 포함한 문화와 교육을 다루었고, 제6장 학력경쟁과 교육, 제7장 교육평등, 제8장 교육격차 요인과 교육양극화는 한국사회의 대표적인 교육 불평등 현상인 학력·학벌사회의 문제, 교육격차 및 양극화 문제를 다루고 있다. 학생들은 이러한 주제를 통해 교육과 사회의 관련성을 심도 있게 이해하고, 그동안 당연히 해 왔던 의식과 고정관념을 멈추고 교육 불평등 문제를 새로운 시각에서 종합적이고 객관적으로 이해할 수 있는 안목을 갖게 될 것이다. 마지막 영역인 제9장 교사 이해와 교직사회화는 향후 입문하게 될 교원의 권리와 의무에 대한 법·제도와 교원의 생애 경력발달단계를 이해함으로써 예비교사로서 경력설계를 해 나가는 데 도움이 될 것이다. 또한 제10장 양성평등과 교육, 제11장 환경과 교육, 제12장 평화·통일과 교육은 학생들이 우리 사회와 인류가 직면하는 단절과 분리를 넘어서 더불어 공존하고 존중하며 조화로운 공동체 형성의 중요성을 깨닫게 하는 주제이다. 총 12장으로 구성된 내용 중 특히 다문화교육, 양성평등교육, 환경교육, 평화 · 통일교육은 예비유아교사로서 꼭 이수해야 할 필수 내용으로 강조되고 있기도 하다.

학생들이 지루해하거나 어렵게 느끼지 않게 새로운 시각으로 교육의 사회적 현상을 바라보고 흥미와 매력을 갖도록 하는 것은 교수자의 몫이라고 할 수 있다. 수업을 통해 교육의 사회적 주제와 관련한 다양한 사례와 경험을 발굴하여 경험과 정보를 공유하고, 개인의 경험을 성찰해 보는 기회를 갖도록 할 필요가 있다. 또한 대화와 토론을 통해 다양한 시각과 관점이 공존함을 이해하고, 상대방의 의견과 관점을 존중해 주는 태도를 갖도록 하는 것도 중요하다.

교재로 활용하는 데 여전히 많은 한계와 부족함을 안고 있다. 그러나 교직에 입문하는 예비교사들에게 이 교재는 교육과 사회를 바라보는 안목을 제공해 주는 참고도서라는 점에서 유용하게 활용되기를 기대한다. 지속적인 관심과 연구를 통해 계속적으로 보완해 나갈 것을 약속한다.

2021년 7월

지은이 씀

차 례

Chapter 04 사회화와 교육

Chapter 05 문화와 교육

Chapter 06 학력경쟁과 교육

Chapter 07 교육평등

Chapter 08 교육격차 요인과 교육양극화

Chapter 09 교사 이해와 교직사회화

Chapter 10 양성평등과 교육

Chapter 11 환경과 교육

Chapter 12 평화·통일과 교육

01

C/H/A/P/T/E/R

교육사회학의 이해

1. 인간과 사회 그리고 교육
2. 교육사회학의 성격
3. 교육사회학의 발달
4. 교육사회학의 연구 영역과 방법

인간은 사회 속에서 태어나 성장하며, 사회 집단의 영향을 받아 살아가는 사회적 동물이다. 인간은 생물학적 존재로 태어나지만 사회 속에서 타인과 끊임없는 관계 속에서 성장하기 때문에 사회를 떠나서는 존재할 수 없다. 인간이 살아가는 사회 속에서 수많은 현상들이 존재한다. 인간이 속해 있는 사회와 사회 속에서 이루어지는 인간의 행위를 과학적으로 규명하고 예측하는 학문이 사회학(sociology)이다.

이 장에서는 사회학과 교육사회학의 관련성에 대해 알아보고 교육사회학이 무엇이고 어떻게 발달해 왔으며 어떠한 분야의 연구를 하는가를 살펴보았다.

1. 인간과 사회 그리고 교육

교육과 사회의 관계를 이해하기 위해서는 교육과 사회의 형성을 가능케 하고, 교육과 사회로부터 형성되는 인간에 대한 이해가 전제되어야 한다. 인간은 본인의 의지와는 달리 사회로부터 구속받는 피동적 존재이면서 사회에 적극적으로 영향을 주는 능동적인 존재인 것이다. 이종각(1996: 20)은 개인과 사회와 인간형성(교육)과의 관계를 루돌프(A. Rudolf)의 「소네트(Sonnet)」를 소개하면서 인간의 사회적 피구속성과 자유성을 제시하고 있다.

The Humanist's Sonnet

루돌프(A. Rudolf)

I am determined by my class(계급)
I am determined by my sex(성별)
I am determined by my God(신과 종교)
I am determined by my genes(타고난 능력, 선천성)
I am determined by my unconscious(무의식)
I am determined by my childhood(아동기의 성장과정)
I am determined by my death(죽음에 대한 관념)
I am determined by my climate(기후와 토양)
I am determined by my homeland(고향산천)
I am determined by my work(직업과 일)
I am determined by my newspaper(신문, 잡지)
I am determined by my deep linguistic structures(언어의 심층구조)
I am determined by my extra(기타 여러가지)
I am determined to be free(자유)

이 시는 인간형성의 본질적 모순을 노래하고 있다. 그 모순은 인간형성에 영향을 미치는 여러 가지 사회적 요인(social forces)과 마지막 행의 자유의 선언 사이에 개재되어 있다. 이 시는 13행까지 인간을 내 의지와 상관없이 결정되는 사회의 포로이자 수동적인 인간의 모습을 그린다. 그러나 마지막 행에서는 자유로운 존재로 묘사하는데 이 시의 정점은 인간의 자유함에 있다.

교육과 사회와의 관계도 마찬가지이다. 교육은 사회로부터 구속되고 사회를 깊이 반영한다. 그러나 교육은 사회로부터 자유롭기도 하고 사회에 적극적인 영향을 미치기도 한다. 즉 교육은 사회에 대해 수동성과 능동성의 양 측면을 모두 갖고 있으며, 교육사회학은 양 측면 모두에 대한 관심을 가진다.

Education is determined by ( )
Education is determined by ( )
Education is determined by ( )
Education is determined by ( )
Education is determined by ( )
Education is determined by ( )
…
Education is determined to be free

교육사회학은 이러한 관심에서 출발하여 많은 탐구과제를 갖는다. 계급과 교육, 교육과 개인, 성차와 교육, 철학 및 도덕 신앙과 같은 신념체계와 교육, 유전의 영향, 아동기 사회화와 교육, 언어구조와 교육 등 다양한 주제들은 사회 속에서 인간형성 과정에 영향을 미치는 주요 사항들을 포함한다. 곧 교육은 사회 속의 인간형성 과정이라고 할 수 있다.

2. 교육사회학의 성격

교육사회학은 사회 속에서 이루어지는 교육현상을 사회학적인 접근과 안목으로 교육문제와 원인을 규명하고, 대안을 설명해 내려는 학문이라 할 수 있다. 이런 점에서 교육사회학이라는 학문의 성격을 이해하기 위해서는 먼저 사회학이라는 학문의 속성이 무엇인가를 이해할 필요가 있다.

1) 사회학

사회학은 인간의 사회적 행동을 이해하는 학문이다. 사회학은 두 사람이상이 상호작용하며 살아가는 사회적 삶과 행위를 연구하는 학문이다. 따라서 사회학의 핵심 내용은 '인간, 집단, 사회, 사회적 관계와 사회구조, 사회적 상호작용, 공유된 사고와 행동, 사회적 행동, 과학적 탐구' 등이다. 즉, 개인의 사고와 행동을 규명하는 심리학과는 달리 사회학은 사회구조적인 측면에서 교육의 문제를 해결하기 위해 집단이나 사회구성원으로서 인간의 사회적 행동과 인간의 집단을 과학적으로 연구하는 학문이다. 사회학의 창시자인 프랑스 태생의 사회학자 콩트(A. Comte)는 사회학은 인간의 사회적 행동을 연구하는 학문으로서 자연과학과 마찬가지로 사회도 과학적인 방법으로 연구할 수 있다고 보았다.

인간의 사회적 행동을 사회학적으로 접근하는 것이 우리 인간에게 어떤 유익이 될 것인가.

첫째, 사회학은 비교적 질문을 통해 다양한 관점에서 우리 주변의 세계를 바라보고 이해할 수 있도록 도와준다. 인간의 행동을 이해하려면 그가 살고 있는 집단의 특성을 살펴보고 그들이 어떻게 살아가고 있고 어떠한 문제를 안고 있는지 여러 관점에서 인식할 수 있어야 한다. 이런 점에서 사회학자들은 서로 다른 사회를 비교하는 질문을 제기하는데 한국의 교육열과 일본의 교육열을 비교하는 방식이다.

둘째, 사회학은 사회 속에서 이루어지는 문제에 대해 사실적인 질문과 해답을 찾으려고 애를 쓴다. 사회학은 개인과 사회에 있는 집단들이 왜 그러한 행동을 하는지에 대한 문제를 사회구조 및 특성과 관련지어 규명하고, 예측 가능하도록 하여 효과적인 대응을 할 수 있는 기회를 제공한다. 또한 어떤 행동이 바람직하고 필요한지, 어떻게 해야 사회가 더 발전할 수 있을 것인지 등 우리의 미래 방향과 삶의 전략을 일깨워준다. 예를 들면 "입시제도는 왜 문제이고, 어떠한 문제가 있는가? 입시제도와 관련된 집단들은 누구이며, 어떠한 상황에 놓여 있는가? 입시제도를 어떻게 해결할 수 있는가? 이러한 해결책은 입시제도의 문제를 해결하기 위한 최선의 방책인가?" 이러한 사회의 사실적 질문들을 탐색하고 해답을 구하는 일들은 생각보다 훨씬 복잡하고 답변하기 어려운 것들이다.

셋째, 사회학은 우리가 살고 있는 현 사회를 서로 비교할 뿐 아니라 현재의 사회와 과거의 사회를 비교해 보는 발전론적 질문을 한다. 현대 사회의 성격을 이해하기 위해서는 이전 사회를 살펴보고 어떠한 방향으로 사회가 변동되어 왔는가를 이해해야 한다. 예를 들면, 우리 사회의 학력주의 현상이 역사적으로 어떤 배경하에서 발생하였고 어떤 현상들이 나타났고 어떤 결과를 가져 왔는가 등을 연구한다. 사회적 기원과 시대적 사회상을 이해하면서 사회정책을 평가할 수 있는 안목을 갖게 한다. 사회학은 사회정책이 특정 집단에게 이로운지, 해로운지, 어떻게 하면 모두에게 환영을 받는 좀 더 효율적이고 효과적인 정책을 기획할 수 있는지에 대해 고민하는 기회를 제공한다.

넷째, 사회학은 다른 사람들의 사회적 행동에 대한 폭넓은 시각을 제공하면서 동시에 사회학적 상상력을 제공한다. 미국의 사회학자인 밀스(C. W. Mills)는 그의 저서 「사회학적 상상력」(1959)에서 사회학적 상상력이란 사회현상이나 일상을 한 가지 관점에서만 보는 것이 아니라 근본적인 물음부터 시작하여 사회현상이나 일상적 사건과 관련 있는 모든 것을 다양한 관계 속에서 접근하며 문제를 해결하는 것이라고 설명한다. 따라서 사회학은 인간의 상상력을 촉진할 수 있으며, 종합적인 통찰력과 사고력을 제공해 준다.

2) 교육사회학

사회학은 한 세대로부터 다음 세대로 문화와 사회질서, 규범 등이 전달되면서 사회가 어떻게 유지되며 어떠한 영향을 받으며 어떻게 변화하는지를 연구하는 학문이다. 이에 비해 교육사회학은 교육현상들을 사회적 관계 속에서 이해하며, 교육현상과 관련된 집단, 집단 간의 이해관계, 집단체제의 영향력, 교육과정, 교사와 학생과의 관계를 이론적이고 경험적으로 규명하는 학문이다. 다시 말하면 교육사회학은 사회학의 과학적 연구방법에 의해 교육현상을 연구하는 학문이다(Parelius & Parelius, 1978).

김신일(2000)은 '교육이란 무엇인가'하는 것이 교육학의 기본적인 질문이라는 관점에서 교육사회학을 규정한다. 교육사회학은 '교육의 사회성'에 초점을 맞추어 교육이란 무엇인가라는 질문에 대한 답을 얻기 위한 지적 활동이라고 정의한다(성낙돈 외, 2018: 13). 교육사회학은 사회학에서 발견된 지식, 원리, 연구방법 등을 통하여 교육현상 분석이나 교육의 과정을 이해하려는 학문으로 볼 수 있다.

이종각(1996: 31)은 교육사회학이 어떤 학문인가를 쉽게 이해하는 방법 중의 하나는 연구대상과 그에 관한 주요 쟁점들이 무엇인가를 알아보는 방법이라고 제시한다. 우선 교육과 사회와의 관계 측면에서는 세 개의 문제제기로 축약할 수 있다.

첫째, 사회가 교육에 미치는 영향에 관한 연구(교육의 사회적 수동성 탐구)

둘째, 교육이 사회에 미치는 영향에 관한 연구(교육의 사회적 능동성 탐구)

셋째, 교육체제 내부에 대한 사회학적 연구(교육체제의 탐구)

3) 교육사회학의 역할과 가치

그러면 교육사회학이 교육실천가들에게 어떤 의미를 주고 가치가 있을까. 왜 교육사회학에 대한 기초적인 지식을 갖추어야 하는가. 학자들은 교사들이 교육사회학을 이해함으로써 얻을 수 있는 가치를 다음과 같이 설명한다(성낙돈 외, 2018: 15-16; 이종각, 1996: 36-37).

첫째, 교육사회학은 문화적·사회적 차이에 대한 이해를 도와준다. 오늘날 교사들은 교육사회학적 개념 도구와 사회적 기술을 갖추어야 한다.

교사들은 다양한 사회계층, 상이한 민족적 배경과 문화 환경을 가진 학생들을 대하고 가르쳐야 하기 때문이다. 예를 들면, 교실에서 이루어지는 교사와 학생 간의 상호작용이나 수업활동들이 학업성취에 어떤 영향을 미치고 이것이 교육기회의 불평등과 어떻게 연관되어 있는가를 이해하려는 노력과 같은 것이다.

둘째, 교육사회학은 사회적 맥락 속에서 지식전달의 본질이 매우 복잡하다는 것을 파헤쳐준다. 교육상황에서 지식이 어떻게 선택·조직화되는가에 대한 질문은 매우 중요하면서도 탐구가치가 높은 질문이다. 교사들은 무의식적으로 학생들을 능력이나 사회계층 등의 기준으로 분류하고 정체성을 부여하는데, 이는 곧 학생들이 배우게 될 지식의 선택에도 영향을 준다.

셋째, 교육사회학은 교사들이 학교나 지역사회 또는 학생을 이해하는 데 있어서 교육심리학, 교육철학 또는 교육사 등의 단독적인 접근보다는 교육사회학적 이해를 통해 총괄적이고 거시적으로 접근할 수 있도록 돕는다.

넷째, 교육사회학은 교사들이 교육과 사회의 관련성을 과학적으로 이해하고 규명하는 연구자적 안목을 갖출 수 있도록 한다. 교육사회학은 과학적 지식과 연구의 방법, 기술을 가지고 집단행동을 다루는 과목이기 때문이다.

다섯째, 교육사회학은 교사들이 교육정책에 대한 객관적이고 비판적인 안목을 가질 수 있게 한다. 교육사회학은 사회구조와 교육정책과의 관련성을 이해하고 집단 간 이해관계, 집단체제의 영향력 등을 연구하는 학문이기 때문이다. 교육사회학은 정책 수립에 있어서 어떤 집단에는 적용이 가능하지만 어떤 집단에는 적용이 가능하지 않다는 정책적 판단의 준거를 마련해 준다. 또한 정책 수립에 있어서도 교육사회학은 학교와 지역사회가 성취하고자 하는 목적과 목표를 판단하는 데 도움이 된다.

여섯째, 교육사회학은 교사들이 현 사회에서의 교육문제를 인식하고 미래 지향적인 교육 방향을 모색할 수 있도록 도와준다. 교육사회학은 '교육이란 무엇인가'라는 질문에 대한 답을 교육의 사회성에 맞추는 지적활동으로 교육을 통해 사회적 변화를 끊임없이 추구하는 학문이기 때문이다.

3. 교육사회학의 발달

1) 교육사회학의 발생

교육사회학의 발달은 학자들마다 구분하는 기준이 각기 다르다. 교육사회학은 19세기 말까지 학문적으로 정립이 되지 않았다. 20세기에 들어서 교육사회학의 창시자로 알려져 있는 프랑스의 뒤르케임(E. Durkheim)이 1887년 보르도(Bordeaux) 대학에서 '교육학과 사회학'을 강의하면서부터이다. 그는 그의 저서에서 교육사회학의 이론에 대해 언급하였고, 이를 통해 교육사회학의 개척자로 알려진 것이다. 그는 '교육과학'이라는 용어를 처음 사용하면서 교육을 과학적 차원으로 연구할 수 있는 계기를 만들었으며 교육의 기능을 사회적인 것으로 보았다. 그러나 교육사회학자로서 뒤르케임의 학문적 관심은 계속 유지 발전되었다기보다는 한동안 단절되었다가 이후에 재해석되는 경향이 있다.

미국에서는 1907년 스잘로(H. Suzzalo)가 컬럼비아 대학교에서 '교육사회학(Educational Sociology)' 강좌를 개설하고, 1916년 교육사회학과가 창설되면서 교육사회학 연구가 본격적으로 시작되었다고 할 수 있다. 1917년 크로아티아 출신인 스미스(W. R. Smith)가 교육사회학의 개론서인 「교육사회학 입문」이라는 책을 처음 출간하였으며, 1923년에는 미국에서 교육사회학회(National Society for the Study of Education Sociology)가 발족되었다. 1927년에는 전문학술지인 <교육사회학 저널(Journal of Educational Sociology)>이 발행되었다.

이 시기의 '교육사회학'의 성격은 사회학의 지식을 교육실천에 응용하고자 한 실천지향적 성격이 두드러졌다. 교육사회학은 학교의 여러 가지 문제를 해결하고 학습자를 지도하는 데 필요한 사회문화적 지식을 모아 놓은 것이었다. 1940년대부터 지역사회학교(community school) 운동, 사회중심교육(society-centered education) 운동의 영향으로 지역사회의 문제해결에 학교교육이 적극적으로 해결방안을 마련할 것을 요구받게 되었다. 그러나 이러한 연구들은 오히려 지역사회의 성격과 구조, 학교교육의 기능을 규명하는 연구로 방향을 전환하게 되는 계기가 되었다.

2) 학교에 대한 사회학적 연구의 확대

1960년대에 이르러 미국에서 학교교육의 기능에 대한 실증적 연구들이 확대되기 시작하였다. 이는 교육사회학의 성격에 새로운 변화를 가져왔다. 이전의 교육사회학(Educational Sociology)이 교육실천에 강조점을 두었다면 새로운 교육사회학(Sociology of Education)의 성격은 교육기능에 대한 사회학적 분석과 같이 보다 사회학적이고 학문지향적인 성격으로 변모한 것이다. 1963년 교육사회학 학술지의 제호가 「Educational Sociology」에서 「Sociology of Education」으로 변경된 것은 이러한 추세를 반영한 것이다.

1950년대부터 1970년대까지의 연구동향은 크게 세 가지로 구분된다(백승학, 2020: 19).

첫째, 제2차 세계대전 직후의 경향으로 주로 학생의 학업성취와 태도형성에 미치는 가족, 이웃, 사회의 영향을 규명하는 연구 경향이다.

둘째, 1950년대와 1960년대의 주된 연구 경향은 학교교육의 사회적 기능을 규명하는 것이었다. 국가발전에 기여하는 교육의 기능을 설명하는 발전교육론 연구가 활발하게 이루어졌다.

셋째, 1960년대부터 사회조직체로서의 학교에 관한 연구이다. 학교 내의 인간관계, 역할, 사회적 풍토, 학교문화에 관한 연구가 양산되었다.

1970년대부터 등장한 갈등 이론은 이제까지의 교육사회학 연구를 '기능주의'라고 비판하면서 학교교육에 대한 비판적 관점을 취하는 연구결과들을 출판하기 시작하였다. 이들은 학교교육이 가치로운 문화전수보다 편협한 주장과 왜곡된 지식을 주입시키고, 능력을 근거로 한 선발보다는 사회경제적 배경에 의해 결정되는 학력의 불평등한 분배를 용인하고 있다고 비판한다. 즉, 학교교육은 사회의 불평등을 재생산하고 있다고 주장한다. 이 시기부터 1980년대까지 기능 이론과 갈등 이론은 서로 경쟁하며 발전과 변모를 거듭해 왔다.

이 시기의 연구경향은 방법론적 경험주의, 실증주의 연구방법을 통해 학교교육의 기능을 설명하려는 사회학적 분석이 주를 이루고 있다.

3) 교육 내부에 대한 연구 등장

1970년대 들어서 미국에서 갈등 이론이 등장했다면, 유럽에서는 신교육사회학이 등장했다. 신(新)교육사회학자들은 기능주의 이론과 갈등주의 이론 모두가 방법론적으로 구조적 접근 방법에 치중하면서 실제 교육적 행위를 하는 인간에 대해서는 소홀히 한 점을 비판했다. 기능주의와 갈등주의는 연구의 대상을 사회구조와 계층과 같은 거시적 사회 구조에 맞추었기 때문에 학교 내부의 과정을 '검은 상자(Black Box)'로 여겼다고 비판한 것이다.

따라서 신교육사회학자들은 교육사회학이 학교 내부의 교육과정, 수업의 진행과정, 교사-학생의 상호작용 등에 초점을 맞추어야 한다고 강조한다. 이들은 지식사회학 관점에 기초하여 학교 교육과정을 분석한다. 학교에서 가르치는 교육내용은 절대적이거나 보편적인 것이 아니라 사회적으로 구성된 것이며, 사회적 산물이라고 주장한다. 또한 교사와 학생의 상호작용 역시 사회적으로 형성된 것이라고 본다. 연구방법 역시 거시적 관점에서 탈피하여 해석학, 현상학, 상징적 상호작용론, 민속방법론 등과 같은 미시적 접근 방법을 통해 학교 내부의 상황을 관찰하고 행위자들의 주관적인 의미와 행동에 초점을 맞추었다.

이들 교육내용에 대한 사회학적 탐구는 교육사회학 연구를 사회구조적 문제로만 보던 시각을 교육의 내부로 전환시켰다는 점에서 높이 평가된다. 그러나 행위자들의 주관성을 강조하여 사회구조와 같이 객관적인 사실이나 구조적 영향력을 소홀히 했다는 약점을 갖는다.

4) 신자유주의 교육 등장

포스트모더니즘(postmodernism)은 1960년에 일어난 문화운동이면서 정치 · 경제 · 사회의 모든 영역과 관련되는 한 시대의 이념이라 할 수 있다. 이 운동은 미국과 프랑스를 중심으로 학생운동 · 여성운동 · 흑인민권운동 · 제3세계 운동 등의 사회운동과 전위예술, 그리고 해체(Deconstruction) 혹은 후기 구조주의 사상으로 시작되었으며, 1970년대 중반에 점검과 반성을 거쳐 오늘날에 이르고 있다.

1980년대 이후에 나타난 포스트모더니즘은 사회정치는 물론 예술, 문학, 사회과학 등 전 분야에 걸쳐 영향을 주었고 교육사회학에도 새로운 사회학적 접근을 요구하게 되었다. 소위 신자유주의의 시장경쟁원리를 기반으로 한 새로운 접근 방법이 생겨나게 된 것이다.

신자유주의 교육은 교육을 상품으로 보고 교육에 무한 경쟁원리를 도입하는 것으로 교육에 대한 국가의 책임과 지원을 최소화하고 개인 간 경쟁원리를 교육에 적용하자는 것이다. 신자유주의 교육은 교육정책 전반은 물론 사람들의 인식에 깊은 영향을 미치고 있다.

4. 교육사회학의 연구 영역과 방법

1) 교육사회학의 연구 영역

교육사회학의 탐구 주제와 영역은 사회적 관심, 교육 문제, 학문적 발전 수준 등에 따라 변화되어 왔다. 그동안 국내·외적으로 교육사회학의 탐구 영역으로 접근되어 왔던 주제를 제시하면 다음과 같이 정리해 볼 수 있다(김경식·안우환, 2003; 성낙돈 외, 2018; 이종각, 1996: 31; 차경수 외, 2001).

(1) 교육과 사회구조에 대한 주제

① 문화와 교육
② 가정
③ 사회계층
④ 사회변동
⑤ 정치와 교육
⑥ 경제와 교육
⑦ 대중매체 및 대중문화
⑧ 인종문제
⑨ 교육환경
⑩ 성차별주의
⑪ 사회적 지위
⑫ 문화실조
⑬ 다문화사회
⑭ 사회통제
⑮ 청소년 문제와 문화
⑯ 가족구조·관계
⑰ 성별 불평등
⑱ 교육평등

(2) 교육기능 및 교육의 사회적 기능에 대한 주제

① 사회화	② 교육개혁
③ 평생교육	④ 교육정책
⑤ 다문화교육	⑥ 교육평등
⑦ 학교사회와 학업성취	⑧ 공교육문제
⑨ 사교육	⑩ 교육열
⑪ 학력・학벌사회	⑫ 학력의 기능
⑬ 진로교육	⑭ 민주시민교육
⑮ 문화・환경교육	⑯ 통일교육
⑰ 환경교육	⑱ 입시교육 문제
⑲ 교육평가사회학	⑳ 성 평등교육

(3) 교육체제 내부에 대한 주제

① 학교조직	② 또래집단
③ 학교의 사회적 과정	④ 교사론
⑤ 교육제도	⑥ 능력별 집단
⑦ 학급의 사회적 성격	⑧ 교사–학생 관계
⑨ 교사–행정가 관계	⑩ 교육과정사회학
⑪ 학교폭력	⑫ 따돌림현상
⑬ 교직사회화	⑭ 학부모운동
⑮ 교원노조	⑯ 지역사회학교
⑰ 대안학교	

인간을 둘러싼 사회적 구조 및 환경이 급속하게 변화되면서 교육체제의 변화가 요구되고 인간과 사회와의 관계성 또한 복잡해지고 다양화되

고 있다. 이런 점에서 교육사회학에서 다루어져야 할 교육현상과 문제, 쟁점들은 더욱 확대되고 있다.

2) 교육사회학의 연구방법

교육사회학에 대한 연구방법은 크게 두 가지로 대별된다(강유정 · 김영훈 · 최성열, 2018: 26; 백승학, 2020: 27-28).

첫 번째는 질적 연구 혹은 양적 연구이다. 두 번째는 구조중심 연구와 행위중심 연구이다.

(1) 질적 연구방법

질적 연구방법은 해석학, 현상학, 문화인류학, 상징적 상호작용, 교환이론, 민속방법론 등의 미시적 연구방법을 이용하여 행위자의 주관적 의미를 해석하는 것에 초점을 둔 연구방법이다. 질적 연구는 인간행동 이해를 위한 사례중심 연구로 이루어지며 귀납적인 연구방법을 취한다.

(2) 양적 연구방법

양적 연구방법은 실증주의, 방법론적 경험주의라고 불리며, 연구자가 탐색하고자 하는 교육현상에 대해 조사하고, 수집된 자료를 수량화, 수치화하여 분석하는 방법이다. 통계적인 방법을 주로 이용하며 사회조사와 실험 연구 등에 적용된다. 연구자의 주관성을 배제하고 객관성을 확보하기 위한 연구에서 많이 활용된다. 최근 다양한 조사기법과 전산화된 통계 프로그램 활용으로 방대하고 복잡한 현상들을 신속하고 정확하게 분석할 수 있다는 장점을 가지며, 연역적인 연구방법을 취한다.

(3) 구조중심(거시적) 연구방법

구조중심 연구방법은 인간이 살아가는 이 사회를 특정 사회로 보고 인간을 그 특정 사회에 적응하는 존재로 보는 연구 접근 방식이다. 구조주의나 갈등주의와 같이 사회구조적인 문제를 거시적으로 접근하는 방법이다. 구조중심 연구방법은 주로 실증적인 양적 연구방법에 의존하는 경향이 있다.

(4) 행위중심(미시적) 연구방법

행위중심 연구방법은 사회 전체를 연구하기보다는 개인 및 집단의 미시적 행위에 초점을 두고 접근하는 방법이다. 행위중심 연구방법은 주로 질적 연구방법에 의존하여 행위자의 주관적 의미를 파악하거나 사례 연구로 이루어진다.

이상과 같은 연구방법은 각각 장단점을 갖고 있다는 점에서 이를 상호보완하기 위하여 연구방법을 절충하여 접근해 나가는 경향이 있다.

이외에도 교육사회학 연구방법에는 비교연구, 역사연구, 횡단적 연구, 종단적 연구 등이 존재한다.

02

C/H/A/P/T/E/R

교육사회학 이론: 거시적 접근

1. 기능 이론
2. 갈등 이론
3. 기능론과 갈등론의 비교

교육 현상에 대한 사회학적 접근을 일반적으로 두 입장으로 구분할 수 있다. 하나는 거시적 접근(macro approach)을 통해 사회구조 및 체제와 교육과의 관계를 분석함으로써 개인이 사회구조로부터 영향을 받는다고 설명하는 입장이다. 다른 하나는 미시적 접근(micro approach)으로 교육체제 내부에 관심을 두어 학교에서 가르치는 교육내용, 교사와 학생 간의 상호작용 및 경험 등을 분석하고 설명하려는 입장이다.

이 장에서는 교육과 사회의 관계를 거시적으로 접근하는 기능주의 이론과 갈등주의 이론을 제시하였다. 각 이론별로 사회관, 교육관, 대표학자 및 이론을 살펴보고 각 이론의 특징을 비교하였다.

1. 기능 이론

1) 기능론적 사회관

기능 이론의 관점은 생물학에 근거를 두고 사회적 사건들과 제도들을 분석하는 패러다임[1)]을 갖는다. 기능론자들은 생물학적 유기체가 여러 부분들이 생존을 위해 각각 기능을 담당하고 있음을 주목하고, 사회 역시 어떤 의미에서 하나의 생물학적 유기체와 같다고 생각한다. 즉 유기체의 일종인 우리 신체는 기관지, 소화기, 사지 등 여러 기관들로 구성되어 있고 각 기능이 정상적으로 작동됨으로써 인체의 생존, 건강유지 및 활동을 보장받게 된다. 이러한 유기체와 마찬가지로 사회도 각기 다른 여러 요소

1) 패러다임(paradigm)이란 어느 한 시대 사람들의 견해나 사고를 근본적으로 규정하고 있는 테두리로서의 인식의 체계 또는 사물에 대한 이론적인 틀이나 체계를 말한다. 여기에서는 사회와 교육현상을 바라보는 이론적 틀 또는 사고의 틀을 의미한다.

로 구성되어 있으며, 각 요소들은 전체의 존속을 위해 각각 필요한 기능을 수행한다고 보는 것이 기능론의 기본 입장이다.

기능 이론은 사회를 구성하는 여러 부문들이 질적으로 우열의 차이는 없고 기능상의 차이만 있다는 사회관을 갖는다. 기능론자들은 역할분화와 차별적 보상의 원리에 기초하여 사회가 생존하기 위해서는 사회구성원들이 각기 다른 과업(예: 의사, 교사, 청소부, 기능인, 기능공 등)을 수행해야 한다고 본다. '직업에는 귀천이 없다'는 생각이 이러한 논리의 연장이다. 어떤 사람이 부자가 되거나 권력을 갖는 것은 그들이 다른 사람보다 더 힘들고 중요한 기능을 수행하기 때문에 사회적 보상을 더 많이 받고 더 많은 권한을 갖게 되는 것이다. 따라서 계층의 차이는 부당한 불평등이 아니라 정당한 차이로 차별적으로 보상을 받는 것은 당연하다고 본다.

기능 이론을 구성하고 있는 주요 개념들은 구조와 기능, 역할, 부분의 전체에 대한 공헌, 상호의존성과 통합, 안정성, 합의 등이다. 기능 이론은 전체를 위한 부분의 공헌을 강조하고 상호의존성과 통합을 강조한다. 하위 부분들이 단순히 상호의존적 관계에 있는 것이 아니라 조정하고 보완하는 균형적 관계에 있다고 본다. 따라서 서로 적대적이거나 갈등관계에 있지 않다고 보며 급진적이거나 갑작스러운 변화에 반대한다. 기능 이론은 사회구성원들이 사회가 필요로 하는 가치, 신념, 질서 등에 합의(consensus)했다고 가정하는데, 이러한 합의는 사회화 과정을 통해서 이루어진다고 본다.

2) 기능론적 교육관

서구사회는 1960년대 후반까지 학교는 유능하고 재능 있는 청소년들을 분류·선발하여 그들의 사회경제적 배경과 관계없이 그들을 사회적으로 높은 지위로 끌어올리는 데 크게 공헌한다고 믿었다. 이러한 믿음은 1970

년대 말까지 별로 의심 없이 유지되었는데 이러한 믿음은 기능론적 낙관론에 바탕을 둔다.

기능론적 교육관은 사회에 대한 기능론의 이해방식과 일관성을 갖는다. 기능론적 교육관의 핵심적인 이해 방식을 제시하면 다음과 같다(이종각, 1996: 111).

첫째, 질서유지적 관점이다. 사회의 질서유지를 강조하고 질서는 사회구성원의 합의된 가치·관점에 의해 유지된다고 본다. 교육은 사회의 존속과 유지를 위한 중요한 사회화 기능을 수행한다.

둘째, 체제적응적 관점이다. 기능론에서는 전체 사회에 대한 교육의 기능을 체제적응적 기능으로 파악한다. 따라서 교육체제는 사회의 변화에 따라 적응하는 기능을 제대로 수행해야 한다. 사회문제가 발생하게 되면, 교육은 이러한 문제들을 해결하기 위한 교육을 해야 한다.

셋째, 기회균등과 업적주의 관점이다. 현대 사회는 세습적 지위나 권위보다도 개인의 능력과 업적, 노력의 정도가 가장 중요시되는 업적주의 사회(meritocratic society)라고 전제한다. 사회적 신분은 세습되지 않고 개인의 노력에 의해 성취되어야 한다는 점에서 기회 균등을 강조한다. 학교는 동등한 기회를 갖고 업적을 기준으로 한 공정한 경쟁 장소이며, 유능한 인재를 능력에 따라 선발하여 적재적소에 배치할 수 있는 합리적인 제도이다. 더욱이 오늘날과 같은 전문가 사회(expert society)에서 학교교육의 기능은 중요하며, 전문적 지식을 효과적으로 배울 수 있는 기초적이고 일반적인 학습능력을 학교에서 가르쳐야 한다고 주장한다.

넷째, 개인주의 관점이다. 서구사회에서 개인주의와 자유주의는 중요한 가치로 여겨진다. 자유의 기반은 개인이고, 개인은 자유를 가져야 한다. 따라서 교육의 선택과 성공 및 실패, 교육기회의 문제는 사회구조 측면보다는 개인 측면에서 강조된다. 사회에서 개인이 성공하고 실패하는 것은 개인의 능력에서 비롯된다는 견해가 지배적이다.

다섯째, 점진적 개량주의 관점이다. 기능론적 개혁이론은 기본적으로 점진적 개량주의이다. 사회 내에 각종 불평등이나 갈등이 있는 점을 인정하지만 이는 일시적이고 부분적인 전체의 부조화로 파악하는 경향이 있다. 교육개혁에 있어서도 점진적 개량주의 입장을 취하며 변화하는 사회의 적응과 기회 균등 확보를 기본원리로 삼는다.

기능론에서는 교육체제를 사회 전체에 대한 적응체제의 하나로 보고 사회화와 인력양성, 선발의 기능을 강조한다.

3) 기능론의 대표학자와 이론

(1) 뒤르케임의 보편적 사회화, 특수사회화

뒤르케임(E. Durkheim)은 프랑스가 낳은 유명한 기능주의 사회학자이자 교육사회학자로서 소르본 대학의 교수로 재직했다. 그는 전 생애를 통해 교육에 관한 주제들을 강의했으며, 「교육과 사회학(Education and Sociology, 1956)」, 「도덕교육(Moral Education, 1961)」, 「교육사상의 발전(Evolution of Educational Thought, 1977)」 등의 제목이 대표적이다. 그가 살던 당시의 프랑스는 농촌사회가 붕괴되고 도시산업사회로 이행해 가는 과정에 있어 유럽 전체가 변화와 갈등의 와중에 있었다. 이런 상황 속에서 연대적 질서와 도덕을 강조하는 뒤르케임의 사회이론이 형성된다.

뒤르케임은 교육은 비사회적 존재로 태어나는 사람을 사회적 존재로 길러내는 기능을 수행한다고 봄으로써 교육과 사회화를 동일시하였다. 그는 사회화를 위한 교육의 기능을 '보편적 사회화'와 '특수사회화'로 구분하였다. 보편적 사회화는 전체로서의 사회가 요구하는 신체적 · 지적 · 도덕적 특성을 함양하여 내면화하는 것이다. 이러한 교육의 기능을 통해 사회는 동질성 확보를 위한 집합의식을 형성하고, 보편적 가치를 강조하여 사회구성원의 결속력과 사회의 안정을 유지할 수 있다. 특수사회화는 개인이 속하게 되는 특정 직업세계에 필요한 다양한 기능을 전수하는 과정을 말한다. 어릴수록 보편적 사회화가 우세하고, 청소년기로 진입할수록 사회의 분화에 따라 직업도 다양해지기 때문에 직업교육 차원에서 특수 사회화가 더욱 강조된다.

(2) 파슨스의 학교체제론

기능 이론을 체계화하는 데 가장 큰 공헌을 한 학자는 구조기능주의적 사회체제론(social systems theory)을 정립한 파슨스(T. Parsons)라 할 수 있다. 그는 뒤르케임과 마찬가지로 학교교육의 사회화 기능을 강조하고 동시에 산업사회에서 교육의 인력배치 기능을 부각시킴으로써 사회적 선발기능도 강조하였다. 즉, 사회화와 사회적 선발을 사회체제로서의 학교의 기본 기능이라고 보았다.

사회체제란 사회를 구성하는 각 요소가 일정한 형태의 질서를 유지하고 있는 상태를 뜻한다. 파슨스에 의하면 사회체제는 3가지 속성을 갖는다. ① 한 체제를 구성하고 있는 요소들은 기능상으로 상호의존적이다. ② 한 체제의 구성 요소들은 그 체제의 계속적 작용에 적극적으로 공헌한다. ③ 한 체제는 다른 체제에 영향을 주며, 이 체제들은 한층 높은 수준의 체제, 상위체제의 하위체제이기도 하다. 그는 현실을 하나의 사회체계로 보았는데, 그 사회체계는 부분이 전체에 연결되며, 부분을 전체를 위한 기능의 관점에서 설명하였다.

파슨스는 모든 체계와 하위체계들은 적응(A: adaptation)의 기능, 목표달성(G: goal attainment)의 기능, 통합(I: integration)의 기능, 잠재성(L: latency)의 기능이라는 네 가지 기능이 원활하게 수행되어야 한다고 본다. 이러한 네 가지 기능이 원활하게 작용될 때 사회가 안정적으로 유지될 수 있다. 학교 역시 전체 사회에 대한 하위체제로서 이러한 모든 기능들은 제대로 수행해야 한다. 특히 학교체제는 잠재성 유형 유지의 기능인 사회화 기능을 주로 담당하게 된다.

파슨스는 사회의 안정과 질서를 추구한 뒤르케임과 마찬가지로 학교교육의 사회화 기능을 강조하였다. 학교의 주요한 기능은 개인의 능력에 따라 사회에서 역할을 담당할 인재를 선발하여 적재적소에 배치시키는 사회적 지위 배분이라는 점을 강조했다.

(3) 드리벤의 학교규범론

뒤르케임과 파슨스의 주장은 드리벤(R. Dreeben)에 의해 보다 더 구체화되었다. 드리벤은 학교가 무엇보다 강조해야 할 일은 학생들을 사회인으로 만드는 것이라고 보고 학교에서의 규범학습을 강조하였다. 학교는 학생에게 네 가지 사회적 규범인 ① 능력에 따른 성취(achievement), ② 보편성(universalism), ③ 독립심(independence), ④ 특수성(specificity)을 내면화시키는 것이 중요하다. 이러한 사회적 규범은 기능론이 강조하는 사회질서를 위해 사회구성원들이 내면화할 내용인 것이다.

드리벤이 강조하는 사회적 규범을 구체적으로 제시하면 다음과 같다.

첫째, 독립성의 규범은 학문적 학습활동에 적용되는 규범이다. 이 규범은 현대교육의 개인주의적 특성과 관련된 것으로서 학교에서 과제를 스스로 처리하도록 요구하고, 자신의 행위에 대하여 스스로 책임을 져야 한다는 것을 배움으로써 습득된다. 학교는 학생에게 직업을 위한 준비를 경험하게 한다. 직업세계를 위한 준비에 있어서 독립심을 길러주는 일은 학생들의 독립적인 심리적 성향을 개발해 주는 것인데, 예를 들면 엄격한 감시하에 다른 학생의 답안을 보지 않고 독립적으로 시험답안을 작성하도록 하는 것이다.

둘째, 성취지향성의 규범은 학생들이 자신들의 능력과 실력을 발휘하여성취 결과에 따라 대우받는다는 것을 의미한다. 학교에서는 성취의 규범을 중요한 교육내용으로 가르친다. 교과교육뿐만 아니라 과외활동, 운동 등 다양한 경험을 할 수 있는 기회를 제공함으로써 성취의 규범을 사회화할 수 있게 된다.

셋째, 보편성의 규범은 개인이 예외적으로 대우받지 않고 누구에게나 공통적으로 적용되고 따라야 하는 사회적 규범이다. 학교는 같은 연령의 학생들에게 동일한 학습내용을 가르치고 성별이나 사회문화적 배경과 관계없이 동일한 규칙이 적용된다는 사실을 가르친다. 학교는 학생들이 장차 어른이 되어 성인의 역할을 수행할 때 필요한 자질들을 가르침으로써 사회 존립을 위해 중요한 기능을 한다.

넷째, 특수성의 규범은 평등한 조건이 주어짐과 동시에 예외적으로 대우를 받을 수 있다는 규범이다. 학생들은 학년이나 학교수준이 높아지면서 특정한 환경을 공유하며, 흥미와 적성에 맞는 교육을 집중적으로 받게 된다. 이는 뒤르케임이 제시한 특수사회화와 유사한 의미로 이해할 수 있다.

(4) 클락의 기술기능 이론(1950년대)

기술기능 이론(technical-functional theory)은 1950년대 산업사회의 기술수준이 높아지는 기술사회에서 제창된 이론으로 클라크(B. Clark)와 커(C. Kerr)가 제창한 이론이다. 이들은 기술 수준이 높아지는 복잡한 산업사회에서 점차 기술의 수준이 높아감에 따라 학교는 학생들이 장차 사회구성원의 역할을 다할 수 있도록 인지적 능력, 전문적 기술과 지식을 가르쳐야 한다고 주장한다. 또한 산업사회의 직업구조는 특정한 종류의 능력을 필요로 한다는 점에서 학교교육이 이러한 필요를 충족시켜 주어야 하며, 이러한 필요를 충족시키기 위한 학교교육의 과정이 변화할 수밖에 없다는 것이다.

산업사회 초기에는 단순한 읽기, 쓰기, 셈하기 능력으로도 직무 수행이 가능했지만, 기술의 발달로 특수하고 복잡한 기술과 능력을 필요로 하게 된다. 이에 따라 사회의 이러한 필요에 대응하여 학교교육 기간이 늘어나고 팽창하게 된다. 결국 교육을 받으면 전문기술자나 전문가가 되기 쉽고, 같은 직종에서도 지위가 상승할 수 있으며, 계층 상승 이동이 가능하게 되는 것이다.

(5) 인켈스 근대화이론(1950년대)

근대화이론(modernization theory)은 한 사회의 발전 여부를 결정하는 것은 그 사회가 지닌 경제적·사회적·문화적 내부요인이라고 본다. 이러한 내부 요인에서 가장 중요한 결정 변수는 사회구성원의 사회·심리적 인성인 것이다. 사회발전에서 외부적인 요인보다는 사회구성원이 어떠한 인성적 특성과 가치관을 가졌는가가 더 중요하다는 것이다. 인성적 특성과 가치관은 성취동기와 관련되는데 이것은 사회화를 통해 획득된다고 주장한다. 1950년대 출현한 근대화이론은 우리나라에서 1960~1970년대 학계와 정부 정책에 큰 영향을 주었다.

심리학적 특성으로서 성취동기의 개념은 '근대성 척도'라는 태도검사를 개발한 미국의 사회학자 인켈스(A. Inkeles)에 의해 발전되었다. 인켈스와 동료들은 근대화하는 것은 발전하는 것이며, 한 사회의 대부분의 구성원들이 근대적 가치를 공유해야 그 사회의 발전을 기대할 수 있다고 주장한다. 이들은 근대적 가치의 창출은 인간이 계획한 결과이며, 특수한 사회기관(예를 들면, 가정·학교·공장에서 이루어지는 사회화)은 근대적 가치를 출현하는 데 매우 중요하다고 주장한다.

근대화이론은 서구중심주의에 바탕을 두고 있다. 근대화사회는 산업혁명의 영향으로 산업과 민주주의, 과학주의가 발전해 가는 사회이다. 경제적 자립과 지속적 성장, 구성원의 선택과 참여가 가능한 민주주의, 합리적 규범과 효율적 기능을 강조하는 근대성으로 특징지어진다. 이러한 근대적 가치관은 서구의 역사에서 형성되어 비서구 사회로 전파되어 이식되었다. 사회가 근대화된다는 것은 곧 서구화된다는 것을 의미한다.

근대화 기관 → 근대적 가치 → 근대적 행위 → 근대적 사회 → 근대적 발전

그림 2-1 근대화의 과정(Inkeles & Smith, 1974)

(6) 슐츠의 인간자본론(1960년대)

미국의 경제학자인 슐츠(T. W. Schultz)는 인간자본론(human capital theory)을 체계화한 학자로 교육을 '증가된 배당금(increased dividends)'의 형태로 미래에 되돌려 받을 인간자본에 대한 투자로 본다. 그는 인간이 교육을 통해 지식과 기술을 갖추게 될 때 인간의 경제적 가치는 증가하게 된다고 주장한다. 그는 학력에 따른 수입의 차이는 교육에 의한 지식과 기술의 차이, 즉 생산성의 차이 때문이라고 설명한다(Schultz, 1961).

슐츠에 의하면 토지, 노동, 자본 등의 증가와 같은 종래의 사고로는 경제적 성장을 설명할 수 없다는 것이다. 설명할 수 없는 잔여부분이 인적자본의 투자요소이며, 인적자본 중에서 최대의 것이 교육투자라고 주장하였다. 교육을 통해 후천적으로 획득한 비물질적 자본, 즉 기술이나 지식도 자본의 한 형태로서 경제적 생산성의 증대를 가져오고 노동자는 이러한 교육을 통해 새로운 지식과 기능을 습득함으로써 결국 자본가가 된다는 것이다.

인간자본론의 관점은 교육기회의 확대를 정당화하게 하였고, 교육에 대

한 장기 투자는 개인뿐만 아니라 국가발전에도 기여한다는 점을 부각시켰다. 이는 정치인과 정책결정자 등에게 교육에 대해 많은 투자를 하도록 정당화시키는 데 기여하였다. 인간자본론은 우리나라를 비롯하여 여러 나라에서 '교육과 국가발전'이라는 이름으로 커다란 영향을 주었다.

4) 기능론적 교육이론의 비판

기능론적 교육이론이 발생하게 된 배경은 교육과 사회가 지속적으로 진보할 것이라고 낙관주의에 젖어 있던 1950~1960년대이다. 기능론자들은 민주사회의 이상인 기회평등으로부터 → 교육기회평등 → 능력과 환경에 맞는 재능개발 → 효과적인 선발 기능 → 업적과 능력에 따른 사회 진출 → 업적주의(능력주의) 사회의 건설로 이어진다는 논리를 갖는다(이종각, 1996: 128). 기능론적 교육이론의 핵심은 교육기회의 확대와 평등화를 통해 학교(교육)가 사회적 목적(민주사회의 기술, 태도를 개발 유지시킴)과 개인적 목적(취업, 소득, 위신, 권위 획득의 공정성)을 충족시켜 준다는 데 있다.

이러한 기능론적 교육이론은 다양하게 비판을 받아왔는데 이론의 핵심적인 약점을 제시하면 다음과 같다(이종각, 1996: 130).

첫째, 가치의 합의에 대한 가정이다. 실제 사회에는 다양하고 상반되는 이념과 가치들이 존재한다. 집단에 대한 개인의 책임을 강조하는 사람이 있는가 하면 개인의 자유를 지지하는 사람들이 있다. 기능론은 사회의 통합성과 합의성을 지나치게 강조함으로써 학교교육의 규격화와 형식화, 획일화를 부채질하였다.

둘째, 보수적인 편향성과 정치적 편견을 갖는다. 기능론은 ① 교육에 있어서 집단 간의 갈등을 외면함으로써 교육과정과 교육선발을 비롯한 교육정책의 결정과정에 대한 분석을 소홀히 하였다. ② 업적(또는 능력)주의 사회에 대한 전제와 교육선발이 능력본위로 이루어진다는 기본 전제 때문에 선발과정에서의 귀속적 측면을 소홀히 하였다. ③ 여러 교육문제를 일시적 병리현상 또는 부분적 기능장애 정도로만 이해하기 때문에 부분적이고 점진적인 개선책의 개발에만 집중했다(강순원 역, 1983: 27). 기능이론은 모든 사회적 관습과 제도가 전체 사회를 위한 적응적 기능을 수행하는 것으로 보고, 기존의 사회적 제도에 최우선 가치를 두는 경향이 있다.

셋째, 기능론의 핵심 용어인 '기능'이라는 의미가 불분명하다. 기능론자들은 기능이란 말이 무엇을 의미하고, 기능의 원인이 무엇인가를 제대로 설명하지 못한다는 약점이 있다. 마찬가지로 학교의 기능을 어떻게 확인할 수 있는가? 등의 질문에 대해 명확한 답을 제공하지 못하고 있다.

2. 갈등 이론

미국에서는 1950년대와 1960년대에 사회적 안정과 질서 유지에 초점을 둔 진보주의와 기능주의 사회학이 주류를 형성해 왔다. 그러나 1960년에 접어들면서 심각한 인종 문제, 사회불평등 문제에 직면하게 되었다. 기존사회의 부조리에 회의를 느낀 학생들에 의해 뉴레프트운동(New left movement)과 흑인민권운동이 확산되기 시작했고 보수적 관점을 갖는 기능주의 사회학은 사회불평등이나 갈등 문제를 해결하는 데 한계가 나타나기 시작했다. 갈등론은 이러한 사회적 요청에 의해 대두된 새로운 이론적 대안이라고 할 수 있다.

1) 갈등론적 사회관

갈등 이론은 사회관계의 본질을 집단 간의 갈등으로 파악하고, 갈등의 결과로 일어나는 변화에 관심을 집중한다. 사회에서 갈등 이론은 크게 두 가지로 구분되는데, 하나는 마르크스(K. Marx) 이론이고 다른 하나는 베버(M. Weber)의 이론이다. 보통 갈등 이론을 이야기할 때는 마르크스 이론을 가리키며, 베버의 이론을 언급할 때는 '지위경쟁이론'이라고 한다. 베버는 계급 간의 갈등을 강조한 마르크스와는 달리 지위집단 간의 경쟁을 갈등으로 보았기 때문이다.

갈등론에 의하면, 사회의 재화는 한정되어 있는데 비해 인간의 욕망은 무한하므로 모든 사회는 재화를 둘러싼 갈등과 긴장관계에 놓여 있다고 본다. 갈등론자들은 기능 이론이 권력투쟁, 계층갈등, 일탈행위 등을 소홀히 다루고 변화를 제대로 설명하지 못하고 있다고 비판한다. 지배집단은 모든 사회 가치의 중심체 역할을 하며 현 상태가 계속 유지되기를 바란다. 따라서 지배집단은 설득·교화·선전 등의 방법으로 피지배집단에게 자신들의 입장을 정당화시키려 한다.

지배집단과 피지배집단의 대립적 관계는 새로운 형태의 사회를 창출하려는 사회변동의 원인이 된다. 지배집단은 피지배집단을 강압적으로 억압하고, 동시에 정신적 교화를 통해 지배체제를 효과적으로 통제한다. 지배집단은 자신의 위치가 위협당하지 않기 위해 계속 새로운 사회질서를 창출한다. 이에 비해 피지배집단은 자신들의 불리한 사회적 위치를 극복하기 위해 지배집단에 대항할 수 있는 물리적·이념적 수단을 동원하여 자신들에게 유리한 사회가 되도록 노력한다. 결국 지배집단과 피지배집단은 계속되는 긴장과 갈등상태에 놓이게 된다.

갈등 이론은 사회 내에 잠재되어 있는 갈등, 변화, 강압에 초점을 두는데 갈등론의 사회관을 다음과 같이 정리할 수 있다(이종각, 1996: 143).

첫째, 사회의 모든 요소는 긴장·경쟁·갈등을 일으키는 원인이다.

둘째, 갈등의 원인은 사회계급 간의 권력의 차이에서 비롯된다.

셋째, 지배집단은 피지배집단과 언제나 불일치와 갈등을 보이며, 이것은 사회분열과 사회변동을 초래하기도 한다.

넷째, 사회질서 유지는 지배집단의 강제에 바탕을 두고 있다.

2) 갈등론적 교육관

갈등론은 기능론과 마찬가지로 학교와 사회가 밀접하게 관련되어 있다고 본다. 그러나 갈등론은 학교와 전체 사회의 요구와의 관계보다는 학교와 엘리트 혹은 지배집단과의 관계를 강조한다. 학교는 재능 있는 사람들의 사회이동을 촉진시켜주고 사회평등화에 기여하는 제도가 아니라, 특정 엘리트 집단들의 권력을 영속화시켜 주고 기존 계층 질서를 유지시켜 주는 도구라고 본다. 또한 학교는 기존의 불평등 구조를 영속화, 심화시키고 현 사회구조에 순응하는 태도를 갖게 함으로써 지배 엘리트의 이익을 대변하고 있다는 것이다.

학교에서 배운 지식과 기술은 직업신분이나 직무수행능력과는 크게 관계가 없다고 본다. 학교는 현대 산업사회에서 필요한 지식과 기술을 가르치기보다는 졸업장을 발급해 주는 것으로 보고 있다. 학업성취에 있어서도 계급 간, 인종 간의 차이가 지속적으로 나타남으로써 교육 확대를 통한 기회균등이 이루어지기보다는 특수계층의 권위를 유지하는 데 학교가 이용되고 있다고 본다. 학교에서는 인지적이고 지적인 기술이 아니라 계층과 관련된 가치와 태도를 강화시킨다. 학교는 독립적인 사고와 인간적인 가치를 길러주기보다는 순종과 예속성을 가르치는 기관인 것이다 (Bowles & Gintis, 1976; M. Carnoy, 1974).

갈등론적 교육관의 내용을 정리하면 다음과 같다.

첫째, 학교는 객관적이고 중립적인 기관이 아니며, 지배집단과 관련을 맺고 있다.

둘째, 학교는 지배집단의 이데올로기를 전수하는 곳으로 불평등한 사회구조를 심화시키는 역할을 한다.

셋째, 학교는 업적주의 이념으로 공정성을 위장하고 있으며, 실패의 원인을 사회구조적인 측면보다 개인의 능력과 노력 부족으로 돌리고 있다.

넷째, 학교에서 가르치는 것은 인지적 능력보다는 지배집단이 선호하는 가치 · 태도 · 규범 등을 주입하는 것이다.

다섯째, 학교는 기존의 불평등한 사회질서에 개입함으로써 지배집단의 이익에 기여하는 도구적 장치에 불과하다.

3) 갈등론의 대표학자와 이론

(1) 보울스와 긴티스의 경제재생산론

마르크스 관점에서 자본주의 사회에서의 교육의 재생산기능을 체계적으로 연구한 대표적인 학자는 보울스와 긴티스(S. Bowles & H. Gintis)이다. 이들은 「자본주의 미국에서의 학교교육」(1976)에서 학교는 인지적인 요소가 아니라 자본주의체제에 적합한 가치 · 규범 · 퍼스낼리티 등을 중요시한다고 주장한다. 즉, 학교는 자본가 계급이 필요로 하는 이데올로기를 제공하여 현 사회의 불평등 구조를 정당화한다. 학교는 이데올로기를 정당화하기 위해 자본가 계급이 선호하는 가치를 아동들에게 은밀히 내면화시킴으로써 현 사회의 불평등적 위계관계를 자연스럽게 받아들이게 한다는 것이다.

보울스와 긴티스는 자본주의 체제의 사회적 위계관계를 정당화하는 학교교육의 역할을 명확하게 설명하기 위해 대응원리(correspondence principle)을 제시하였다. 대응원리는 자본주의의 사회적 위계관계를 학교교육 수준의 위계구조에 서로 대응시킴으로써 거기에 필요한 가치체계를 가르친다는 것이다. 초등학교에서는 하위직에 적합한 복종 · 시간과 규칙엄수 등을, 중등교육에서는 중간직에 적합한 지식, 가치, 규범을, 그리고 고등교육에서는 최고관리직에 적합한 리더십 · 독립심 · 창의력 등을 은밀히 전수한다는 것이다.

보울스와 긴티스는 학교교육이 자본주의 경제체제의 필요에 따라 발전해 왔고 학교교육은 자본가 계급의 이익을 위한 도구적 성격을 갖는다고 보았다. 학교는 공정한 사회적 기관이 아니라 자본주의 사회적 위계관계인 불평등 구조를 정당화 · 합법화 · 강화하는 재생산적 도구인 것이다.

(2) 부르디외의 문화재생산론

문화적 재생산론(cultural reproduction theory)자들은 학교교육의 문화적 역할을 강조한다. 학교교육은 지배계급이 선호하는 문화영역을 통해 계급적 불평등을 유지 · 심화시키는 재생산적 기구라는 것이다. 문화적 재생산론의 대표학자인 부르디외(P. Bourdieu)는 사회계급의 유지는 단순히 경제적 측면에서만 계속되는 것이 아니라 문화를 매개로 하여 생활 전반에 걸쳐 지배계급에 유리하도록 사회체제가 계속되어 간다고 보았다. 그는 상징적 폭력(symbolic violence)이라는 개념을 도입하여 자신의 논리를 전개시킨다. 기존의 사회질서는 물리적 강제의 결과가 아니라, 오히려 상징적 폭력의 결과이다. 즉 지배계급은 언어나 신분 · 지위 · 위신 · 관습과 같은 상징을 가지고 있는데, 이를 통해서 그들의 사고방식이나 지배유형 또는 문화양식이 자연스러운 질서를 가진 것처럼 보이게 한다.

부르디외는 문화생활 국면에서 나타나는 불평등 현상을 설명하기 위해 문화적 자본(cultural capital)이라는 개념을 제시하였다. 문화도 경제 자본이 생산 · 분배 · 소비되는 것과 유사한 운동 원리를 지니고 문화시장을 형성할 뿐만 아니라 소유한 문화는 화폐적 가치를 지닌다고 하였다. 그가 말하는 문화적 자본은 아동기 사회화를 통해 획득되며 한 세대에서 다음 세대로 전수될 수 있는 문화적 인식, 지식, 기술, 언어능력 등을 포함하는 매우 다양한 자원을 망라한다.

부르디외는 문화자본을 아비투스적 문화적 자본을 가장 중요하게 취급한다. 아비투스(habitus)란 각각의 계급 혹은 사회계급 내 파벌들이 그들의 특징적인 문화양식이나 지배유형을 발전시켜 그 관점을 가지고 아동을 사회화시키고 그들의 세계관을 형성해 나가는 것을 말한다. 아비투스는 내면화된 문화자본으로서 계급적 행동 유형과 가치체계를 반영하고 있다. 학교는 지배계급의 문화를 강조하며, 계급적 배경이 다른 문화자본을 가진 아동들은 학업성취 면에서 열등할 수밖에 없으며, 나아가 미래에 차지할 직업적 지위에도 영향을 준다는 것이다.

부르디외는 교육과정을 사회질서와 개인 간의 의사전달체계로 보았다. 교육체계는 지배계급의 세계관을 반영하는 지식, 즉 문화적 자본을 전수함으로써 사회질서를 재생산하고 합법화한다고 한다(안인희 역, 1987: 151). 학교교육이 지배계층의 문화적 자본을 채택하여 교육과정에 반영하고 있기 때문에 노동계층 아동에게는 불리하게 작용한다. 또한 교사들에 의해 사용되는 언어·가치·가정(假定) 그리고 성공과 실패에 대한 묵시적인 모델들은 지배집단의 것으로 피지배 계층들은 본인들의 질서가 아닌 지배집단의 질서를 배우게 된다.

(3) 지루의 저항이론

저항이론을 제시한 지루(H. A. Giroux)는 지배계급이 학교를 현상유지를 위한 수단으로 이용하려고 하지만 거기에는 저항하려는 성격이 있다고 본다. 그는 재생산론자들이 학교교육의 역할을 축소했다고 본다. 재생산론의 설명처럼 학교교육이 자본주의 체제에 의해 그 역할과 성격이 규정되거나, 학교 내부 현장이 사회구조를 단순히 반영하지는 않는다. 또한 학교에서 배우는 사람들도 사회구조의 영향력을 받아들이는 수동적인 존재는 아니라고 주장한다.

지루는 학교교육이 사회계급구조의 불평등을 그대로 보존하거나 이행하는 단순한 반영물이 아니라 학교교육을 통해 사회모순과 불평등을 도전할 수 있는 점에 주목한다. 인간은 사회의 불평등한 구조에 저항·도전·비판하는 능동적 존재로 본다. 인간은 불평등한 사회구조를 인식할 수 있으며, 이 구조를 개혁할 수 있는 의지를 갖고 있다고 본다.

(4) 콜린스의 지위경쟁이론

콜린스(R. Collins)는 베버의 전통에 따라 학교교육의 팽창과정을 지위, 권력 및 명예를 위한 집단 간 경쟁의 결과로 설명한다. 교육은 높은 지위와 연결되어 있고 모든 학부모들은 교육을 통해 자녀들이 높은 지위를 얻기를 희망한다. 콜린스는 학교의 주된 활동은 교실 안이나 밖에서 모두 특정 지위문화를 가르치는 일이라고 본다. 학교는 기술 및 지식을 전달하는 것이 아니라 어휘·억양·의상·심미적 취향·가치와 예술 등을 중요시한다는 것이다.

콜린스는 교육체제를 형성하는 것은 '체제의 요구'보다는 갈등하는 이해관계인 것으로 본다. 즉, 우월한 지위집단이 그들의 특권적 지위를 강화하기 위해 교육적 요구를 한층 더 상승시킴에 따라 보다 낮은 사회적 지위집단은 보다 많은 교육기회를 요구하게 된다는 것이다. 학력은 높은 지위를 획득하는 수단이며, 지금까지 학력이 부족하여 낮은 계층에 머물렀던 집단은 보다 높은 학력을 획득하며 높은 지위에 오르려고 학력을 더욱 높일 것이다. 이것은 학력상승과 교육 팽창을 부채질하게 된다는 것이다. 콜린스는 '지위문화'라는 개념을 고안해 내고 특정한 지위문화가 전달되는 곳을 사립학교로 제시하였다. 사립학교는 권력 있는 지위집단이 그들의 자녀들에게 특정한 문화적 가치를 전수시키기 위해 설립된 것으로 설명한다.

결국, 콜린스의 관점에 의하면 학교교육의 팽창은 지배문화 또는 엘리트문화를 얻기 위한 일반 대중의 대응 결과로 나타난 것으로 해석된다.

4) 갈등론적 교육이론의 비판

갈등론적 교육이론은 과연 학교교육이 인간을 풍요롭게 해 주고, 사회문제를 효과적으로 개혁하도록 기능하는가에 대한 회의적 반응에서 출발한다. 오늘날 학교교육은 인간을 억압하고, 사회문제를 해결해 주기보다는 사회불평등을 더욱 심화시키고 있다고 본다. 갈등론은 현실적으로 나타나는 학교교육의 역기능에 대해 다양한 사회학적 해석을 함으로써 학교교육의 사회적 성격을 새롭게 인식시켜 주고 있다.

갈등론적 교육이론은 장점에도 불구하고 이론적으로 많은 한계를 보이고 학교교육의 본질적인 모습을 왜곡하거나 해석의 오류가 존재한다는 비판을 받고 있다. 갈등론적 교육이론에 대한 주요 비판을 제시하면 다음과 같다.

첫째, 구조결정론에 빠져 교육이 경제구조나 문화구조에 의해 일방적으로 그 성격이 결정된다고 본다. 따라서 교육행위를 설명하는 데 있어서 인간의 의지를 무시하고 사회구조 및 조건만 지나치게 강조하는 한계를 보인다.

둘째, 사회구조를 단순히 이분법에 따라 설명한다. 지배자와 피지배자, 가진 자와 못 가진 자 등으로 사회구성원을 양분하고 교육이 지배자와 가진 자에게만 봉사하는 것으로 규정하고 있다. 이는 교육의 본질적 모습을 왜곡하거나 과장하는 것이다.

셋째, 교육선발의 불평등 요소를 너무 강조함으로써 교육을 통한 능력과 재능의 선별을 인정하지 않으며, 사회적 상승이동에 기여한 학교교육의 공헌도 무시하는 경향이 있다.

넷째, 갈등과 세력 경쟁을 지나치게 강조함으로써 교육이 사회적 결속력을 높이고 국가 공동체 의식을 높이는 데 기여하고 있는 점을 과소평가한다.

3. 기능론과 갈등론의 비교

기능론과 갈등론은 ① 무엇이 사회를 하나의 전체로 묶어 놓는가(합의 대 억압), ② 사회에서 교육의 기능은 무엇인가(가치의 사회화 대 계층재생산)에 대해 관점의 차이를 보여준다. 기능 이론은 재능활용의 능률과 사회적 통합성을 위한 교육의 기능을 강조한다. 반면에 갈등 이론은 학교교육이 불평등을 정당화하고 지배층 문화를 주입하고 있다고 비판한다.

기능론과 갈등론은 이론의 근본적 관점 차이에도 불구하고 공통점을 갖는다. 이 두 이론은 공통적으로 교육을 정치경제적 구조의 종속변수로 인식하고 있다는 점이다(C. J. Hurn, 1978: 258-265). 두 이론은 교육이 누구에게 봉사하는가에 대해서는 서로 다르지만 교육이 기존 사회구조와 문화를 반영한다는 점에서는 동일하다.

갈등론이 말하는 사회의 최종 단계는 기능론이 설명하는 사회세계와 같이 체제 통합적이고, 사회평등화를 지향하는 것이다. 즉, 갈등 이론은 비록 학교교육의 모순적 구조에 대해 비판하지만 학교교육이 본래 모습을 찾기를 원하고 있다. 교육을 통해 인간성 회복, 비인간화 극복, 사회구조적 모순에 대한 개혁을 하는 것과 같은 것이다. 이런 점에서 보면 갈등론적 교육관은 기능론적 교육관과 비슷한 입장을 갖는다.

기능론과 갈등론의 사회관 차이, 학교교육에 대한 이해 차이를 비교 제시하면 **표 2-1**, **표 2-2**와 같다(이종각, 1996: 154).

표 2-1 기능론과 갈등론의 사회관 비교

기능론	갈등론
(1) 사회의 모든 요소는 안정과 균형을 지향한다. (2) 사회의 각 요소들은 상호 의존적이며, 통합적인 기능을 한다. (3) 사회변화는 점진적이고 누적적으로 진행된다(점진적 · 개량주의적). (4) 사회체제 유지를 위해 사회구성원들의 공동체 의식을 강조한다. (5) 사회의 지위배분은 개인의 성취능력에 의해 달성된다(업적주의와 기회평등 및 적재적소 배치 강조). (6) 사회의 가치 · 규범 · 관습 등은 구성원들의 합의에 의한 것이며, 보편적이고 객관적인 성격을 지닌다.	(1) 모든 사회는 변화지향적이다. (2) 모든 사회는 불일치와 갈등이 일어나고 있다. (3) 사회변화는 급진적이고 비약적으로 진행된다(급진적 · 개혁주의적). (4) 사회의 각 집단은 경쟁적이며, 대립적인 관계를 가지고 있다(의식화 중시). (5) 일반적으로 사회가 선호하는 가치는 지배집단과 관련을 맺고 있다(이데올로기 주입 비판). (6) 사회의 각 기관들은 지배집단의 이익에 봉사하고 있다. (7) 사회갈등의 원인은 재화의 희소성과 불평등한 분배에 기인한다(평등분배를 위한 재구조화 강조).

표 2-2 기능론과 갈등론의 학교교육에 대한 관점 비교

기능론	갈등론
(1) 학교는 사회 안정과 질서에 기여하는 제도이다. (2) 학교는 사회가 요구하는 기술, 지식 등과 공동체의식을 전수한다. 학교교육이 기술훈련을 통하여 국가의 경제성장과 발전, 인간의 자기실현에 결정적인 역할을 한다고 본다. (3) 학교는 사회구조적 모순을 해결하여 주며, 사회평등화를 도모한다. 교육기회의 균등화를 통하여 삶의 기회를 공평하게 해 줄 수 있다는 의미에서 교육이 사회적 불평등을 해소할 수 있다고 본다. (4) 교육은 독립적이며 자율적이라는 자유주의적 이데올로기에 근거하고 있다. 학교에서 전수하는 교육내용은 사회구성원들의 합의에 의한 것이다. (5) 학교는 개인의 재능과 노력에 따라 공정한 평가를 하며, 아울러 정당한 사회적 보상이 주어진다. (6) 학교는 지위의 사다리며, 공정한 사회이동을 촉진한다. (7) 학교교육을 통해 각종 사회문제를 해결할 수 있다.	(1) 학교는 기존의 위계질서를 공고히 하며, 지배계급의 이익에 봉사하는 도구이다. (2) 학교는 기존의 질서를 재생산함으로써 사회불평등을 영속화한다. 학교교육을 자본주의적 위계구조에 대응해서 노동자를 차별적으로 양성하는 계급생산의 메커니즘이라고 본다. (3) 교육이 이데올로기적 상부구조로서 경제적 토대의 대응체라는 유물론적 해석에 근거하고 있다. 학교에서 가르치는 내용은 지배계급의 문화와 이익에 밀접히 관련되어 있다고 본다. (4) 학교는 피지배층에게 기존의 불평등 위계구조에 순응하도록 강요하는 이데올로기적 기관이다. (5) 학교는 인간을 강요하고 억압함으로써 타율적이고 수동적인 존재로 전락시키고 있다. (6) 학교는 지적기술보다 지배계층이 선호하는 가치관, 규범, 태도 등을 은밀히 강조하고 있다. (7) 학교에서 행하는 능력주의 이데올로기는 외형상 공정하게 보이나, 피지배계층의 이동을 효과적으로 탈락시키고, 지배질서의 정당성을 강조하기 위한 위장된 이념에 불과하다.

03

C/H/A/P/T/E/R

교육사회학 이론: 미시적 접근

1. 해석학적 이론
2. 신교육사회학

교육현상에 대한 사회학적 접근은 거시적 접근과 미시적 접근으로 구분된다. 거시적 접근은 2장에서 살펴본 기능론과 갈등론으로 사회구조와 교육과의 관계를 분석함으로써 개인이 사회구조로부터 영향을 받는다는 입장이다. 일종의 사회라는 거대한 숲을 보는 관점이다. 이에 비해 미시적 접근은 거대 사회에 대한 분석 없이 교육내용과 인간관계 중심으로 탐구되며 숲을 보기보다는 나무를 보는 해석적 접근 방법이다.

교육사회학의 미시적 접근은 1980년대 후반에 등장한 '해석학적 이론'과 1970년대 영국을 중심으로 등장한 '신교육사회학'으로 구분된다. 여기에서는 해석학적 접근에 기반을 둔 현상학, 상징적 상호작용론, 민속방법론을 이해하고, 이러한 이론을 기반으로 형성된 신교육사회학의 특징과 관련 대표학자들의 이론을 살펴보았다.

표 3-1 사회에 대한 기능주의·갈등주의와 해석적 관점의 비교

구분	기능주의·갈등주의	해석적 관점
관점	거시적, 결정론적	미시적, 이해론적
연구관심	사회구조	일상적 생활세계, 구성원의 행위에 부여하는 의미, 구성원 간 상호작용
인간의 본질	수동성, 사회화의 산물, 자유의지와 주체성 결여	주체성, 능동성, 상징성, 자유의지 강조
사회과학의 목적	인간의 행위와 사회현상을 설명할 수 있는 과학적 법칙 탐구	사회적 행위의 해석적 이해를 통하여 행위자가 행위에 부여하는 의미 규명
연구방법	실증주의적 연구방법, 과학적 조사연구	해석적 이해, 관찰과 행위자와의 대화를 통한 질적 연구

자료: 김영화(2010). 교육사회학. 교육과학사, 50쪽.

1. 해석학적 이론

해석학은 해석에 관한 과학이다. 해석학(hermeneutics)은 그리스어의 '해석하다'의 뜻에 해당되는 말이다. 이 말은 제우스의 의지를 지상의 인간들에게 해석해 주기 위하여 올림푸스 산에서 내려온 사자인 'Hermes'에서 유래한 것이다. 이후 기독교 신학자들이 성경을 해석할 때 이 기법을 계승 발전시켰다.

해석학적 이론은 하나의 계보로 형성되어 있지 않고 다양한 학자들로 구성되어 있다. 대표적으로 해석학적 이론으로 현상학적 사회학, 상징적 상호작용론, 민속방법론 등이 해당된다.

1) 현상학

(1) 기본이해

현상학은 현실에 대해 의미를 부여하는 인간의 의식에 관심을 기울인다. 현실에 존재하는 여러 가지 대상은 인간이 그 대상의 의미를 의식 속에 구성할 때 비로소 경험되는 것이다. 즉 우리의 의식은 언제나 무엇에 대한 의식이며, 이 세계는 의식이 부여하는 의미를 통해서만 이해될 수 있다고 본다. 현상학에서는 대상의 실제 특성이 아니라 인간의 '의식의 현상'으로서의 대상을 탐구한다. 따라서 현상학은 과학적 · 실증주의적 세계관, 즉 객관적인 외부세계가 독립적으로 존재하며 미리 만들어진 대상으로 법칙적 설명이 가능한 세계라는 가정에 대해 문제를 제기한다. 현상학에서는 현실이 주어진 세계가 아니라 주관적으로 구성된 세계라는 입장에서 의미의 본질을 탐구한다(강유정 · 김영훈 · 최성열, 2018: 62; 이종각, 1996: 167).

현상학의 주요 특징을 살펴보면 다음과 같다.

첫째, 표출된 행위와 의도된 행위는 다르므로 외면적 행위만을 연구하는 것은 무의미하다.

둘째, 각 개인의 주관적인 내면세계와 경험 등 인식작용을 중시하며 구성원들이 공유하는 상호주관성과 실체 및 의미를 탐구하고자 한다.

셋째, 상호주관적인 삶의 세계에 관심을 가지며, 상황이나 맥락에 관한 반성적 성찰을 중시한다.

넷째, 특정 대상에 대하여 당연하게 받아들이는 전제나 선입견, 섣부른 이해나 판단 및 설명을 거부하며, 절대 영점에서 출발하는 무전제의 접근을 취한다.

다섯째, 연구자 자신의 관점과 남의 관점을 상호 비교하며 심사숙고하는 반성적 접근을 강조한다.

여섯째, 기술문명과 물질주의 및 관료제 등에 의하여 초래된 인간소외의 본질을 파헤치려고 노력한다.

일곱째, 인본주의적인 접근을 취하며, 정의적 · 인격적 · 직접적 · 구체적 · 반지성적 · 주관적 · 실존적인 입장을 취한다.

여덟째, 실증주의적 접근방법을 비판한다.

(2) 교육과의 관련성

교육사회학에 있어서 현상학적 접근은 교육의 내부과정에 관심을 갖게 해 주며 교육과 관련한 문제들을 있는 그대로 분석하게 해 준다. 또한 교육의 여러 과정에 대해 생생하게 느끼는 참여자의 체험세계 또는 교육적 대상에게 의미를 부여하는 참여자의 의식세계를 기술함으로써 교육의 본질세계를 들여다본다. 즉, 선입견을 배제하고 학생과 교사의 경험과 체험세계를 있는 그대로 파악하고 이해할 수 있다.

교육현장을 들여다보면 의식적이든 무의식적이든 당연한 것으로 받아들이는 전제와 가정이 많다. 그러나 이러한 것들은 가치중립적이거나 특정 가치를 반영하는 것이 대부분이다. 예를 들어 '착한 학생', '좋은 선생님', '우등생' 등과 같은 말에는 이미 특정 가치가 내포되어 있다. 또한 교사들은 학생의 성적이나 가정환경, 문화적 특성에 따라 선입견을 갖는 경향이 있다. 교사는 학생에 대한 자신의 사실판단이나 가치판단의 실체에 대해 성찰해 볼 필요가 있다. 또한 교수-학습과정에서 지혜로움이라든지, 어리석음과 같은 언어는 평가적 언어이므로 교사가 그 언어가 함의하고 있는 의미를 현상학적 시각에서 검토하고 논증해 보아야 한다.

2) 상징적 상호작용론

(1) 기본이해

상징적 상호작용론(symbolic interactionism)은 미드(G. H. Mead)의 사회적 행동주의에서 하나의 학파로 발전되었다. 상징이란 어떤 사물이나 일의 성질 또는 사람들의 생각을 나타내는 구체적인 표시이다. 예를 들면, 언어, 문자, 기호, 그림, 소리, 표정, 몸짓 등이 있다. 인간은 상징을 통해 다른 사람들과 상호작용을 한다. 의사소통과 언어는 상징적 상호작용론의 기본적인 두 개념이다. 상징적 상호작용론은 인간이 상징을 매개로 상호작용을 통해 개인과 사회에 관한 의미를 어떻게 창출해 내는가에 관심을 둔다.

상징적 상호작용론에서는 개인을 세계의 창조자이면서 동시에 그 세계의 산물로 이해한다. 사람들이 자신의 행위와 의미를 구성한다는 생각이 자리 잡고 있는 것이다. 이 이론은 규칙성을 지닌 어떤 구조나 사회체계가 이미 존재한다고 보지 않고, 사람들이 상호작용하는 사회적 맥락 안에서 의미 있는 구조나 사회체계가 만들어진다고 본다. 상징적 상호작용론은 사람들이 의사소통하면서 의미를 지니는 말, 몸짓, 상징, 개념 등을 중요하게 다룬다. 이런 것들은 고정된 의미를 지닌 것이 아니라 상황과 문화에 따라 달리 의미를 가진다. 따라서 인간에 대한 이해는 인간이 처한 상황과 수준으로 이해되어야 하며 그러한 행위를 유발하도록 하는 사회적 관계와 맥락을 고려할 때 더 잘 설명될 수 있다.

상징적 상호작용론이 강조하거나 전제하는 내용을 제시하면 다음과 같다(Wilson, 1983 재인용).

첫째, 개인의 자아형성은 사회에서의 상호작용의 결과이다. 개인은 일상생활의 다양한 상황에서 접하는 타인의 눈을 통해 자신을 알게 된다.

둘째, 개인은 타인과의 상호작용을 통하여 의미를 파악하고, 그 의미를 토대로 자신의 생활을 조직해 나간다.

셋째, 상호작용 관계에 있는 양자는 각각 자신의 행동에 대해 상대방이 어떻게 반응할 것인가를 예견하고 상호 용납할 수 있는 방법으로 상황을 정의하며, 상호 수용할 수 있는 한계를 설정한다.

넷째, 사회를 개인들 간의 상호작용 관계로 간주함으로써 사회를 정태적(情態的)인 불변의 구조로 보는 기능 이론과 달리 과정적이고 역동적인 측면을 강조한다.

(2) 교육과의 관련성

상징적 상호작용론과 관련된 대표이론은 낙인(labeling) 이론과 자기충족예언(self-fulfilling prophecy)이론이다. 낙인이론은 교사나 다른 학교의 구성원들로부터 받은 기대나 의미에 따라서 학생의 행동에 대해 잘한다는 또는 잘 못한다는 낙인을 부여한다는 것이다. 심리학자 스턴버그(R. J. Sternberg)는 초등학교 때 선생님이 자기를 '멍청하다'라고 했다고 한다. 그래서 계속 멍청한 행동을 하면서 자랐는데 어느 날 한 선생님께서 스턴버그에게 뭔가 큰 잠재력이 있다고 믿고 기대해 주셨다고 한다. 이 믿음대로 스턴버그는 노력하고 잘하려고 해서 오늘날 세계적인 심리학자가 되었다.

자기충족예언이론은 한 예언이 형성되면 그 예언이 인간 행동에 어떤 구속력을 가하여 바로 예언 자체의 실현을 위한 강력한 수단이 된다는 것으로, 교사의 학생에 대한 기대가 학생의 학습태도나 학습결과에 영향을 미친다는 것이다. 교사와 학생들 간에는 복잡한 관계가 끊임없이 진행되면서 관계가 형성·발전되기 때문에 교실의 수업은 교사와 학생의 상호관계를 연구하지 않고서는 이해가 불가능하다고 본다.

이러한 상징적 상호작용론은 학교교육의 불평등 원인을 교사에게서 찾으려는 교사의 기대효과와 교사와 학생의 상호작용의 결과로 형성되는 학교 학습풍토와 학구적 규범 등 학교 및 학급의 역동성을 이해하는 데 도움을 준다. 연구주제로는 학교 및 학급 내 상호작용, 학교효과, 교육격차, 학교 및 학급풍토, 교육과정 및 언어, 학교문화, 교사 기대효과 등을 주요한 연구주제로 삼고 있다(강유정·김영훈·최성열, 2018: 67; 주동범·김정희·정일환, 2015).

3) 민속방법론

(1) 기본 이해

민속방법론(ethnomethodology)은 상징적 상호작용론에서 상호작용과 현상학의 해석학적 방법을 실제 사회의 관찰에 적용하여 새로운 이론을 구축하려는 연구방법이다. 민속방법론은 미국 사회학자 가펑클(H. Garfilnkel)에 의해 최초로 사용되었으며, 1960년대 말 영국을 중심으로 맥을 잇고 있던 상징적 상호작용론과 현상학을 종합하여 민속방법론으로 발전시켰다. 민속방법론은 후설(E. Husserl)의 인식론적 관점의 현상학을 슐츠(Schultz)가

사회학적 관심으로 발전시키고 인류학자 기어츠(C. Geertz)에 의해 더욱 정교화되었다(허은주 외, 2011).

민속방법론의 핵심개념은 설명, 지표성, 상호구성성이다.

첫째, 설명(account)은 사회구성원들이 사회적 상호작용 속에서 사회적 현실에 대한 감각을 창출해 내는 활동이다. 사회구성원들은 주관적 설명 활동을 통하여 상호주관적이고 사실적 지위가 부여된 사회세계를 창출한다.

둘째, 지표성(indexicality)은 사회구성원들이 일상생활에서 주고받는 담화, 몸짓, 신호, 기타 정보들이 특정 맥락에 의존하여 의미를 지님을 뜻한다. 그러나 이러한 맥락은 사회구성원들이 끊임없이 구성해 내는 것이므로 무한히 상세하게 규정될 수 있다.

셋째, 상호구성성(reflexivity)은 설명과 맥락이 서로를 구성 및 규제하므로 해석의 무한한 순환을 낳는 특성이다. 맥락과 설명의 의미는 상호작용에 참여하는 사람들이 구성해 낸 해석이며 이후 재구성된다.

민속방법론은 인간행동을 '의미의 구성체'로 간주하고, 이 의미구조와 관련되는 사회적 맥락을 밝히는 데 주된 관심을 가진다. 또한 사회적 상황에 대해 구성원들이 부여하는 의미, 이해, 해석, 구조 등을 탐구하는 데 중점을 둔다. 민속방법론은 인류학에서 활용되고 있는 연구방법의 하나로 대표적인 질적 연구방법이라고 할 수 있다. 이런 연구들은 장기적·집중적 참여관찰, 심층면접, 현장조사, 상호작용 방법, 비실험적 접근 방법 등을 통해 연구자들이 자연스러운 사회적 상황 속에서 문화주체자(현지인)의 관점으로 특정 집단의 생활양식을 사회문화적 맥락에서 파악하고 기술한다.

(2) 교육과의 관련성

민속방법론은 사회적 상황에 있는 사람들이 여러 사실들을 어떻게 지각하고, 설명하고 있는가를 이해하는 데 관심이 있다. 민속방법론적 교육사회학자들은 학교 교실 내에서 전개되는 학생, 교사, 집단 간 상호작용으로서의 교실활동의 분석에 관심을 기울인다. 교실 내에서 교사와 학생 간의 행위와 상황 등에 대한 폭넓은 자료를 찾아내기 위해 현지에서 장기간 머물면서 당사자들의 관점에서 제반 사항을 파악한다. 교실 상황에서 학생 개인의 행동 성향을 분석하고 원인을 찾아내는 데 적용하며, 가정 배경이나 실제 생활과정에 총체적 관심을 가지고 종합적으로 접근한다.

현상학, 상징적 상호작용론, 민속방법론은 구체적인 측면에서는 관점의 차이가 있으나 공통적으로 해석적 접근의 공통적 특징을 갖고 있다(이종각, 1996: 163).

첫째, 내부자(insider's point of view)의 관점을 강조한다. 해석적 접근에서는 연구자는 행위자(참여자)들과 함께 관찰하고 해석을 하며, 그로부터 특정한 유형이나 규칙성을 찾으려 한다.

둘째, 총체적인 접근(holistic approach)을 강조한다. 관심 현상 및 사건을 이해하는 데 몇몇 요소들만 발췌하여 분석적으로 탐색하기보다는 상황 전체를 전반적으로 인식하고 탐구한다.

셋째, 맥락화(contextualization)를 강조한다. 모든 자료는 그 자료가 수집된 환경의 맥락 속에서 고려되어야 한다. 맥락 의존성은 '해석'의 본질이다.

이상의 이론들은 학교의 실제와 관련하여 교사와 학생들의 행동에서 교사가 행동을 어떻게 이해하고 의미를 부여하며, 학생은 이에 따라 교사에게 어떻게 반응하는가를 설명해 줌으로써 교육현장에 대한 이해를 높였다는 긍정적 평가를 받고 있다. 그러나 교육현장을 둘러싼 교육의 외부적 제도 측면을 소홀히 하였다는 비판을 받는다. 교육의 능동성을 강조한 나머지 교육에 제약을 주는 정치, 경제 등 외부적인 구조적 요인을 무시함으로써 오히려 교육을 현실적으로 이해하는 데 한계가 있는 것으로 지적된다.

해석학적 접근을 하는 현상학, 상징적 상호작용론, 민속방법론의 특징을 비교하면 **표 3-2**와 같다.

표 3-2 해석학적 이론의 비교

구분	현상학	상징적 상호작용론	민속방법론
관련 학문	사회학	사회학	인류학, 사회학
발생시기	1920년대	1930년대	1960년대
대표학자	후설, 슐츠	블루머	가펑클, 기어츠
주된 관심	주관적 의식작용	상호작용	맥락의 이해
주 목적	이해	해석	기술
연구대상	생활체계	상징체계	행동
이해의 핵심	의미	의미	의미
연구방법	성찰, 관조	자연적 방법	참여관찰 및 통찰

자료: 김병성(2008). 교육과 사회. 서울: 학지사, 79쪽 재조직.

2. 신교육사회학

1) 기본 이해

신교육사회학은 미시적 및 해석학적 접근에 속한다. 신교육사회학은 1960년대 말부터 1970년대 초에 걸쳐 기능론적 교육사회학에 대한 비판으로 영국에서 출현하였다. 이에 비해 갈등주의는 1970년대 미국을 중심으로 기능론적 교육사회학의 대안으로 전개되었다. 고버트(D. Gorbutt)는 종래 교육사회학을 대치할 대안적 패러다임으로서 신교육사회학(new sociology of education)이라는 용어를 처음 사용하였다. 신교육사회학의 이론적 발전에 가장 중요한 공헌을 한 학자는 영(M. Young)이며, 1970년대와 1980년대에 걸쳐 비슷한 시각의 학교교육을 논의한 신교육사회학자로 번스타인(B. Bernstein) 등이 있다.

신교육사회학은 '지식사회학'과 '교육과정사회학'에 논의의 초점을 두었다. 학자마다 조금씩 차이를 보이기는 하지만 신교육사회학이 공통적으로 강조하는 것은 지식을 사회적 구성물로 보는 것이다. 지식을 인간의 산물이라고 할 때 어떠한 상황에서 어떠한 인간 집단의 지식을 창조하고 분배하며 해석하는가 하는 것이 당연히 문제가 된다. 왜냐하면 사회의 구성원들은 현실을 인식하는 데 있어서 지식의 창조나 해석에 크게 의존하기 때문이다.

신교육사회학은 교육현상을 두 가지로 요약하였다(강유정 · 김영훈 · 최성열, 2018: 71-72).

첫째, 학교지식을 누구의 관점에서 볼 것인가 하는 점이다. 학문적으로 지식사회학에 기반하여 모든 지식은 인간이 만들어낸 산물이고, 따라서 지식은 바뀌고 상대적이다. 어떠한 상황에서 어떠한 집단이 지식을 창조하고 분배하며 해석하는가 하는 것은 당연히 문제가 된다. 이 점은 기존 학교교육과정의 지식이 지배계급을 중심으로 구성되었음을 지적한 것으로 노동자 계급과 일반 대중의 문화와 역사는 지금까지 교과서 내용의 선택 과정에서 배제되어 왔음을 의미한다.

둘째, 문화전달과정으로서 학교교육에 관한 논의를 가정과 같은 귀속적 요인, 개인적 요인에서 벗어나 정치적 문제로 확장시켰다는 점에서 관점의 전환을 가져왔다. 교육조직과 교육과정, 교사에 의해 판단되는 학생의 능력, 지능, 이에 대한 평가도 사회적 산물이라고 주장하면서 학교 내부의 과정인 학교의 교육과정, 교사와 학생의 상호작용, 교사가 학생에게 갖는 고정관념과 평가기준 등에 새로운 관심을 가진다(김종두, 2013).

신교육사회학을 주장하는 학자들은 기능 이론이 학교 내부를 '검은 상자(Black Box)'로 취급했다고 비판한다. 학교교육의 내적 과정, 즉 지식과 교육과정의 조직 및 전달, 교수법과 평가의 범주, 학교나 교실에서의 상호작용에 대해서 중요하게 다루지 않았다는 것이다. 이에 해석학적 접근으로 주관적 이해나 이데올로기와 같은 교육의 내부적 요인을 강조하였다.

신교육사회학 이론은 교육의 사회적인 측면을 인정하고 교육이념이나 가치 등을 강조한다. 또한 교육활동에서 학습자의 주체적인 참여를 부각시키고, 교육사회학 분야에서 소홀히 취급된 교육과정의 중요성을 강조한 점은 긍정적으로 평가된다. 그러나 지나치게 지식의 보편성을 부인하고 사회의 역사적·문화적 전통에 대해 소홀히 하였다는 비판을 받는다. 또한 경험적인 연구결과가 부족하고 구체적인 실천 모형이 제시되지 않아 실제로 교육현장에 적용시킬 때 어렵다는 한계가 있다.

2) 신교육사회학자

신교육사회학에 공헌한 대표적인 학자를 소개하면 다음과 같다.

(1) 영(M. Young)

영은 신교육사회학의 형성에 실질적으로 큰 공헌을 하였으며, 신교육사회학을 갈등론적 관점에서 논의하기 시작하였다. 그는 「지식과 통제: 교육사회학의 새로운 방향, 1971」이라는 저서에서 기존의 교육사회학은 사회계층, 교육의 기회분배, 학습 효과 등에만 관심을 집중하여 학교 내부 현상을 등한시하였다고 비판하였다. 이에 지식의 사회성에 눈을 돌리고 지식사회학적 시각에 입각하여 학교 내에서 진행되는 교육과정을 연구하고 이에 대해 해석할 것을 주장하였다. 즉, 그는 신교육사회학은 언어나 교육과정의 사회학적 연구에 관심을 모아야 하며, 지식의 사회적 조직의 문제인 어떤 지식과 기준에 의해 교육이 조정되고 지배되는가에 대해 관심을 두어야 한다고 주장하였다.

(2) 번스타인(B. Bernstein)

번스타인은 영국의 교육학자이자 사회학자이다. 교사로서 노동자계층 출신의 학생들과 접촉하면서 15년(1956~1973) 이상 긴 시간 동안 사회언어학적 연구에 몰두하였다. 그는 노동자계층 학생들이 학교에서 요구하는 표준영어를 잘 구사할 수 없는 데서 생기는 손해를 인식하고 개선책을 강구하기 위하여 노력하였다.

그는 사회계층과 어법에 관한 연구를 통해 사회계층 자체가 만들어낸 의사소통 어법이 세대 간 전달된다고 주장한다. 따라서 학교교육의 내용과 학교 내부의 현상에 대한 연구를 강조함으로써 신교육사회학의 발전에 공헌하였다.

(3) 애플(M. W. Apple)

애플은 학교에서 누구의 지식이 정당화되는가에 대한 문제를 오랫동안 사유해 온 영국의 교육사회학자이다. 그는 학교지식의 선정이나 조직이 특정한 계급과 사회집단의 이해를 반영하고 있다고 주장한다. 그의 주장에 따르면 지배집단은 공식적인 지배 메커니즘(경제, 권력 등)을 사용하지 않고도 학교교육을 통하여 사람들의 의식구조를 유지 또는 변화시킴으로써 사회를 통제하게 된다. 학교교육은 지배계층의 문화(지식과 가치)를 주로 다룸으로써 피지배계층으로 하여금 그것을 일방적으로 수용하도록 한다. 일상생활과 사회의식 속에 깊이 스며 있는 지배집단의 의미체계 및 가치체계를 헤게모니(hegemony)라고 하는데 학교의 교육과정 속에는 이러한 헤게모니가 깊숙이 내재되어 있어 학교는 자연스럽게 문화적·이념적 헤게모니의 매개자로서 사회를 통제하게 된다.

애플은 「교육에 있어서의 문화적·경제적 재생산(Cultural and Economic Reproduction in Education, 1981)」, 「교육과 권력(Education and Power, 1982)」이라는 저서에서 학교의 기능을 재생산 측면으로만 보는 것은 너무 단순하다고 했다. 학교는 매우 복잡하고, 거기에는 투쟁과 갈등이 있으며, 결코 학생을 일정한 틀에 맞추어 수동적으로 움직이는 기계로 만드는 곳은 아니라고 주장한다. 학교에서 학생들은 불공평한 사회구조를 인식하고 그것에 도전한다는 것이다.

04

C/H/A/P/T/E/R

사회화와 교육

1. 사회화의 개념과 내용
2. 사회화 이론
3. 교육과 사회화 기능
4. 교육의 사회적 기능

교육의 가장 기본적인 사회적 기능 중의 하나가 사회화(socialization)이다. 사회화는 개인이 한 사회의 구성원이 될 수 있도록 자신이 속한 사회의 지식과 기술 및 태도, 규범과 가치 등을 학습함으로써 사회적·문화적 존재로 성장 발달해 가는 것을 의미한다. 이러한 사회화는 교육을 통해서 가능하다.

이 장에서는 사회화의 개념과 내용, 사회화 이론에 대해 살펴보았다. 또한 사회화를 담당하는 기관과 조직을 살펴보고 마지막으로 교육의 사회적 기능에 대해 알아보았다.

1. 사회화의 개념과 내용

1) 사회화의 개념

인간은 태어나면서 죽을 때까지 사회라는 공간 속에서 타인과의 끊임없는 상호작용을 하면서 살아가게 된다. 이 과정에서 개인은 자신이 속한 집단에서 적절한 행동과 승인되는 가치를 학습하면서 사회의 일원으로서 성장해 나가게 되는 것이다. 즉, 인간은 출생 시에는 무기력한 자연적 존재로 세상에 태어나지만 점차 성장해 가면서 그 사회의 구성원들과 상호작용을 통해 새로운 지식, 기술, 태도, 규범 그리고 가치 등을 학습함으로써 사회적·문화적 존재로 성장·발달해 나간다. 결국 사회화란 개인이 한 사회의 구성원으로서 갖추어야 할 사회의 행동양식과 가치, 규범 등을 사회적 상호작용을 통해 습득하고 내면화(internalization)하는 과정을 의미한다.

사회화의 개념은 다양한 학문분야에서 정의되고 있다.

첫째, 문화인류학자들은 사회화를 한 세대로부터 다음 세대로 문화를 전달하는 과정으로 이해하여 문화화(enculturation)라고 한다. 사회화를 한 사회에 속한 모든 사람이 공유하는 행동양식 또는 규범에 따라 행동하도록 그 사회의 문화유형을 습득한다고 이해하기 때문이다.

둘째, 사회학자들은 사회화를 사회구성원으로서 기능하는 데 필요한 행동양식을 습득하는 과정으로 설명한다. 유능한 사회구성원이 된다는 것은 사회적 지위에 따른 역할을 잘 수행할 수 있도록 행동양식을 습득하는 것이다(Brim & Wheeler, 1966: 4-6). 사회학자 뒤르케임(E. Durkheim)은 사회화를 사회구성원이 공유하고 있는 관념, 행동유형, 태도와 가치체계를 망라해서 학습해 가는 과정이라고 정의한다.

셋째, 사회심리학자들은 개인의 심리적 측면을 강조하여 자아의 형성, 발달과정을 사회화 과정으로 이해한다. 쿨리(C. H. Cooley)는 자아와 타인과의 접촉에서 사회적으로 형성되는 모든 것을 사회화라고 보았다. 즉, 자신과 직접적으로 상호작용하는 특정인의 태도를 취득하는 과정으로 본 것이다.

사회화의 개념은 사회문화 현상을 바라보는 관점에 따라 상반된 입장에서 설명을 한다. 기능론에서는 사회화를 개인을 사회에 적응·통합시켜 사회질서를 유지하는 기능으로 본다. 사회화를 통해 다양한 개인들의 행동이 원만하게 조정되고 통합되어야 사회가 유지될 수 있다고 보기 때문이다. 이에 비해 갈등론은 사회화를 기득권층의 이익을 유지하거나 강화하기 위한 수단으로 본다. 갈등론자들은 사회를 지배하고 있는 기득권층들이 학교교육을 통해 자신들에게 유리한 지식·가치관을 피지배계급에게 전달함으로써 기존 불평등한 사회계층 구조를 재생산한다고 설명한다. 기능론자와 갈등론자들은 모두 개인보다 사회를 중심에 두는 구조적이고 거시적 관점에서 사회화를 설명한다.

반면에 사회화를 사회와 개인 모두 상호적 관계로 보는 상호주의 관점에서는 사회적으로는 사회체제와 가치체계, 문화 유지로 보고 개인적으로는 성장발달로 본다. 미드(G. H. Mead)는 한 사회에 속한 구성원들이 사회와의 끊임없는 상호작용이 이루어지는 상호작용적 사회화를 주장하였다. 인간은 사회 속에서 사회의 가치체계, 규범 및 문화 등과 계속된 상호작용 속에서 자신의 정체성을 형성해 나간다고 보았다.

2) 사회화 내용

사회화 내용은 한 인간이 태어나 자라면서 배우는 사회의 모든 문화와 행동양식을 의미한다. 인간은 성장해 가면서 그 사회의 언어와 지식, 가치, 규범, 제도 등을 학습하게 된다. 사회화 내용은 크게 두 부분으로 구분된다.

첫째, 사회화의 내용으로 언어와 상징을 들 수 있다. 언어는 단순한 의사소통 이상의 기능을 수행하며, 우리의 생각과 행동에 영향을 미치는 관념화 기능을 수행한다. 어떤 언어를 사용하는가에 따라 대상 세계를 인식하는 방법과 해석하는 관점도 달라진다. 언어는 특정 집단의 관심에 의해 발전되고 그 집단의 관심 영역과 종류를 한정시키게 된다. 예를 들면, 한국은 쌀의 종류와 관련된 다양한 단어가 존재하는 것에 비해 독일은 밀의 종류에 대한 다양한 단어가 존재한다. 언어는 인간 지식의 축적을 가능하게 하고 후세로 문화적 전승을 가능하게 한다. 상징은 어떤 물체나 행동에 대해 특별한 의미를 부여하는 것을 의미한다. 상징은 사회구성원들이 공유하는 정보나 느낌을 표현할 수 있으며, 간접적으로 지식과 의미를 전달할 수 있다. 상징에 대한 지식과 공유를 통해 집단의 결속력이 강화되기도 한다.

둘째, 사회화의 내용으로 가치관, 규범 혹은 제도 등을 들 수 있다. 이러한 것들은 자신이 속한 사회에서 행위자의 올바른 방향을 제시하는 것이며, 사회통제의 역할을 하기도 한다. 구성원 대다수는 그 사회의 핵심적인 규범과 가치를 받아들이고 그 사회의 고유한 생활양식을 따르게 된다. 즉 사회구성원들이 공유할 수 있는 장을 제공함으로써 특정 상황에서 상대방이 어떻게 행동할 것인지, 서로에게 무엇을 기대하는지 예측할 수 있게 해 주며 구성원들 사이에 원활한 사회생활을 가능하게 해 준다.

2. 사회화 이론

1) 프로이트의 심리 이론

오스트리아의 정신과 의사이자 정신분석학파의 창시자인 프로이트(S. Freud)는 인간의 의식을 무의식, 전의식, 의식이라는 3층 구조로 되어 있다고 하였다. 이 이론은 후에 본능(id), 자아(ego), 초자아(superego)로 바뀌었고, 이 세 요인이 서로 상호작용을 하며 인간의 성격과 의식이 발달해 간다고 설명한다. '본능(id)'은 동물과 같이 쾌락을 추구하고 고통을 피하려는 인간의 충동이며, 인간의 타고난 육체적·정서적 쾌락 추구의 성향을 총칭하는 말이다. 본능의 유일한 기능은 심적 또는 외적 자극에 의해 유기체 안에 생긴 흥분(에네르기 또는 긴장)을 직접 방출하는 것이다. '자아(ego)'는 쾌락 원리가 아닌 '현실 원리'의 지배를 받는다. 현실 원리의 목적은 욕구를 만족시켜 줄 실제 대상이 발견되거나 산출될 때까지 에네르기 방출을 연기하는 것이다. '초자아(superego)'는 사회적인 욕구가 개인 속에 내재화된 것이라 할 수 있다. 각자 자신의 쾌락만을 추구할 때 이 사회가 존속할 수 없다는 믿음에서 유래한 가치관, 규범 등이 초자아에 속한다.

그의 이론은 인간이 발달해 가면서 배우고 익히는 사회화 과정에 중요한 이론을 제공한다. 인간 의식의 세 요소인 본능, 자아, 초자아는 정지된 상태가 아니라 역동적으로 움직인다. 이때 개인의 처한 상황이나 조건 혹은 상태에 따라서 세 요소들이 서로 우위를 차지하며 상호 간에 갈등관계 혹은 긴장관계를 통해 변화를 일으키는데 이러한 부분이 개인의 성격을 형성한다.

프로이트는 개인의 성격 발달단계를 다섯 단계인 구강기(oral stage), 항문기(anal stage), 남근기(phallic stage), 잠복기(latency stage), 생식기(puberty stage)로 구분한다. 그는 이러한 발달단계를 동일시 과정이라고 하였다. 개인의 사회화는 한 단계에서 다음 단계로 이행되는 과정에서 이루어진다고 설명하며, 이러한 단계는 위계적이라고 하였다. 따라서 각 발달단계의 완성 여부에 따라 자아가 발달되고, 개인은 완전한 사회인으로 성장하게 된다.

프로이트의 심리 이론은 한 인간이 출생하여 배우는 과정 속에서 어떠한 단계를 거쳐 사회화가 이루어지는지에 대해 심리의식적으로 이론화한 사회화 이론으로 주목받고 있다.

2) 쿨리의 거울자아이론

미국의 사회학자 쿨리(C. Cooley)는 사회화 과정을 한 개인이 다른 사람과의 상호작용을 통해 자신의 자아를 형성해 가는 과정으로 설명한다. 그는 '거울에 비친 자아(looking-glass self)'란 개념을 통해 자아가 어떻게 형성되는지 설명하였다. 거울자아이론은 다른 사람이 자신의 행동을 긍정적으로 보고 그것을 인정해 준다면 자신이 긍정적인 생각을 갖게 된다는 이론이다. 그러나 자신의 행동에 대해 상대편이 부정적으로 평가한다고 느끼게 되면 부정적인 생각이 형성된다는 것이다. 즉, 자신의 행동에 대한 상대방의 의견에 반응하면서 자신의 사회적인 자아가 형성된다는 것이다.

거울자아이론은 세 요소로 구성된다.

첫째, 상대방 눈에 비친 자신의 행동 모습을 상상하는 것이다.

둘째, 자신의 행동에 대해 상대방이 어떠한 판단을 할지 상상하는 것이다.

셋째, 상대방의 평가에 대해 수치심 혹은 굴욕감을 느끼게 된다.

이러한 느낌의 감정을 해석하는 과정을 통해 자아의 모습을 인식하게 된다.

쿨리의 자아에 대한 관점은 20세기 초 산업화가 급속히 진행되던 미국사회를 배경으로 이전의 사회적으로 고립된 자아의 개념에서 타인을 의식하는 사회적 자아의 개념으로 전환할 필요성에 의해 성립된 것이라고 할 수 있다. 그의 거울자아 개념은 타인을 의식하는 사회적 자아라고 할 수 있으며, 결국 자아는 다른 사람이 나를 보는 방식대로 수동적으로 형성된다는 관점을 보여준다.

3) 반두라의 사회학습 이론

반두라(A. Bandra)는 캐나다 태생으로 사회학습 이론으로 유명하다. 반두라는 사회화 과정을 다른 사람의 행동과 그 결과를 관찰함으로써 자신의 행동을 형성해 가는 과정으로 설명한다. 그에 의하면 사회적 학습은 다른 사람의 행동을 관찰하고 자신의 행동을 결정하는 관찰학습에 의해 이루어지며, 이 과정에서 상징화, 판단, 기대와 같은 인지적 요소가 개입한다고 보았다. 반두라의 관찰학습은 4단계 과정을 거쳐 이루어진다.

첫째, 주의단계로 모델의 행동이나 특성에 주의를 기울이는 단계이다.

둘째, 파지단계로 관찰에서 얻은 정보를 사용하기 위하여 머릿속에서 기억하는 단계이다.

셋째, 재생단계로 모델에 대한 상징적 표상을 행동으로 전환하여 연습하는 단계이다.

넷째, 동기화 단계로 연습한 행동을 표출하도록 동기를 형성하는 단계이다.

개인은 관찰학습을 통해 모델을 모방함으로써 강화를 받을 수 있다는 기대를 갖게 되고, 이 기대에 의해 학습은 촉진된다. 반두라는 모방의 결과로 개인이 받게 되는 강화를 직접강화, 대리강화, 자기강화로 구분하였다. 직접강화는 바람직한 행동에 대해 당사자에게 직접 보상을 주는 것이다. 대리강화는 타인이 강화 받는 것을 관찰함으로써 자신의 행동이 강화되는 것이다. 자기강화는 다른 사람의 보상에 의존하지 않고 스스로 자신의 행동을 강화하는 것이다.

4) 미드의 상징적 상호작용 이론

사회심리학자 미드(G. H. Mead, 1934)는 쿨리(C. Cooley)의 거울자아개념을 더욱 확장하고 발전시켜 상징적 상호작용 이론으로 정립하였다. 그는 사회화 과정을 한 개인이 다른 사람의 가치 및 기대와의 상호작용을 통해 자아를 형성해 가는 과정으로 설명하였다. 그는 개인이 타인과 상호작용하는 수단으로 상징을 사용한다는 점을 주목하였다.

미드는 자아형성과정을 다음의 세 단계로 설명한다.

첫째, 역할준비단계이다. 아동은 자신이 하는 행동의 의미를 제대로 파악하지 못하고 어른들의 행동을 모방한다. 예를 들어, 아이들이 술을 마신다는 것이 어떤 의미인지 알지 못한 채 어른들을 흉내 내어 술잔을 마시는 행동을 하면서 모방한다.

둘째, 역할놀이단계이다. 이 단계는 아동들이 놀이를 통하여 자신의 주변 사람들의 행동을 모방한다. 아이들은 놀이를 통하여 타인의 역할을 하면서 그들의 행동을 모방하고 학습하게 된다. 아동들은 엄마와 아기의 역할을 하는 소꿉놀이를 하면서 학습한다. 또한 의사나 환자의 역할을 흉내내면서 사회적 존재로 자아의식이 발달한다.

셋째, 역할게임단계이다. 아동들은 역할놀이 수준을 넘어서 역할게임단계로 발전해 나간다. 게임의 단계에서 아동들은 자기 팀의 역할을 이해하고 잘 수행하려고 할 뿐 아니라 상대방의 행동에 대해서 생각하며 어떻게 행동할까 고심한다. 이러한 과정을 통하여 아동들은 자신을 독자적인 행위자로 인정하게 된다. 미드는 이 단계의 아동들은 주변 사람들이 자신을 바라보는 것과 같이 스스로 자아정체성을 형성해 나간다고 보았으며, 이를 사회적 자아라고 하였다.

미드는 아동의 주격자아와 목적격자아라는 개념을 통하여 자아의 형성과정을 설명하였다. 그는 개인의 주격자아를 'I'로 표현하고 목적격자아를 'Me'로 표현했다. 주격자아는 자율에 의하여 형성되는 자아를 말하고, 목적격자아는 타인에 의해 형성되는 자아를 말한다. 이러한 두 개의 자아간에 역동적인 과정을 통해 변증법적으로 개인의 자아가 형성된다.

사회화에 대해서는 다양한 입장이 있지만 특정한 사회에 소속되어 있는 개인이 사회적 학습 또는 사회적 상호작용을 통해서 사회에 적응 또는 사회의 성숙된 성원이 되어가는 과정을 의미한다. 즉 사회화란 한 사회나 집단의 효과적인 구성원이 되는 데 필요한 지식, 기술, 태도, 규범을 획득하는 과정으로 볼 수 있다. 뒤르케임(E. Durkheim)은 사회화란 문화를 내면화시키는 과정이며 학교교육의 중요한 기능이 젊은 세대를 사회화시키는 것이라고 하였다. 파슨스(T. Parsons)는 사회화란 사회체제가 균형을 유지하도록 하는 주요 메커니즘이라고 하였다.

3. 교육과 사회화 기능

사회화란 인간이 자신이 태어난 사회와 집단의 삶의 방식을 배우는 과정이다. 사회화는 그 사회가 옳다고 보는 사고방식과 행동, 가치 및 태도를 배워서 자신의 것으로 내면화하여 그 사회가 요구하는 생활양식에 따라 행동하게 되는 과정이다. 사회화 과정은 개인적 측면에서 보면 개인이 속한 사회의 가치, 규범 및 문화 등을 내면화하여 자신의 정체성을 형성해 가는 것이다. 사회적 측면에서 보면 사회화는 한 사회가 가지고 있는 가치체계나 문화 등을 개인에게 전수하는 과정으로 집단적 신념체제를 사회구성원들에게 내면화시켜서 사회를 결속시켜 유지·발전해 나가는 것이다.

1) 예기적 사회화·재사회화·탈사회화

사회화 과정은 한 개인의 전 생애를 통해 이루어진다. 이런 점에서 생애 경험을 기반으로 한 사회화의 개념이 발달되었다. 우선 예기적 사회화(anticipatory socialization)는 아동이 장래 성인이 되었을 때 필요하다고 생각되는 생활방식과 가치관을 미리 사회화시키는 것을 말한다. 또한 현재 본인이 점유하고 있는 것보다 더 높은 사회적 지위나 계급에 진입하고 이를 수용하기 위해 개인의 사회적 행동과 성격을 개조하는 노력의 과정도 예기적 사회화의 한 기제가 될 수 있다.

재사회화(resocialization)는 이미 이루어진 사회화가 잘못된 경우 그것을 바람직한 방향으로 다시 사회화시키는 것을 의미한다. 재교육과 유사한 용어이다. 아동을 성인생활에 준비시키기 위하여 교육시킨다면 그 내용의 상당 부분은 예기적 사회화를 시키기 위한 내용이 될 것이다. 교도소와 같은 교정시설 등은 과거의 잘못된 것을 버리고 새로운 생활 세계로 들어가기 위한 재사회화 기관이다.

재사회화가 성공적으로 이루어지기 위해서는 탈사회화(desocialization)가 먼저 이루어져야 한다. 즉 과거에 이루어졌던 사회화로부터 이탈되거나 그것을 망각해야 하는데, 이를 탈사회화라고 부른다.

개인은 생애 동안 사회화, 예기적 사회화, 탈사회화, 재사회화의 끊임없는 연속적 경험을 겪게 된다. 낡고 잘못된 것을 버리고 새롭고 더 좋은 것으로 사회화하게 된다. 또한 급격한 사회 및 기술 변화에 적응하기 위해서는 끝없는 재사회화 과정을 거쳐야 한다.

2) 사회화 담당기관

사회화는 생애과정 전체에 걸쳐 이루어지게 된다. 이 과정에서 다양한 조직과 기관들이 개인의 사회화를 담당하게 된다. 대표적인 사회화 담당기관으로 가정, 또래집단, 학교, 지역사회, 매스미디어 등을 들 수 있다(강유정 · 김영훈 · 최성열, 2018: 91-97; 성낙돈 외, 2018: 70-75.).

(1) 가정

가정은 사회화의 일차적 기관으로 사회화에 가장 중요한 영향을 미친다. 인간은 출생과 더불어 가정의 생활 방식에 따라 여러 가지 행동, 태도, 가치, 규범 등을 배우며 인격의 틀을 형성하게 된다. 부모는 아동에 대한 최초의 사회화 담당자로서 아동의 사회화에 지대한 영향을 주게 된다. 발달이론에 의하면, 6세 이전에 모든 성격이 형성되는데 그 역할을 가정이 담당하게 된다. 아동은 부모를 보면서 모방과 상호작용을 통해 언어와 가정의 규칙, 행동양식을 알아간다.

가정이 어떻게 사회화에 영향을 주는지 살펴보자.

첫째, 가족구성원의 형태가 영향을 미친다. 형제가 몇 명인지, 가족이 핵가족인지 아니면 대가족인지에 따라 가족구성원으로서 개인이 영향을 달리 받게 된다. 전통적으로 남아선호사상이 있는 한국에서 장남으로 태어나거나 혹은 차남으로 태어난다는 것, 그리고 아들로 태어나거나 혹은 딸로 태어나는 것에 많은 차이가 있다. 또한 부모 사이의 부부관계가 자녀에 미치는 영향은 매우 크다. 부부관계가 갈등에 있거나 부부가 이혼을 해서 서로의 관계가 좋지 않을 때 자녀에게 미치는 영향은 상당히 크다. 오늘날 가족의 유형이 매우 다양하게 변화하고 있다. 핵가족, 한부모가족, 재혼에 의한 재결합가족, 노인가족, 공동체 거주가족 등 다양하다. 이러한 상황에서는 부모나 혹은 조부모가 제공했던 역할 모델의 영향이 줄어줄 뿐 아니라 아동들이 모델링해야 하는 대상이 사라지거나 달라지는 현상이 나타나게 된다. 이런 점에서 사회화를 담당하는 가정 및 가족의 기능과 역할을 재검토해야 하며, 이에 대한 대책 마련이 필요하다.

둘째, 부모의 아동에 대한 양육방식이나 태도가 영향을 미친다. 아동이 부와 모 사이에 어떤 관계성을 유지하는가가 성격 형성에 지대한 영향을 줄 수 있다. 부모가 아동에 대해 엄격하고 처벌적인 경우는 아동의 자신의 성취에 대해 부정적인 의식을 형성하게 된다. 또한 일관성 없는 부모의 태도도 아동이 방어를 하기 위해 불안감을 갖게 되고 정신적인 억압을 당하게 된다. 부모에 의해 공격적인 가정 분위기에서 자라는 경우 혹은 부모가 이해심과 사랑의 분위기로 양육하게 되는 경우에 따라 아동들이 사회에 적응해 나가는 방식은 다를 수밖에 없다. 특히 부모의 태도와 언어에 대해 모방하면서 자신을 내면화하는 시기이기 때문에 아동들이 가정에서 무엇을 어떻게 배우는가는 장차 사회생활을 하는 태도에 영향을 준다.

(2) 또래집단

또래집단(peer group)이란 동료집단, 동배집단, 동년배집단 등 다양한 용어로 불리며, 자신과 비슷한 나이와 신분을 가진 집단을 말한다. 또래집단은 청소년 시기까지 아동에게 많은 영향을 미치는 사회화 기관이다. 가정에서 부모와 자식 사이에 수직적 관계 속에 있던 아동이 연령이나 성숙도에 있어서 비교적 동등한 위치에 있는 또래집단을 통해 자유로운 의사소통과 함께 생각과 감정을 공유하면서 사회화 과정을 거치게 된다.

또래집단에 속한 개인은 자신과 비슷한 친구들과 상호작용을 하면서 자아를 발견하고 자기정체성을 형성하게 된다. 이 시기에는 감수성이 예민하기 때문에 서로 간에 많은 영향을 끼치게 된다. 또래집단에서 적극적이고 원만한 관계를 유지하게 되면 긍정적인 자아개념이 발달하게 되고 사회생활에서도 긍정적인 태도를 기를 수 있다. 반면에 또래집단과 부정적인 관계를 형성하게 될 경우 부정적인 자아정체감을 형성하게 되어 사회생활에 부정적인 태도를 형성시킬 수 있게 된다. 또래집단은 사회화의 중요한 대행자 역할을 하게 된다.

급격한 사회변화를 경험하는 우리 사회에서 또래집단의 중요성이나 영향력은 더욱 확대되고 있다. 대가족의 쇠퇴, 세대 차이의 심화, 성인사회로의 진입이 지연되면서 또래집단과 관계를 맺는 기관과 범위가 과거보다 훨씬 넓어졌기 때문이다. 이런 점에서 또래집단 간 건전한 관계가 형성될 수 있도록 사회나 가정에서의 관심이 더욱 요구되고 있다. 만약 또래집단이 반(反)사회적 특성을 갖게 되면 불량 집단화하게 되고, 청소년 비행을 학습하고 반복하는 중요한 통로가 되기 때문이다. 특히 청소년기에 또래집단의 중요성은 청소년 문제의 해결에 있어서 친구집단, 친구관계망을 활용한 방안들을 개발하고 적용할 필요성을 제기시켜 준다.

(3) 학교

학교는 가정 다음으로 사회화를 담당하는 중요한 기관이다. 학교는 가장 체계적으로 문화를 학생들에게 전달하는 공식적 조직체로서 학교를 통한 사회화는 학생들에게 가장 강도 있게 영향을 주게 된다. 학교의 사회화 기능을 몇 가지 측면으로 살펴볼 수 있다.

첫째, 학교는 다수인이 집단생활을 하는 곳으로 개인의 행동은 집단의 규범에 의하여 통제되며 일탈된 행동은 제재를 받게 된다. 학교에는 지켜야 할 여러 규칙들이 있으며 대부분 통제 기능을 하게 된다. 이 규칙들은 학교라는 집단생활을 해 나가는 데 필요하기도 하지만, 대부분 사회에서 요구되는 규칙들이다. 이외에도 학교는 교사라는 중요한 타자와 동료집단이라는 일반화된 타자를 통해 사회화를 촉진시킨다.

둘째, 학교는 사회인으로서 필요한 기초적인 능력과 태도를 가르친다. 「유아교육법」, 「초·중등교육법」, 「고등교육법」에 이르기까지 학교는 가르쳐야 할 분명한 교육방향과 목적을 명시하고 있다. 만 3~5세의 취학 이전의 아동들을 대상으로 공통의 보육 및 교육과정을 적용하는 '누리과정', 대한민국 국민이면 누구나 공통적으로 받아야 하는 기본적인 교육과정인 '국민공통기본교육과정'(1997년 12월 교육부 고시), 2015년 개정 교육과정을 통해 강조되기 시작한 미래사회가 요구하는 '핵심역량' 등은 국가가 미래사회에서 요구하는 지식, 기술, 태도 등을 체계적이고 계획적으로 가르치도록 하는 내용이다. 국가가 학교교육과정에 얼마나 개입해야 하는가는 개인의 이데올로기나 가치에 따라 달리 평가될 수 있으나 학교는 전체 사회의 유지·발전을 위한 체계적인 사회화 기능을 수행하게 된다.

셋째, 학교는 장차 직업생활에 필요로 하는 직업적 가치관과 기본적인 기능·기술을 습득하게 해 주는 직업적 사회화 기능을 수행한다. 학교는 학생에게 다양한 진로교육 기회를 제공함으로써 변화하는 직업세계에 능동적으로 대처하고 학생의 소질과 적성을 최대한 실현하도록 하고 있다. 이를 위하여 초·중등학교뿐만 아니라 대학에서도 진로·직업교육을 체계적으로 실시하고 있으며, 국가는 「진로교육법」을 제정하여 이를 지원하고 있다.

이상과 같이 학교는 사회체제 유지를 위한 체계적이고 긍정적인 사회화 기능을 수행하지만, 학교 사회화 기능을 저해하는 요인도 적지 않다. 입시위주의 교육 풍토 속에서는 공동체를 형성할 수 있는 인간관계를 형성하기 어렵다. 학교 구성원들과의 관계에 있어서도 인격적 만남보다는 감독자, 평가자, 경쟁자로 인식하며 살아가게 된다. 또한 따돌림 현상, 학교폭력 등 인간소외 현상이 팽배해지면서 학교의 역기능 및 부정적 폐해가 지적되고 있다. 이런 점에서 '탈학교 사회(Deschooling society)', '학교는 죽었다(School in dead)'를 주장하는 교육학자들의 비판적 목소리에 귀를 기울이면서 학교의 기능을 회복해 나가는 노력이 요구되고 있다.

(4) 지역사회

지역사회는 일정한 지역에서 함께 사는 사람들이 공동생활을 하면서 형성하는 공동체를 말한다. 일반적으로 지역사회 주민들은 일정한 경험과 문화를 공유하면서 공동체 의식을 가지고 생활하게 되며, 공동체 의식을 바탕으로 구성원에게 생활방식에서의 일정한 통제와 구속을 갖게 된다. 아프리카 속담에 '한 아이를 키우려면 온 마을이 필요하다'라는 말이 있다. 지역사회가 힘을 합쳐 한 아이가 온전하게 성장할 수 있도록 돌보고 가르치는 일을 해야 한다는 뜻이다.

최근 학교의 사회적 기능이 약화되면서 지역사회가 법 제도를 통해 학교 밖 청소년을 보호하려는 노력이 이루어지고 있다. 초·중·고교 학생의 학업중단율은 2010년 이후 감소하는 추세였으나 2015년 이후 다시 증가하다가 2019년부터 하향 추세를 보인다. 2022년도 통계를 보면 초등학생의 학업중단율은 0.6%(15,389명), 중학생의 학업중단율은 0.5%(7,235명), 고등학생의 학업중단율은 1.5%(20,131명)에 이른다(교육부 · 한국교육개발원, 2020). 국가는 단 한 명의 아이도 낙오되지 않도록 학교 밖 청소년을 보호하고 학습기회를 보장함으로써 학교 밖에서도 학력인정을 받을 수 있는 다양한 법 제도적 기반을 마련하고 있다. 대표적으로 Wee센터, 학교 밖 청소년지원센터, 청소년쉼터, 청소년상담복지센터 등 지역사회 속에서 학교 밖 청소년들을 보호하고 교육하며, 자립 기회를 제공하기 위한 다양한 노력이 이루어지고 있다. 최근에는 가정 및 학교의 사회적 기능이 약화되면서 지역사회를 통한 사회화 기능이 강조되고 있다.

(5) 매스미디어

정보기술의 발달로 매스미디어는 급속하게 발달해 왔으며, 현대인에게 매스미디어는 엄청난 영향을 주고 있다. 매스미디어는 인쇄술 도입으로 출판물부터 통신 및 전파의 도입으로 라디오 및 TV가 등장하고, 디지털화 및 네트워크화로 컴퓨터 미디어 및 멀티미디어가 발달해 왔다. 어린이와 청소년의 휴대폰 보유율이 확대되고 이용시간이 급격하게 증가하고 있다. '2022 청소년 통계'에 따르면 청소년(10~19세)의 37.0%가 스마트폰 과의존 상태인 것으로 나타났다. 청소년들은 스마트폰을 통해 영화 · TV · 동영상 시청(98.5%), 메신저(96.5%), 게임(96.7%), 학업 · 업무용 검색(96.0%)을 하고 있다.

그러면 매스미디어는 사회의 질서 유지나 사회의 변화에 어떤 기능을 하는가. 매스미디어의 사회화 기능에 대해서는 기능론과 갈등론이 각기 상반된 입장에서 설명을 한다. 기능론적 시각에서는 매스미디어가 사회구성원들이 기존의 사회질서를 규정하는 규범과 가치를 공유하고 그 정당성을 인정하며 사회 질서와 변화에 긍정적으로 기능한다고 본다. 현대 사회에서 매스미디어가 계속 발달하는 것은 매스미디어가 사회질서 유지나 사회통합에 도움이 되는 활동을 벌이고 있기 때문이라고 지적한다. 또한 매스미디어는 사회 전체가 동일한 규범으로 통합되고 정보를 전달하고 사회구성원들의 태도 형성에 영향을 주는 교육적 기능을 갖는다.

이에 비해 갈등론적 시각에서는 사회구성원들이 매스미디어에 자발적으로 순응하는 것이 아니라 권력이 압력을 행사하거나 위협이 존재하기 때문에 규범과 법을 준수할 수밖에 없다고 본다. 이익단체가 매스미디어에 개입하여 정보를 왜곡하거나 편견으로 불공정 보도를 할 수 있어 사회구성원들의 비판력과 분석력을 저하시킬 수 있다. 또한 매스미디어를 통해 다소 규격화되고 획일화된 문화가 전파되어 사회구성원의 창의성과 다양성을 저해시키게 된다. 매스미디어는 국가나 권력자의 특정 목적에 기여하도록 동원하는 역할을 하기도 한다.

매스미디어는 아동들의 의식구조나 자아정체성 형성에도 매우 큰 영향을 준다. 매스미디어의 사회화 기능에서 순기능과 역기능이 무엇인가를 면밀하게 주목하여 매스미디어의 순기능을 극대화하고, 역기능을 최소화함으로써 긍정적인 사회화 기능을 담당할 수 있도록 부모나 사회, 국가가 관심을 둘 필요가 있다.

4. 교육의 사회적 기능

1) 문화전달 기능

문화전달 기능은 일종의 교육 사회화 기능이다. 문화는 인간의 공동체인 한 사회에서 만들어진 중요한 행동양식이나 상징체계를 말한다. 문화를 익히고 학습하는 것은 한 사회 속에서 일어나는 사회적 과정이다. 사회화 과정은 인간이 출생하여 전 생애 기간에 걸쳐 이루어지는데 이 과정에서 문화전달이 이루어진다. 문화전달은 기성세대가 축적한 문화인 지식, 가치, 신념, 태도 등을 다음 세대에 체계적으로 전달하는 과정을 의미한다. 한 사회가 존속하기 위해서는 문화적으로 전승된 지식, 기술, 가치, 규범 등 다양한 행동양식과 상징체계를 모든 사회구성원이 계승하게 된다. 문화전달에 있어서 학교가 가장 체계적이고 중요한 역할을 담당하게 되지만, 문화전달은 학교 이외의 삶 전체 영역에서 보편적으로 이루어지게 된다.

2) 사회충원 기능

학교교육이 수행하는 중요한 기능은 사회에서 요구하는 인력의 선발·분류·배치 기능이다. 교육은 사람들로 하여금 사회에서 필요한 직업적 능력을 갖추도록 하여 사회의 적재적소에 인력을 충원하는 역할을 한다. 우리 사회에 존재하는 직업 수는 약 13,000여 개에 이른다고 한다. 이러한 직업들은 각기 다른 지식과 기술을 요구하고 직업의 사회적 지위와 역할이 달라진다. 최근 인공지능(AI), 사물인터넷(IoT), 모바일, 디지털화 등의 급속한 기술 혁신은 직업세계에 큰 변화를 주고 있다. 학교는 사회구성원들이 미래 직업사회의 변화에 보다 유연하게 대응할 수 있도록 핵심역량과 인성 자질뿐만 아니라 현장에서 요구하는 직업적 지식과 기술을 잘 가르친다. 뿐만 아니라 학생들은 개인의 적성과 능력에 맞도록 선발하여 교육시키는 기능도 있지만 개인들은 사회에 적합한 역할을 할당시키는 분류의 기능도 갖고 있다.

학교수준과 학력은 사회적 선발과 배치에 매우 중요한 기준이 되어 왔다. 오늘날과 같은 개방사회에서도 학교의 졸업증서는 사회적 선발과 지위의 배분에 결정적인 장치로 기능하고 있다. 일반적으로 전문직과 관리직에는 고학력자를 배치하고, 미숙련 단순노동직에는 저학력자를 배치해 왔다. 이로 인해 어느 나라든지 학교수준에 따라 임금 격차가 발생한다.

학교의 사회적 선발과 배치의 기능은 기능론적 관점과 갈등론적 관점에 따라 상반된 견해 차이를 보여준다. 기능론적 관점에서는 고학력자가 더 좋은 사회적 지위를 배분받는 것을 더 정당하다고 본다. 학교는 개인의 능력과 자질을 고려하여 객관적이고 공정하게 선발하고 사회에 적절하게 배치하는 역할을 한다고 본다. 학교 시험은 개인의 능력과 노력을 객관적으로 평가할 수 있는 선발장치로 본다. 이에 비해 갈등론적 관점에서는 학교교육이 능력주의에 의한 사회평등과 정의실현보다는 불평등 사회 구조를 재생산하는 장치라고 비판을 한다. 갈등론자들은 사회적 선발과 배분이 개인의 귀속적 요인인 부모의 사회경제적 지위, 위신, 권력 등에 의해 영향을 받는다고 설명한다.

우리 사회가 능력주의, 업적주의 사회를 지향하고 있지만 여전히 학교교육은 개인의 성공과 출세를 위한 주요 통로로 인식되고 있다. 이로 인해 유아기부터 입시위주의 교육체제의 영향을 받고 있는 가운데 소모적·경쟁적 학력주의, 학벌주의 폐해가 자리하고 있다. 급속한 기술 변화로 인한 평생학습의 필요성과 능력 중심의 인력 선발 채용이 강조되고 있는 상황에서 학교의 사회충원 기능이 개인의 능력과 노력에 따라 공정하게 이루어질 수 있도록 제도적 개선 및 인식 변화가 필요한 시점이다.

3) 사회변화와 혁신 기능

교육은 안정과 질서를 통해 사회를 유지 · 존속하는 기능도 수행하지만, 기존 사회를 개혁하고 혁신하는 기능을 수행하기도 한다. 사회를 변화시키는 주체는 인간이다. 인간을 변화시키는 것은 교육이다. 따라서 교육은 인간을 매개로 사회의 변화 방향을 결정하고, 변화를 유도하며 변화를 촉진하기도 한다. 이것이 바로 교육의 사회변화와 혁신 기능인 것이다.

미국의 교육학자 블라멜드(Brameld)는 교육의 사회변화와 개혁의 주도적 역할을 강조한다. 그는 "우리는 전 세대로부터 물려받은 그대로의 문화적 과정을 그대로 물려주는 것만이 아니라 옛 생활방식을 개선하고 새로운 문제와 혼란을 해결할 수 있는 능력을 통하여 항상 우리의 문화를 변용하고 있다. 교육은 문화를 보존시키고 전달하고 유지하며 이를 보충하는 과정인 동시에 다른 한편으로는 전 세대로부터 물려받은 문화와 사회적 체제를 개혁하고 변화시키는 과정인 것이다."라고 하였다. 학교는 학생들에게 사회개혁을 위한 지식, 기술, 태도, 신념을 형성해 주는 기능을 수행해야 한다. 이는 사회를 변화 · 개혁시킬 수 있는 학교교육의 진보적인 기능을 강조하는 것이다(김병성, 1993).

이런 점에서 교육은 사회변화를 주도하는 원동력으로서 사회의 발전과 미래 사회의 모습을 결정짓게 되고, 사회변화와 혁신에 대한 가치와 신념을 길러주는 장이 된다.

4) 사회통제 및 통합 기능

교육이 갖는 사회통제 및 통합기능은 사회의 여러 이질적 요소들이 각각 고유의 기능을 유지하면서 전체적으로는 모순과 갈등 없이 조화를 이루면서 발전해 가는 기능을 의미한다(박용헌 외, 1980). 사회통제 기능은 사회화를 통하여 공인된 사회의 가치관, 규범, 태도 등의 생활양식이나 행동양식을 학습하고, 사회적 합의를 형성하게 하는 것이다. 또한 교육의 사회적 통합 기능은 점차 전문화되고 특수화되어 분화되는 모든 사회기관들의 관계를 조정하고, 하위 문화와 집단 간의 모순과 갈등을 해소하여 조화를 이룰 수 있게 하는 기능이다.

사회는 다양한 구성원들을 지적·정서적으로 일체화시켜 하나의 통합된 집단으로 형성할 필요가 있으며, 교육제도가 이러한 기능을 수행하고 있다. 모든 국가들이 의무교육제도를 통하여 국민의 지적 수준과 문화 수준을 향상시킴으로써 새로운 국가목표를 일반화시키고, 국민형성(nation building)을 꾀하는 것도 이러한 맥락으로 해석할 수 있다(석태종, 1985).

미국은 동화주의 모델을 도입하여 다양한 민족·인종 출신 이주자들을 주류사회에 동화하여 미국화시키는 소위 용광로(melting pot) 정책을 시행한 대표적인 국가이다. 새로운 이주자들이 미국사회에서 생산적 역할을 준비하고 공동체 의식을 갖게 하여 문화적 다원주의를 극복하도록 하는 데 목적이 있다. 우리나라도 다문화사회가 되고 있는 상황에서 문화적 다양성을 인정하고 사회적 통합을 위한 교육의 역할이 강조되고 있다. 이와 함께 남북분단으로 이질화된 남북한의 주민들을 통일국가의 새로운 국민으로 통합시켜 나가는 일이 시급한 과제로 대두되고 있다.

05

C/H/A/P/T/E/R

문화와 교육

1. 문화의 사회적 의미
2. 다문화사회에 대한 이해
3. 다문화교육

문화는 사회의 한 영역으로 문화 현상에 담긴 사회적 의미를 읽어내는 것은 중요하다.

이 장에서는 문화의 사회적 의미를 알아보고, 다문화에 대한 이해와 함께 다문화이론을 살펴보고, 우리나라의 다문화사회의 형성 배경 및 현황을 알아본다. 마지막으로 다문화교육에 대한 이해를 통해 다문화교육의 개념과 필요성, 핵심가치를 알아보고 유아기 다문화교육의 방향에 대해 제시하였다.

1. 문화의 사회적 의미

1) 문화의 개념과 정의

문화(文化)라는 용어는 라틴어의 cultura에서 파생한 culture를 번역한 말로 본래의 뜻은 경작(耕作)이나 재배(栽培)였는데, 나중에 교양·예술 등의 뜻을 가지게 되었다. 문화라는 개념 자체가 매우 포괄적인 개념이기 때문에 이에 대한 정의도 매우 다양하다. 문화라는 개념의 사전적 의미는 인간이 자연상태에서 벗어나 일정한 목적 또는 삶의 이상을 실현하고자 사회구성원에 의하여 습득, 공유, 전달되는 행동양식이나 생활양식의 과정 및 그 과정에서 이루어낸 물질적·정신적 소득을 통틀어 일컫는 말이다. 특히 학문, 예술, 종교, 도덕 등 인간의 내적 정신활동의 산물을 의미한다. 문화라는 개념 속에는 '인류의 이상을 실현해 가는 정신의 활동'이라는 의미와 '생활양식의 총칭'이라는 의미가 함께 담겨 있지만, 일반적으로 사회과학에서는 문화의 개념을 후자의 의미로 사용한다.

영국의 인류학자인 타일러(E. B. Tylor)는 문화를 "지식, 신앙, 예술, 도덕, 법률, 관습 및 사회구성원으로서의 인간에 의해 획득된 모든 능력과 관습을 포함하는 복합적 총체"로 정의하고 있다. 또한 클럭혼(C. Kluckhohn)은 문화를 "일부 또는 전체 집단구성원에 의해 공유되고 있으며, 역사적으로 연역된 명시적이고 묵시적인 생활양식"으로 정의한다. 파슨스(T. Parsons)는 "가치, 이념 및 기타 상징들로서 전승되거나 창조되며, 인간 행위의 모습을 결정하는 요인이 되며 동시에 행위를 통해 구성되는 인공물"로 문화를 규정하고 있다. 결국 문화에 대한 정의를 종합해 보면, 문화란 '사회의 구성원들이 후천적인 학습을 통하여 공통적으로 가지게 되는 행동양식과 사고방식의 종합체'로 규정지을 수 있으며, 인간의 모든 생활 양식을 의미하는 것으로 볼 수 있다. 또한 문화에 있어 인간 행동의 생물학적 측면은 제외되며, 개인이 아닌 집단의 행위양식에 초점을 둔다.

2) 문화의 특성

(1) 보편성

지금까지 존재했던 인간 사회의 모든 문화에서는 어떤 공통적인 행위유형과 제도들이 발견되는데, 이를 문화의 보편적 특성이라고 한다. 머독(G. P. Merdock)은 여러 문화들을 연구하면서 모든 문화 속에서 사회적 지위체계, 결혼, 신체 장신구, 춤, 신화와 전설, 음식조리, 근친상간의 금기, 상속규칙, 사춘기 관습, 그리고 종교적 의식 등을 포함하는 60개의 보편적 특징을 확인하였다. 문화가 이러한 보편적 특성을 지니는 이유는 모든 사회가 생존하기 위해서는 조직화, 동기화, 의사소통, 구성원의 보호, 새로운 성원의 사회화 등과 같은 본질적인 기능을 수행해야만 하기 때문이다. 집단생활에 필요한 이러한 조건들을 충족시키기 위해 사람들은 불가피하게 삶에 있어 유사한 유형을 보이게 된다. 특정 사회가 보여주는 문화적 보편성은 기후나 현재 가지고 있는 자원, 그리고 접촉하고 있는 대상 등과 같은 그 사회의 물리적·사회적 환경에 토대를 두고 있다.

(2) 통합성

문화는 여러 상이한 부분들로 구성되어 있는 하나의 복합적 총체로서 통합성을 지니고 있다. 문화를 이루고 있는 각 부분들은 서로 통합적으로 연결되어 있기 때문에 어느 한 부분에서의 변화는 곧 그것과 연결되어 있는 다른 부분에서의 변화를 야기하게 된다. 예를 들어, 근대화와 서구화 과정을 거치면서 한국의 전통적인 생활양식의 변화가 사고방식의 변화로 이어지는 것이라든가, 전통적인 주거 양식의 변화가 가족양식의 변화로 이어지는 것 등이 대표적인 사례이다.

(3) 공유성

문화는 공유되는 특성을 지닌다. 문화는 특정 개인이나 집단의 독자적인 행동양식이나 사고방식을 의미하는 것이 아니라, 전체 사회구성원들에 의해 공유되고 있는 생활양식을 의미한다. 예를 들어, 한국 사람들은 일반적으로 김치를 즐겨 먹으며 웃어른들에게 존댓말을 사용한다. 물론, 한국 사람들 중에서도 김치를 먹지 않거나 혹은 존댓말을 전혀 사용하지 않는 사람은 있을 수 있다. 그러나 여기서 공유성이라는 특징은 그 사회의 구성원 대부분이 보편적으로 그 사회의 핵심적인 가치나 규범, 행동양식과 사고방식을 수용하고 이에 따라 행위하고 있음을 의미하는 것이지, 한 사람의 예외도 없이 모두 그렇게 생각하고 행동하고 있음을 의미하는 것은 아니다.

(4) 학습성

사고방식과 행동양식의 총체로서의 문화는 유전적으로 혹은 생물학적으로 주어지는 것이 아니라 사회화라는 후천적인 학습을 통해 체득되는 것이다. 한국 사람이라고 해도 어려서 외국으로 이민을 갖거나 혹은 외국에서 태어나 그곳에서 자랐다면 김치를 먹지 못하거나 싫어할 수도 있다. 이는 김치라는 음식문화에 대한 학습이 이루어지지 않았기 때문이다. 한국 사람들이 온돌문화에 익숙한 이유는 생물학적으로 온돌문화에 적합한 신체구조를 타고났기 때문이 아니라, 어려서부터 온돌문화를 체험적으로 학습한 결과이다.

(5) 축적성

문화에 대한 학습과정은 결과적으로 한 세대에서 다음 세대로의 문화의 전승으로 이어진다. 오늘날 대부분의 한국 사람들이 보여주는 행동양식과 사고방식은 하루 아침에 형성된 것이 아니라, 과거 오래전부터 우리 조상들에 의해 행해져 왔던 행동양식과 사고방식이 축적되어 사회화 과정을 통해 전승되어 온 결과라고 할 수 있다. 이러한 점에서 볼 때, 한 사회의 문화는 어느 한순간에 형성되거나 혹은 어느 한순간에 소멸되는 것이 아니라 오랜 기간을 통해 누적되고 축적되어 나타나는 것이다.

(6) 변동성

문화는 한 번 형성되면 영원불변하는 것이 아니라 주어진 사회적 상황의 변화에 따라 변화하는 특성을 지닌다. 조선시대의 남녀 간의 행동양식과 오늘날의 그것은 많은 차이가 있다. 남녀가 유별하며 일곱 살이 지나면 남녀가 함께할 수 없다는 조선시대의 대표적인 가치규범은 양성평등을 강조하는 오늘날의 사회적 상황에 비추어 보면 받아들이기 힘든 것이다. 문화는 사회적 여건의 변화에 따라 적절히 변화하는 특성을 지니고 있다.

3) 문화의 기능

(1) 사회와 집단의 유지

모든 사회에 있어서 공통적인 과제는 그 사회의 안정적인 존속이다. 문화의 가장 대표적인 기능은 바로 사회나 집단을 유지시키는 것이다. 물질문화와 관념문화, 제도문화는 궁극적으로 그 사회를 안정적으로 유지시키기 위한 노력의 산물이라고 할 수 있다. 다양한 음식이나 의복, 주거양식 등의 물질적 요소들은 그 사회구성원들의 삶을 유지시키기 위한 노력의 산물이며, 가치나 규범, 제도와 같은 관념적 요소들은 전체 사회의 안정적 유지를 위한 노력의 산물이다. 예를 들어, 충과 효에 대한 가치 부여, 엄격한 규범의 강조와 신분제도 등은 조선시대의 유교사회와 이에 따른 집단생활을 효과적으로 유지하는 데 기여한 요소들이다.

(2) 주어진 환경에의 적응

문화의 기능 중 하나는 주어진 환경에 대한 적응이다. 여기에서 환경은 자연적 환경뿐만 아니라 사회적·정치적·국제적 환경을 포괄한다. 가장 대표적인 것이 의식주와 관련된 것들이다. 각 사회마다 고유한 음식문화, 주거문화, 의복문화가 발달해 있다. 예를 들어, 한국의 음식문화를 대표하는 김치는 한국사회가 처한 자연적 환경에 대해 적응하기 위한 노력의 산물이다. 춥고 긴 겨울은 쌀을 주식으로 하는 우리 민족에게 채소를 섭취할 수 없는 시기이다. 이러한 환경적 상황에 적응하기 위한 채소를 저장할 수 있는 다각도의 노력이 이루어졌고 그 산물이 바로 김치인 것이다. 또한 같은 한국사회에서도 전라도와 강원도의 음식문화가 지역적으로 다른 이유도 마찬가지이다.

(3) 삶의 지혜와 지식의 제공 및 축적

문화의 세 번째 기능은 구성원들에게 삶을 영위하는 데 필요한 지식과 지혜를 제공하고 이를 축적시키는 것이다. 한 사회의 문화는 그 내용에 그 사회 속에서 구성원들이 삶을 영위하는 데 필요한 모든 것들을 포함하고 있다. 자신의 의사를 표현하고 상대방의 의사를 확인하는 방법, 식사하는 방법, 옷 입는 방법, 다른 사람들을 대하는 예절, 문제를 해결하는 방법 등은 삶을 살아가는 데 필요한 지식들이다.

과거 우리 조상들은 벌에 쏘이거나 상처를 입었을 때 된장을 바르곤 했다. 현대의식으로는 설명이 힘들지만, 이러한 지혜는 실제로 삶을 영위하면서 체득한 살아 있는 지혜인 것이다. 이처럼 문화는 구성원들의 삶을 영위하는 데 필요한 지식과 지혜를 제공해 줄 뿐만 아니라 새롭게 체득한 삶의 지혜를 축적하여 문화적 요소들을 풍부하게 하는 기능을 수행한다.

(4) 구성원들의 심리적 욕구 충족

인간은 기본적인 심리적 요구를 갖고 있고 이를 충족시키기 위해 노력한다. 예를 들어 무엇인가 새로운 경험을 해 보고 싶어 하고, 자신의 안전을 추구하고, 다른 사람들로부터 인정받고 싶어 한다. 만일 이러한 기본적인 욕구들을 적절하게 충족시켜 주지 못한다면 구성원들 간의 갈등과 불화는 심화될 것이고 궁극적으로 사회라는 공동체 해체로까지 나아갈 수 있다. 예술이나 종교 혹은 여러 제도 등의 문화는 구성원들의 심리적 욕구를 어느 정도 충족시켜 주고 있다.

4) 문화의 다양성과 상대성

(1) 보편문화와 선택문화

문화는 사회구성원들이 공유하는 정도에 따라 보편문화와 선택문화로 나누어진다. 보편문화는 그 사회의 모든 구성원이 공유하고 있는 문화요소를 의미하며, 선택문화는 구성원들의 선택에 의해 수용되는 문화요소를 의미한다. 보편문화와 선택문화의 내용은 절대적인 것이 아니라 사회에 따라 상대적인 것이다. 예를 들어 한국사회에 있어서 한국어는 모든 구성원들에 의해 공유되는 보편문화이지만, 기독교나 불교와 같은 종교의 경우에는 구성원들의 선택에 따라 수용되는 선택문화이다. 반면에 미국 사회에 있어서는 한국어가 특정 집단의 선택에 따라 공유되는 선택문화가 되기도 하며, 이슬람교라는 종교는 중동에 있어 대부분의 구성원들에 의해 공유되는 보편문화가 되기도 한다.

(2) 하위 문화와 반문화

동일한 사회의 문화 내에서도 다양한 차이가 나타난다. 동일한 사회 내에서 어느 특정 집단이 전체 사회의 그것과는 비교되는 자신들만의 독특한 사고방식이나 행위양식을 지닐 수 있다. 예를 들면, 상류계급 문화, 농민문화, 도시문화, 대학문화, 군대문화, 조직폭력배 문화 등을 들 수 있다. 이처럼 전체 사회의 지배적인 문화유형과는 다른 특정 집단의 문화를 하위 문화(sub-culture)라고 한다. 혹은 어떤 사회에서 일반적으로 볼 수 있는 행동양식이나 가치관을 전체문화라고 할 경우, 그 전체 문화 내부에 있으면서 나름대로 독자적 특성을 지니는 문화라는 점에서 부분문화라고도 한다. 예를 들어, 대학문화란 대학생들이 지니는 특유한 행동양식과 사고방식을 의미한다. 한국의 대학생들은 한국 사람들이 보편적으로 지니는 행동양식과 사고방식을 지니고 있지만 동시에 그와는 구별되는 대학생 특유의 행동양식과 사고방식을 지니고 있다.

하위 문화는 전체문화로부터 상대적으로 구별되는 독자성을 지닌 문화이다. 하위 문화는 지배적인 전체문화 속에서 충분히 충족될 수 없는 욕구를 가진 사람들의 욕구를 충족시키는 기능을 수행한다. 또한 다양한 하위 문화의 존재는 전반적으로 문화의 획일화를 막고, 문화에 활력을 제공한다. 이처럼 하위 문화와 전체 문화와의 관계는 상호보완적이다. 하위 문화는 그 사회의 지배적인 문화의 틀 속에서 특정한 집단에 의해 나타나는 고유한 문화유형을 의미하기 때문에 일종의 '문화 속의 문화'라고 할 수 있다.

한편, 특정 집단의 하위 문화가 독자성이 강하고 그 내용이 지배적인 문화에 대하여 명확하게 비판적이거나 적대적일 경우, 또한 그것이 그 사회 속에서 어떤 영향력을 지닐 경우, 그 하위 문화는 지배적 문화구조의 동요나 변동을 이끌어내어 새로운 문화형성의 계기가 되는 경우도 있다. 이처럼 한 사회의 지배적인 문화에 정면으로 반대하고 이에 도전하는 특정 집단들의 문화를 반문화(anti-culture), 혹은 대항문화(counter-culture)라고 한다. 반문화는 사회 내의 특정 집단에 의해 나타나는 독특한 행동양식과 사고방식이라는 점에서 하위 문화와 유사하지만, 기본적으로 그 사회의 지배적인 문화와 충돌하거나 공개적으로 이에 반대한다는 점에서 하위 문화와는 구별되는 문화이다. 기존의 지배적인 서구문화에 반기를 들고 등장한 히피문화가 그 대표적인 사례이다.

(3) 문화상대주의

문화적 상대주의(cultural relativism)란 문화의 다양성과 상대성을 인정하고, 특정 사회의 문화에 대한 이해는 그 사회의 맥락에서 이루어져야 한다는 관점이나 태도를 말한다. 즉 모든 사회는 그 사회의 고유한 규범과 가치를 지니고 있으며, 어떤 문화이든 저마다 독자적인 발전을 이루어왔기 때문에 특정한 입장에서 혹은 다른 사회의 문화적 기준을 가지고 다른 문화의 우열을 결정하거나 특정 문화를 판단하는 것은 올바르지 않다는 견해이다. 예를 들면, 이슬람교에서 돼지고기를 금기시하거나 인도에서 소를 우상시하는 것 등이다. 2002년 한일 월드컵을 앞두고 프랑스의 한 여배우가 개고기를 먹는다는 이유로 한국문화를 비하한 것은 문화의 다양성과 상대성에 대한 이해가 결여된 대표적인 사례이다.

특정 집단이나 사회의 성원들이 자기의 문화가 가장 우수하며 옳다고 믿고 자기 문화의 관점에서 다른 문화를 부정적으로 평가하는 태도나 관점을 자문화중심주의 혹은 민족중심주의라고 한다. 이러한 관점은 사회화 과정을 통해 구성원들로 하여금 자신들의 문화가 올바르고 타당하다는 믿음을 줄 수 있으나 타민족이 갖는 문화에 대해서는 불합리하고 잘못된 것이라는 부정적 태도를 갖기 쉽다. 극단적인 민족중심주의는 배타적 민족주의나 인종차별, 문화적 제국주의와 같은 부정적인 결과를 낳게 한다.

2. 다문화사회에 대한 이해

1) 다문화의 이해

'다문화(multiculture)'라는 것은 기존 단일문화와는 대비되는 개념으로 동일한 혈통과 문화를 추구하는 단일문화에 다른 문화들이 통합되어 하나의 사회 안에 각기 다른 집단들이 형성해 낸 문화가 혼재된 상태를 의미한다. 다문화에 대한 협의적 개념은 자유민주주의에 대한 광범위한 합의와 지지가 선결된 조건하에서 다양한 문화적 주체자들의 특수한 삶의 권리에 대한 제도적 보상을 뜻한다. 이에 비해 광의적 개념으로는 국적, 체류자격, 다른 인종, 다른 문화적 배경, 성별이나 연령, 계층적인 귀속감 등과 관계없이 모든 인간이 인간으로서의 보편적 가치를 향유하는 것을 말한다.

다문화사회는 한 사회 내에 존재하는 각 하위사회의 인간집단의 신념의 상대성을 인정하고 존중하는 사회이다. 다문화시대를 형성하게 된 배경은 다문화주의(multiculturalism)에서 비롯된다. 다문화주의는 다인종으로 구성된 사회에서 다양한 인종의 문화에 대한 상호 존중과 관용을 지칭하는 태도로 1957년 스위스에서 사용되기 시작한 이후, 1960년대 후반 캐나다에서 사용되기 시작했다. 1970년대를 전후해 서구에서 본격적으로 논의되기 시작한 다문화주의는 이민자들에 대한 전통적인 '동화주의(assimilation)' 통합정책에 대한 대안으로 등장한다. 즉, 다문화주의는 민주주의의 확산과 다양한 인종의 정체성이 복잡하게 얽혀 있는 국가에서 정부가 시행하는 새로운 정책이나 국민통합의 이데올로기로 그 필요성이 제기되었다. 따라서 다문화주의는 정치통합, 국민통합, 공생공존, 인간적 권리공유 등의 목적을 가지고 있다(조석주, 2007).

2) 다문화 주요 이론

다문화이론은 세계 여러 나라에서 생성되어 발전해 왔으며, 용광로이론, 모자이크 이론, 샐러드 볼 이론으로 구분해 볼 수 있다(서종남, 2008; 이훈병·황성원, 2017: 213-215; 한승완, 2008).

(1) 동화주의: 용광로 이론(theory of melting pot)

용광로 이론은 동화주의 사상에서 비롯된다. '용광로'란 1908년 쟁월(Zangwill)의 연극 <멜팅 포트(The Melting Pot)>에서 유래되었다. 이 이론은 19세기 말 미국에 이민자가 급증하던 시절, 계몽사상과 다윈의 진화론, 그리고 앵글로-색슨 프로테스탄트(White Anglo-Saxon and Protestant, WASP)의 백인주류문화를 바탕으로 생겨났다. 이주민들은 미국사회에 정착하는 과정에서 백인주류인 WASP 문화에 녹아들어 새로운 미국인으로 바뀐다는 것이다. 이 이론은 소수 문화가 지배문화에 동화, 포섭되는 것을 전제로, 여러 민족의 고유한 문화들이 그 사회의 지배적인 문화 안에서 변화를 일으키고 서로에게 영향을 주어서 새로운 문화를 만들어 나간다는 이론이다. 즉, 용광로 이론에 따르면 이주민이 원주민에 동화되어 그 본연의 민족 정체성을 상실하지만 여러 문화의 상호작용으로 말미암아 기존의 문화들이 융화되어 하나의 새로운 문화가 출현하게 된다.

(2) 모자이크 이론(theory of mosaic)

'모자이크'는 존 머레이 기본(J. M. Gibbon)의 저서 「캐나다 모자이크(Canadian Mosaic, 1988」에서 유래하였다. 그는 미국 이민자들의 뿌리를 없애려는 용광로 이론을 비판하고 이민자들의 문화적 특성을 살리면서도 동시에 새로운 삶과 사회를 이루어가는 다문화사회 모자이크 이론을 제시하였다. 모자이크 이론은 소수자들이 주류 사회 속에서 자기 나름대로 문화를 유지하고 하위 문화들이 공존하여 조화를 이룬다는 문화다원주의 이론이지만, 결국 밑바탕에는 주류 문화가 존재해야 함을 인정하고 있다는 점에서 문제가 있다. 즉, 다양한 여러 가지 색상의 조각들인 이민자들이 모여서 하나의 아름다운 모자이크를 이루지만 그 밑그림은 서구문화를 근본으로 한다는 것이다.

(3) 다문화주의: 샐로드 볼 이론(theory of salad bowl)

미국의 사회학자들은 동화주의 용광로 이론을 비판하면서 캐나다적인 모자이크 이론과 구별되는 샐러드 볼 이론을 제시하였다. 이 이론은 다문화주의에 기반을 둔 이론으로 문화의 다양성과 다원성을 인정하면서 사회통합을 추구한다. 이는 주류사회의 존재를 인정하지 않고 다양한 문화가 독립적으로 평등하게 공존되어야 함을 강조한다. 또한 소수민족의 문화를 지원하는 이론으로 문화다원주의를 기반으로 한 모자이크 이론과는 조건과 실천방안이 다르다. 샐러드 볼 이론은 각기 다른 채소와 과일들이 섞여 각각의 고유한 맛을 지키면서도 하나가 되는 것처럼, '누구나 이주민이 될 수 있고, 우리는 모두 이주민이다.'라는 관점으로 다양한 사람들이 서로의 이익을 추구하고 조화를 이루면서 새로운 문화를 형성한다는 것을 뜻한다. 이 이론은 주류사회로의 동화를 추구하는 동화이론을 거부하며, 각각의 이민자들의 고유한 문화가 독립적으로 평등하게 공존되어야 함을 강조하며, 소수민족이 정체성을 유지하도록 그들의 문화를 지원한다는 점에서 현대적인 다문화교육 이론과도 부합한다.

현재 논의되고 있는 다문화주의는 상호 간의 이해와 존중, 대화와 신뢰를 바탕으로 전체를 관통하는 다문화적 정체성을 수립하는 것을 목적으로 한다. 이에 오늘날의 다문화사회는 한 국가 안에서 여러 가지 다양한 문화와 요소들이 서로의 존중을 바탕으로 공존하며 각각의 색깔과 냄새를 그대로 유지하면서 그들 고유의 개별성과는 또 다른 통합성을 이루어 내는 '샐러드 볼'과 같은 측면이 강조된다.

다문화주의는 한 국가 내에 다양한 인종과 민족 출신이 함께 어우러져 모든 사회구성원이 각자의 문화적·사회적 배경에 의해 차별받지 않고 국민으로서 갖는 기본 권리를 향유하고 각자의 특별한 삶의 방식을 존중하여 모두가 공존하는 사회를 형성하는 것을 의미한다.

표 5-1 동화주의와 다문화주의의 비교

구분	동화주의	다문화주의
문화적 지향점	• 문화적 동질화 • 추상적인 수준에서 다른 문화 이해와 수용	• 문화적 이질성 존중 • 구체적인 수준에서 다른 문화 인정과 보호
정책 목표	• 소수자 집단의 주류 문화로의 동화를 통한 사회통합	• 소수자 집단의 고유성 인정과 다양한 문화 공존
정책 수단	• 소수자 집단에 대한 차별 방지 법제화(소극적)	• 소수자 집단의 문화와 권리 보호 법제화(적극적)
다양성 개념	• 사적 영역의 문화적 다양성 보호	• 공적, 사적 영역의 문화적 다양성 보호
추구하는 행동 특징	• 기회의 평등	• 기회의 평등 • 결과의 평등
이주자에 대한 시각	• 통합의 대상: 이방인 • 경제적 관점: 노동력, 부양자	• 공존의 주체: 사회구성원 • 문화적 관점: 다양성의 원천
대표 이론	• 용광로(Melting Pot)	• 샐러드 볼(Salad Bowl)

자료: 이훈병·황성원(2017). 예비교사를 위한 교육사회. 창지사, 200쪽 재조직.

3) 한국의 다문화사회

우리나라는 1990년대 이전까지 '단일민족'이라는 인식이 강하여 다문화가정에 대한 지원은 물론 인식이 일반적이지 않았다. 우리 사회는 여전히 다른 민족과 다른 인종에 대한 배타성이 높은 편이다. 그러나 1990년대 이후 외국인 근로자와 국제결혼의 증가로 인해 다문화가정이 우리나라 가정 형태의 한 축을 차지하게 되었다. 2003년 약 30여 개의 시민단체로 구성된 건강가정시민연대는 '국제결혼', '혼혈아' 등의 차별적 용어를 추방하고 대신 '다문화가족'이나 '다문화가족 2세'로 호칭할 것을 제안하였다. 이에 우리 사회 내에서 국제결혼가정과 외국인 근로자가정을 다문화가정으로 고쳐 부르는 것에 대해 사회적 합의가 진행되고 있다.

최근에는 외국인 근로자들의 국내 취업이 증가하면서, 외국인 근로자 중에도 여러 형태로 가족을 동반하여 거주하거나 국내에서 가족을 형성하는 사례가 나타나고 있다. 또한 1990년 반사회주의 체제의 와해와 더불어 북한체제의 식량난이 심각했던 시점에 탈북자가 증가하게 되었다. 이에 다문화가정의 범주를 국제결혼가정, 외국인근로자가정, 북한이탈주민가정으로 세분화하고 있다.

우리나라 국제결혼가정 현황을 보면 2021년 현재 13,102건이며, 이 중 한국인 남편과 외국인 아내 건수가 8,985건으로 다수를 차지한다. 외국인 아내의 출신 국가는 베트남, 중국, 태국 순으로 나타난다.

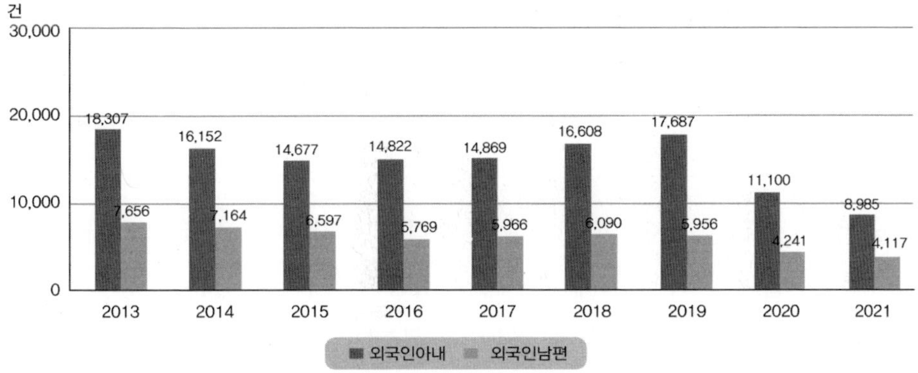

그림 5-1 국제결혼현황

자료: 통계청(인구동태통계연보). 각년도.

한편, 국내 체류 외국인의 수가 2021년 12월 말 현재 195만6천781명으로 발표되었다. 2007년 8월 100만 명, 2019년 말 250만 명으로 증가했으나 코로나의 영향으로 2021년에는 전년 대비 3.79% 감소하였다. 이 수치는 대한민국 전체 인구의 3.8%에 해당된다. 통상 학계에서는 외국인 비율이 5%를 넘으면 다문화사회로 분류하는데, 우리나라도 다문화사회에 이르고 있음을 알 수 있다. 252만여 명 가운데 90일 이상 장기체류할 목적으로 관련 당국에 등록하거나 거주 신고를 한 외국인은 156만9천836명(80.2%)이고, 단기체류자는 38만6천945명(19.8%)이다. 국적별로는 한국계 중국인을 포함한 중국이 8만4천193명으로 42.9%를 차지한다. 불법체류 외국인(미등록외국인)은 전체 체류 외국인 감소의 영향으로 전년 대비 19.9% 증가한 38만8천700명에 이른다(통계청, 2022).

북한이탈주민의 국내입국 추세를 보면 2000년대 이후 지속 증가하여 2003~2011년에는 연간 입국 인원이 2,000~3,000명 수준에 이르렀으나, 2012년 이후 입국 인원이 점차 줄어들어 2019년에는 총 1,047명이 입국하였다. 2021년 말 통계에 의하면 코로나 영향으로 63명이 입국한 것으로 나타났다. 한편, 남북하나재단이 발표한 2020 탈북청소년 실태조사에 의하면, 81.4%의 탈북청소년들이 학교생활에 만족하는 것으로 나타났고, 62.5%는 4년제 이상 대학교에서 교육받기를 희망하는 것으로 나타났다. 탈북청소년의 절반은 스스로 북한 출신임을 밝히는 편이며, 밝히지 않는 가장 주된 이유는 굳이 밝힐 필요가 없다고 생각해서 인 것으로 나타났다. 탈북청소년들이 한국 사회에 유연하게 정착해 나갈 수 있는 배경에는 한민족, 동일언어를 사용한다는 점 외에도 북한이탈주민의 사회 정착을 위한 정부의 지속적인 노력에 기인한다고 보여진다. 정부는 북한이탈주민들이 우리 사회 일원으로 자립·자활 의지를 갖고 안정적으로 정착하도록 「북한이탈주민의 보호 및 정착지원에 관한 법률」(1997.1.14 제정)에 따라 다양한 정책적 지원을 시행하고 있다.

다문화사회로 진전되면서 다문화학생이 지속적으로 증가하고 있다. 우리나라 인구감소로 인해 전체 학생 수는 지속적으로 감소하고 있는 추세 속에서 전체 학생 수 대비 다문화학생의 비율은 지속적으로 상승하고 있다. 최근 5년간 다문화학생은 매년 1만 명 이상 증가하여, 2021년에는 16만 명을 초과하고 있으며, 이는 전체 학생 수 대비 약 3.0%를 차지한다.

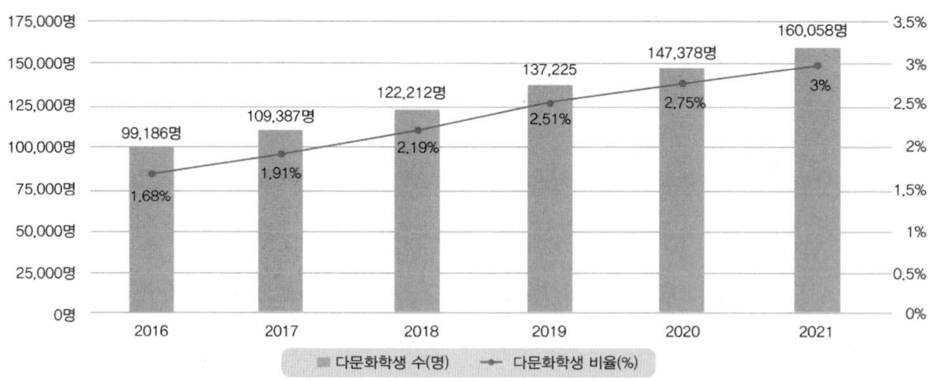

그림 5-2 다문화학생 변화 추이

자료: 교육부(2022). 「2022 다문화교육지원계획」. 4쪽 참조.

정부는 다문화가족 구성원이 안정적인 가족생활을 영위하고 사회구성원으로서의 역할과 책임을 다할 수 있도록 함으로써 삶의 질 향상과 사회통합에 기여하는 것을 목적으로 2008년 3월 21일에 「다문화가족지원법」을 제정하여 지원하고 있다. 또한 다문화가족을 대상으로 종합적인 복지서비스를 지원하기 위하여 다문화가족지원센터를 설치 운영하고 있다. 이와 함께 다문화·외국인가정 증가로 다문화학생에 대한 교육수요가 늘어남에 따라 개인적 배경과 관계없이 등등한 교육기회를 보장하고 있다. 또한 모든 학생이 문화적 차이를 수용하고 이해하며 학교에서 조화롭게 생활할 수 있도록 다문화 친화적 교육환경 조성과 교육 기반을 마련하기 위해서 다양한 정책 및 제도를 추진하고 있다. 특히 교육부는 2006년 「다문화가정 자녀 교육지원 대책」을 처음으로 수립한 이래 매년 「다문화교육지원계획」을 수립하여 교육 전반에 걸쳐 다문화교육 지원을 위해 노력하고 있다.

3. 다문화교육

1) 다문화교육의 개념 및 필요성

(1) 다문화교육의 개념

글로벌화·국제화로 인한 자본과 노동의 유입과 이동의 증가, 국제결혼의 증가, 유학생의 증가 등으로 인종적·문화적·종교적 구성이 급격한 속도로 변화함으로써 다문화주의는 다양하고 복잡한 양상을 띠게 되었다(양계민·조혜영·이수정, 2008). 이러한 변화의 요구 속에서 사회적으로는 다문화가 유행처럼 번지고 있지만 소수집단 및 소수문화에 대한 고정관념과 차별, 심리적 거리감 등은 여전히 존재하고 있다. 이러한 현상은 사회갈등으로 표출되며, 집단 간 편견과 고정관념은 다음 세대로 계승될 수 있다. 이러한 의미에서 다문화사회 속에서 더불어 살아가기 위한 올바른 인식 함양을 위해 다문화교육은 매우 중요하다.

다문화교육은 주장하는 학자에 따라 다양하게 정의된다. 그 이유는 다문화교육이 인종이나 민족, 언어, 장애, 계층, 인권성 등 사회의 여러 영역과 연관되어 국가별로 매우 다양하게 전개되기 때문이다(김승희, 2017: 177).

다문화교육의 서구적 학자인 뱅크스(J. A. Banks)는 다문화교육을 모든 학생에게 동등한 학습기회를 제공하기 위해 교육과정을 바꾸는 교육개혁으로 정의하면서 사람들의 인식구조를 바꾸기 위한 종합적인 학교개혁이 필요함을 역설한다(Banks & Banks, 2011). 그는 학교교육 개혁운동의 일환으로 학교나 다른 교육기관을 변화시키고자 다양한 문화, 민족, 성, 사회적 계층의 배경을 가진 학생들이 학습을 위해 균등한 기회를 갖게 하는 것, 또는 공평한 교육적 기회를 가질 수 있도록 교육과정의 변화를 시도하는 총체적인 노력으로 정의한다. 즉, 다문화교육은 다양한 집단의 학생들이 교육적 평등을 경험할 수 있도록 교육기관을 변혁하는 것이다.

베넷(T. Bennett, 2007)에 의하면 다문화교육은 민주주의 가치관과 신념에 기초한 문화적으로 다양한 사회 혹은 하나의 독립된 세계 속에서 문화적 다양성을 촉진하기 위해 문화적 다원주의를 수용하도록 가르치고 배우는 교수–학습방법이다. 따라서 다원화된 민주사회에서 다문화교육의 주요목표는 모든 학생의 지적 · 사회적 · 개인적인 발전을 도모하고 그들의 잠재력을 최대한 발휘하도록 하는 데 있다. 또한 그녀는 다문화교육이 당면한 과제를 이해하고 분석하는 틀을 제공함으로써 지역적 · 국가적 · 세계적 차원에서 정의와 평등의 실현에 기여한다고 주장한다.

골닉(D. M. Gollnick)과 친(P. C. Chinn)은 평등교육을 강조하면서 다문화교육을 평등성과 다양성을 포함하는 교육이라고 정의한다(Gollinick & Chinn, 2009). 평등성은 자신이 속한 집단과 상관없이 모든 학생이 동등한 혜택을 보장받는 것을 의미한다. 존슨(D. W. Johnson)과 존슨(R. T. Johnson) 역시 평등교육을 강조하면서 다문화교육을 인지적 · 사회적 · 인격적 측면에서 모든 학생이 자신의 잠재력을 최대한 발휘할 수 있도록 동등한 학습기회를 제공하는 것으로 정의한다(Johnson & Johnson, 2010).

이상과 같이 다문화교육은 학교에만 머무는 것이 아니라 다문화교육을 통해 사회개혁으로 모두에게 기회와 부를 공평하게 분배하는 것이 필요하다고 주장하는 학자도 있다(Sleeter & Grant, 1988). 이는 다문화교육을 통해 사회변화가 이루어짐으로써 모두에게 권력과 자원이 고르게 분배되는 것이 가능하다고 보는 것이다. 즉, 사회개혁을 위한 수단으로 다문화교육을 정의한다.

결국 다문화교육은 모든 학생에게 동등한 교육기회를 제공하고 교육과정 개혁을 통해 문화 다양성을 존중하는 지식과 기술, 태도, 가치 등을 가르치고 배우는 활동이다. 다문화교육은 모든 학생이 자신의 문화적 배경과 상관없이 학교에서 등등한 학습기회를 가져야 한다는 생각을 구체화한 것이다(Banks & Banks, 2011). 즉, 다문화교육은 자유와 정의, 평등, 공정, 인간 존엄성 등을 바탕으로 모든 학생이 다양한 문화적 배경을 가진 사람들을 이해하고 존중하도록 가르치고 배우는 활동이다. 다문화교육은 단순히 다양한 문화를 가르치는 것이 아니라 교육과정을 개혁함으로써 궁극적으로 정의와 평등을 실현하는 것이다(김승희, 2017: 178-179).

(2) 다문화교육의 필요성

다문화교육의 필요성은 인지적 · 정치적 · 사회적 · 교육적 측면에서 논의될 수 있다(김승희, 2017: 179-180).

첫째, 인지적 측면에서 다문화교육이 필요한 이유는 문화적 차이에 대한 인식 제고가 시급하기 때문이다. 국가 간 이주가 활발해지면서 인종이나 언어가 다른 외국인을 거리에서 만나는 것이 매우 자연스러운 현상이 되었다. 대중매체를 통해서도 외국인과 다른 국가의 문화를 자주 접하게 되고 문화의 다양성에 대한 관심도 높아지고 있다. 그러나 여전히 이주민에 대한 편견이나 차별이 존재하며, 소수집단의 문화를 인정하기보다 소수집단에게 주류문화를 강요하는 경향이 나타나고 있다. 따라서 타 문화에 대한 편견이나 차별을 없애고 문화 다양성을 존중하기 위해서는 문화적 차이에 대한 인식 제고가 필요하다.

둘째, 정치적 측면에서 다문화교육이 필요한 이유는 소수집단에 대한 인권침해를 방지하는 것이 요구되기 때문이다. 현재 결혼이민자나 이주노동자, 북한이탈주민 등 이주민에 대한 태도가 종전보다 바뀌었지만, 여전히 무시하고 경멸하며 차별하는 등 인권침해가 발생하고 있다. 이주민이 아니어도 연령이나 성별, 사회계층, 학력, 외모 등의 이유로 차별이나 무시를 받는 경우가 사회에 만연해 있다. 따라서 소수집단에 대한 인권침해를 방지함으로써 소수자의 인권 보장을 위해 다문화교육이 필요하다.

셋째, 사회적 측면에서 다문화교육이 필요한 이유는 문화적 차이에서 비롯한 갈등과 사회문제해결이 시급하기 때문이다. 보통 이주민이 증가하면 인종차별이나 폭동과 같은 사회문제가 빈번하게 발생하고, 이를 해결하기 위한 사회적 비용이 증가하게 된다. 최근 우리 사회에 이주민이 본격적으로 유입되고 있으나 다문화사회를 위한 제도적 정비가 미흡한 상태에서 사회적 갈등이 증가하고 있다. 따라서 갈등으로 인한 사회적 비용을 최소화하기 위해서는 소수집단의 문화를 존중하고 소수자의 권리를 보장하는 법적·제도적 장치가 마련되어야 한다. 즉, 다문화사회에서 제기되는 다양한 사회문제와 문화적 갈등을 해결하고 소수집단의 문화를 존중하는 다문화교육이 필요하다.

넷째, 교육적 측면에서 다문화교육이 필요한 이유는 모든 학생의 잠재력이 최대한 개발될 필요가 있기 때문이다(Bennett, 2009). 학생의 잠재력은 어떤 환경에서 어떤 자극을 받느냐에 따라 개발될 수도 있고 그렇지 않을 수도 있다. 특히 학생의 잠재력 개발은 교사의 지식과 태도, 가치관, 행동 등에 의해 많은 영향을 받는다. 교사가 어떤 교육철학을 가지고 개별학생을 어떻게 대하는가에 따라 잠재력 개발이 달라지는 것이다. 선행조사에 의하면, 유색인종에 대한 편견을 지닌 교사가 유색인종 학생에게는 고차원적 사고기능을 발달시킬 수 있는 질문이나 과제를 제공하지 않는 등 소수집단 학생에 대한 교사의 기대가 낮은 것으로 밝혀졌다(United States Department of Education, 1993). 따라서 모든 학생에게 동등한 조건에서 학습할 기회를 제공함으로써 잠재력이 최대한 개발될 수 있도록 다문화교육이 필요하다.

2) 다문화교육의 핵심가치

그러면 다문화교육을 통해서 무엇을 가르쳐야 하는가. 다문화교육을 통해 무엇을 어떻게 가르쳐야 할 것인가에 대해서는 다양한 견해가 존재한다. 여기에서는 베넷이 다문화교육의 내용에 반드시 포함되어야 할 다문화교육의 네 가지 핵심가치를 제시하였다(Bennett, 2009).

첫째, 다문화교육의 핵심가치는 문화 다양성(cultural diversity)을 존중하는 것이다. 문화 다양성은 언어나 의복, 전통, 도덕성, 종교, 음식 등에서 나타나는 문화적 차이를 말한다. 세계화의 급속한 진전으로 한 사회 안에 여러 민족 집단이 공존하고 소수집단이 출현하면서 문화 다양성은 더욱 확대되고 있다. 지구에 있는 생물체가 장기적으로 생존하기 위해서 생물 다양성이 필수인 것처럼 인간의 생존을 위해서는 문화 다양성이 필수적이다(유네스코한국위원회, 2008). 또한 문화 다양성을 존중하는 것 자체가 소수자의 인권을 보호하는 것이기 때문에 문화 다양성은 모든 인간이 함께 발전시켜야 할 유산이다. 따라서 문화 다양성 존중은 평등성과 다양성을 포함하는 다문화교육의 핵심가치가 된다.

둘째, 다문화교육의 핵심가치는 인간의 존엄성(human dignity)을 존중하는 것이다. 인간의 존엄성은 인간이라는 이유만으로 가치가 있고 존중받으며 윤리적으로 대우받아야 한다는 개념이다. 인간은 누구나 존엄하고 가치를 누리며 인간답게 살 수 있어야 한다. 소수자가 인종이나 언어, 성별 등에 의한 차별로부터 자신을 보호할 수 있는 것도 인간의 존엄성 덕분이다. 인간의 존엄성은 모든 것을 초월하여 인간에게 가장 중요한 개념이라는 점에서 윤리적 기반을 제공하면서 다문화교육의 핵심가치가 된다.

셋째, 다문화교육의 핵심가치는 세계 공동체(world community)에 대한 책임감을 느끼는 것이다. 세계 공동체는 인종이나 민족, 종교, 지역 등을 초월한 하나의 공동체이지만, 실체가 없어서 개인이 세계 공동체에 대해 책임감을 느끼기는 쉽지 않다. 또한 자신이 속한 국가나 민족의 이익을 우선시하면서 다른 국가를 편향되게 바라보는 경향 때문에 세계 공동체에 대한 소속감이나 연대감을 느끼기가 어렵다(김지현·손철성, 2009). 그러나 세계 공동체에서 자신의 역할은 무엇이고, 자기 나라가 다른 나라에 어떠한 영향을 미치며, 세계적인 사건이나 사고가 자신의 삶에 미치는 영향이 무엇인가를 이해하고 성찰하는 것이 중요하다. 자신이 속한 사회, 국가에 국한하여 문제에 접근할 것이 아니라 전 지구적인 관점에서 문제를 바라보고 해결하기 위해 세계 공동체에 대한 책임감을 느끼는 것이 다문화교육의 핵심가치가 된다.

넷째, 다문화교육의 핵심가치는 지구의 모든 생명체를 존중하는 것이다. 이는 지구에 존재하는 모든 것은 상호의존적인 관계에 있다는 생각에 근거한다. 지구에 있는 모든 생명체는 서로 관련을 맺으면서 직·간접적인 영향을 주고받으며 조화와 균형을 유지한다. 인간의 행동은 다른 생명체에 영향을 주고 있다는 점에서 인간과 환경 간의 상호관련성에 관심을 가져야 한다. 생태계가 보전되지 않으면 인간은 생존 자체가 위태로울 수 있으므로 모든 생명체를 보호하고 존중하는 것이 다문화교육의 핵심가치가 된다.

3) 유아 다문화교육의 필요성 및 방향

유아는 아주 어린 시기에도 자신의 속성에 대해 인식하고 점차 발달함에 따라 자신의 행동과 경험에서 스스로 자아정체감을 형성하기 때문에 유아 시기에 다문화교육은 매우 필요하다. 발달단계로 볼 때 유아는 이미 24개월 이전에 타인과 구별되는 자아에 대해 인식을 하며, 만 2세가 되면 인종적 차이를 구분하고 신체적 특징, 의상, 언어, 정치적 성향에 기초하여 사람 간의 유사성과 차이점을 지각한다(C. Seefeldt, 2005). 이 시기에 유아는 다른 사람과 연관 짓거나 분리해서 자아개념을 구성하고, 자율성을 시험해 보며, 의사소통을 하고, 감정이입과 우정을 나누는 경험을 하면서 다른 사람을 이해하기 시작한다. 따라서 다문화교육의 시작 시점은 유아 초기라 할 수 있다(하숙현, 2000).

4세가 되면 이미 민족집단과 성에 대한 정체감을 가질 수 있으며, 6세에 이르면 사회계층, 장애상태, 하위 문화의 다양성을 인식할 수 있다. 따라서 영·유아의 자아정체감 형성에 중대한 영향을 미치고 나아가 타인을 탐색하는 과정 가운데 인종, 민족, 성, 사회적 계층에 대한 편견이나 고정관념을 형성하게 되는 영·유아 시기의 다문화교육은 매우 절실하다.

이에 따라서 우리나라 교육부도 유치원단계부터 다문화교육의 필요성을 인식하고 다문화 유아에 대한 체계적인 지원을 위해 '다문화유아'에 대한 기본 현황을 파악하고 있다. 이를 위하여 교육기본통계에 '다문화유아'를 추가하고 이를 근거로 보통교부금의 교육복지 지원비를 반영하고 있다. 또한 다문화유아의 조기 적응 및 교육 지원을 위해 각종 교수·학습자료 및 도움자료를 제작·배포하고 있으며, 유아교육 및 아동학과 등 관련 전공 대학생을 멘토로 선발하여 국공립 유치원에서 멘토링 활동을 실시하고 있다(교육부, 2022).

그러면 어떤 방향으로 유아의 다문화교육을 해 나가야 할 것인가(박재옥·홍길회, 2020: 62-63).

첫째, 어린 시기부터 다른 문화를 이해하고 경험하도록 함으로써 문화의 다양성에 대한 폭넓은 이해를 제공해주어야 한다. 한 사회 안에 여러 민족 및 인종집단이 공존하고 상호 존중하면서 살아가는 것이 중요한 가치임을 교육해 나가야 한다.

둘째, 유아의 장기적인 미래를 내다보며 그들이 개인, 국가 간의 문화적 경계를 넘어 타 인종과 타 문화와 융합하고 새로운 문화를 창조해 나갈 수 있는 능력을 지닌 인간으로 성장할 수 있도록 해야 한다. 즉, 한 사회 내에 존재하는 다양한 문화를 인정하고 구성원 간의 차별 없는 공존을 돕는 교육이 되어야 한다.

셋째, 유아 다문화교육은 유아에게 그들로 하여금 다문화적 환경 속에서 성공적인 개인이 될 수 있도록 적절한 교육 프로그램을 제공함으로써 글로벌 사회의 시민능력을 쌓을 수 있는 시각을 길러 주어야 한다.

마지막으로 우리 문화에 대해서는 전통문화에 대한 자긍심을 갖도록 해야 하며, 타문화에 대해서는 다른 문화를 올바르게 이해하는 태도를 길러 줌으로써 다양한 문화 위에 가치를 창조할 수 있는 인간으로 성장할 수 있도록 해 주어야 한다.

06

C/H/A/P/T/E/R

학력경쟁과 교육

1. 학력 · 학벌주의 의미와 가치
2. 학력경쟁 이론
3. 교육열

학력주의, 학벌주의의 의미를 이해하지 않고는 한국사회와 한국교육을 제대로 설명하기 어렵다. 한국인의 높은 교육열과 함께 학력상승에 대한 강한 욕구는 입시경쟁 위주의 교육체제는 물론 사회체제 전반에 큰 영향을 주고 있다.

여기에서는 학력 및 학벌주의 의미와 가치를 알아보고, 학력의 가치, 학력팽창에 대한 사회적 이론을 살펴본다. 또한 학력·학벌주의의 근원인 교육열에 대해 살펴보고 교육열의 형성 배경과 학부모의 특성별 교육열 성격을 알아본다.

1. 학력·학벌주의 의미와 가치

1) 학력·학벌주의 의미

(1) 학력주의

학력(學歷)은 학교교육을 받은 경력이나 이력이다. 다시 말하면 학교교육을 마친 최종 수준, 학업에 대한 개인적 경력, 학교 교육력 등으로 말할 수 있다(김용숙, 1990; 이규민, 1992). 학력이라는 것은 초등, 중등 그리고 고등교육을 받은 기간(years of schooling)을 의미하는 수직적 학력주의를 의미한다. 학력주의 사회란 학력이 지위결정에 대단히 중요한 요인으로 작용하는 사회를 말한다. 그러므로 어떤 개인의 인간됨과 능력을 단지 학력이 있는가, 없는가의 관점에서 보려는 행동유형으로 현재 우리 사회에서 널리 보급된 사회적 인식이다. 학력에 따라 계층이 결정되는 사회가 있다면 그것은 전형적인 학력주의 사회일 것이며, 교육경쟁도 강화될 것이다.

(2) 학벌주의

학벌(學閥)은 사전적 의미로 "학문을 닦아서 얻게 된 사회적 지위나 신분 또는 출신학교의 사회적 지위나 등급"을 의미하기도 하고, "출신학교나 학파에 따라 이루어지는 파벌"(국립국어연구원, 1999)을 의미하기도 한다. 또한 학자들은 학벌의 개념을 다양하게 제시한다. 김용옥(1994)은 학벌을 "같은 학교를 다닌 동기동창 선후배가 긴밀한 횡적 · 종적 유대관계를 형성하고 그것이 하나의 세력을 형성한 집단"으로 정하고 있다. 김부태(1995)는 학벌을 "지역이나 학교력에 의한 연고성 혹은 동일 학력의 층화현상"으로 정의하고, 이정규(2003)는 "제도교육에 의한 출신학교를 바탕으로 이루어진 연고적 동류집단"으로 규정한다. 이와 같은 학벌에 대한 정의에는 긍정적인 가치판단과 부정적인 가치판단이 혼재되어 있다.

학벌은 동일 단계의 학교를 졸업했더라도 학교의 종류, 학교 이름, 전공학과 등의 사회적 위신, 즉 격(格)에 따라 다른 가치를 부여하는 수평적 학력주의에 해당된다. 즉, 특정 학교 출신자들이 다른 학교 출신자들에 비해 높이 평가되는 것이다. 특정 학교 출신자가 실제적인 능력과 사회에 기여하는 것에 비해 보다 많은 대우와 혜택을 보거나 심지어 권력을 독점하게 될 경우, 학벌주의는 사회적 차별과 불평등을 구조화시킬 수 있다. 학벌은 분명 계급은 아니지만 일종의 신분제처럼 작동하는 '학벌의식'은 현대판 한국식 신분제도로 고착화되고 있다. 대학의 수평적 분화는 일류대학, 이류대학 혹은 삼류대학이라는 대학수준에 의해서뿐만 아니라 대학 소재 지역 간에도 나타난다(이정표, 1994). 대학이 소재한 지역에 따라 지역 간 실업률의 차이가 있으며, 지방소재 대학보다는 서울 소재 대학들이 높은 취업률을 보이는 경향이 있다(이두휴, 2003; 이효수, 1990).

학벌이 좋다는 것은 좋은 학교를 나오고, 그 학교의 경력을 통해 사회적 지위가 높은 직업을 갖게 된다는 점에서 개인이 노력한 결과의 산물이다. 그러나 학벌은 학력에 의한 또는 학력을 위한 파벌이라는 뜻으로 부정적인 의미를 담고 있다. 학력이 학교교육을 받은 중립적인 개념인 데 비해 학벌은 배척(排斥)을 특징으로 하는 파벌을 뜻하는 부정적인 말이다(김병욱, 2012: 14). 출신학교의 동문들로부터 도움이나 후광에 의해 특정한 지위를 부여받았다면 이는 학벌의 부정적 기능이라 할 수 있다(최돈민, 2009: 101).

결국 학력·학벌주의는 학교교육의 경험을 개인적 지위 상승의 수단으로 이용한다. 특정 학교 졸업이 능력을 지녔다는 신호(signal)로 활용되는 사회에서는 학력·학벌이 봉건사회의 신분과 동일한 효용성을 갖게 된다. 학벌주의는 학력주의와 관련성이 깊다. 고학력주의가 지배하고 있는 사회에서 사회적 지위 향상을 추구하는 사람들은 보다 유리한 학력을 획득하고 싶은 욕망을 가지고 있다. 이러한 개인적 욕구로 학력주의가 뒷받침된 고학력사회가 출현하면 고학력자가 양산되면서 학벌주의가 우세하게 된다.

2018년 한 언론에서 전국 만 19세 이상 성인 1,000명 대상으로 실시한 조사 결과에 의하면 우리 사회에서 가장 심각한 차별은 학력·학벌 차별인 것으로 나타났다. 우리 사회에서는 학력·학벌 차별(33%), 장애인 차별(13%), 세대 차별(12%), 성 차별(12%) 순으로 차별을 느끼는 것으로 나타났다.

학력은 크게 실질적 학력과 형식적 학력으로 구분해 볼 수 있다. 실질적 학력이란 실제적인 전문능력이나 기능과 일치하는 학력(學力)을 의미한다고 할 수 있다. 이에 비해 형식적 학력이란 개인이 실제 무엇을 학습하고, 어떠한 실력과 능력을 갖추었는가보다는 성적, 자격증, 졸업장, 학위증과 같은 단순한 상징적 가치나 명목적 가치를 지닌 학력 또는 단순한 학력을 의미한다.

2) 학력·학벌의 가치

학력·학벌은 우리 사회에서 중요한 가치로 인식되고 있다. 학력·학벌의 가치를 크게 도구적 가치, 상징적 가치, 사회이동 가치, 상품적 가치로 구분해 볼 수 있다.

(1) 도구적 가치

학력은 직업적 역할 수행에 필요한 기능을 습득시키는 과정이자 그 결과라는 점에서 도구적 가치를 갖는다. 현대 사회는 지식과 기술의 급속한 변화와 전문적 분화가 이루어지고 있는 가운데 더 높은 수준의 지식과 기술 수준을 소유한 숙련된 기술자와 전문가를 요구한다. 학교교육은 직업세계의 변화에 대응할 수 있는 전문 인력을 양성·공급하는 기능을 수행한다. 결국 학력은 개인이 학교교육을 통해 습득한 전문능력과 기술 수준을 나타내 보이는 장치인 것이다. 학력이 개인의 실력과 능력을 완전하게 대표하기에는 한계가 있지만 개인의 능력이나 역량을 잘 대표할 수 있는 신호기제로 인식된다. 결국은 고도의 지식과 기술을 요구하는 직업이 늘어나면서 고학력자가 생산성이 높을 것이라는 생각 때문에 학교교육 기간도 점점 확대되어 왔다. 이러한 현상은 학력의 도구적 가치를 노린 것이라 할 수 있다(Collins, 1979: 1-2). 학력 간 임금격차는 도구적 가치를 잘 설명하는 대표적인 예이다. 우리나라의 경우 2018년 기준으로 볼 때, 고졸자의 임금수준을 100으로 기준으로 할 때, 중졸 이하는 79, 전문대졸은 111, 대졸은 139로 학력 간 격차가 나타난다(OECD, 2020). 입직 및 승진 과정에서도 학력 및 학벌에 따른 영향이 크게 나타난다. 기업에서 더 높은 수준의 학력이나 학벌 소유자를 왜 선호하는가의 이유는 다양하지만, 학력이나 학벌이 높으면 잠재적 노동생산성이 높을 것이라는 가정을 가지고 있다(이정표, 1994).

(2) 상징적 가치

학력은 지식, 가치, 문화자본을 습득한 상징적 결과물로서의 가치를 지닌다. 또 학력은 일정 자격을 평생 보장해 줌으로써 특정 신분이나 귀속적 지위를 표시해 주는 보증서 역할을 한다는 점에서 상징적 가치를 지닌다. 학력은 개인의 능력을 나타내는 것이고, 그 능력은 곧 사회적 신분 획득과 직결된다는 뜻에서 학력은 신분 상징(status symbol)의 기능을 갖고 있다. 결국 학력이 상승하는 이유는 높고 좋은 학력일수록 지위 획득에 더 나은 상징적 가치를 지닌다고 보기 때문이다.

(3) 사회이동 가치

학력은 사회적 지위를 상향 이동시키는 사회이동 가치를 지닌다. 한 사회에서 권력, 특권, 명예, 수입, 부 등 누구나 차지하기를 원하는 사회적 자원은 희소할 수밖에 없다. 여기에서 학력은 이러한 자원과 사회적 지위를 얻는 데 필요한 도구인 것이다. 과거에는 신분이나 족보가 사회적 지위 획득의 전제 조건이었다면, 현재는 학력 또는 교육적 성취가 사회적 지위 획득의 가장 합리적인 보증서 역할을 한다. 모든 사회의 교육열은 사회적 지위 획득과 사회적 이동을 위한 경쟁에서 좀 더 유리한 고지를 확보하기 위해 생긴다.

(4) 상품적 가치

학력은 매매되는 상품으로서의 특성을 지닌다(고형일, 1987). 현대 사회에서 계층 및 계급을 형성하거나 재생산하는 데 가장 현실적인 자본은 학력이다. 자본으로서의 학력은 결과적으로 하나의 상품이 되고, 상품으로서의 학력은 교환가치를 지닌다. 학력은 하나의 상품이 되어 거기에 붙어 있는 가격표에 따라 교환되며, 그 유용성보다는 경쟁 등 거래 상황에 따라 값이 달리 매겨지는 교환가치를 지닌다.

학력이 배우자 선택에 있어서 중요한 영향을 준다. 우리 사회에서 배우자 간 학력 수준의 격차는 완화되어 가고 있지만 학력을 매개로 한 혼인과 출산의 계층화 경향은 더욱 강화되고 있다(신윤정·박신아, 2017). 여성의 고학력화 현상과 함께 일관되게 저학력 남성과 고학력 여성의 결혼 진입이 유의미하게 지연되고 있다는 점(우해봉, 2012; 장상수, 1996)이 지적되고 있다. 다른 조건들이 동일한 상황에서 높은 교육수준을 가진 배우자를 선택하는 것이 지위를 보전하기 위한 전략으로, 교육수준이 상대적으로 높은 사람들 간의 동질혼이 발생할 가능성이 높다는 것이다. 학력이 결혼시장에서 일종의 상품적 가치로 인식되고 있는 것이다.

2. 학력경쟁 이론

현대 자본주의사회에서 교육경쟁은 필연적이다. 이러한 교육경쟁은 학벌주의와 학력주의로 나타나게 되며, 이는 곧 고학력화 현상과 사교육의 강화 등으로 나타난다. 이러한 현상은 교과·입시 위주의 교육을 원하는 학부모의 요구와 함께 유치원을 포함한 교육체제 전반에 걸쳐 입시위주 교육으로 연계되어 나타난다.

여기에서는 학력경쟁이 이루어지는 원인과 배경을 설명하는 이론에 대해 살펴보았다.

1) 기술기능론적 관점

기술기능론점 관점은 개인이 학교교육을 통해 성취한 결과, 즉 학력을 통해 원하는 지위구조에 편입할 수 있는 기회를 갖는다고 설명한다. 현대 산업사회는 고도의 지식과 기술 수준을 소유한 숙련된 기술자와 직업적 전문가를 요구하기 때문에 각 직종은 구조적인 변화를 수반하게 되고 이는 교육구조에 영향을 준다. 즉, 직업세계의 구조적 변화에 대응할 수 있는 적절한 인력을 공급하기 위해서는 학교교육은 학력 상승을 통한 장기적인 교육으로 대응해 나가야 하는 것이다.

교육체제와 산업체제 간의 관련성을 설명하는 기술기능론자들의 주장은 다음과 같다(Collins, 1974: 419).

첫째, 산업사회에서 직업이 요구하는 교육적 조건은 과학기술적 변화에 따라 끊임없이 높아진다. 여기에서 낮은 기술을 요구하는 직업의 비율은 감소하고, 고도의 기능을 요구하는 직업의 비율은 상승한다. 또한 동일 직업에 있어서도 기술 요구수준은 상승하게 된다는 것이다. 둘째, 학교교육은 특정한 기능 또는 일반적인 능력 면에서 보다 고도의 기능적 직업에 필요한 훈련을 제공한다. 셋째, 결국 취업을 위한 교육 요구 조건은 끊임없이 상승되고 점차 더 많은 사람들이 더욱 많은 학교교육을 받도록 요구함으로써 학력 상승이 이루어지게 된다.

결국, 기술기능론점 관점에 의하면 학교교육을 통해 개인이 성취한 교육내용이나 성취 결과들은 직업세계에서 수행하는 직무내용과 밀접한 관련을 맺으며, 채용이나 승진과 같은 직업성취과정에서 충분히 보상될 수 있다고 본다. 따라서 학력 경쟁은 개인의 생산적 능력을 높이기 위한 교육적 투자로 간주되며, 산업구조의 고도화에 따라 직업적 성취를 달성하기 위해 자연스럽게 나타나는 현상이다.

2) 선발 이론

선발 이론은 교육이 개인의 생산성 향상을 가져오기보다는 개인에게 외양적인 자격(credentials)을 제공하고, 그 자격의 가치가 소득을 결정한다는 주장을 한다. 선발가설은 교육의 효과가 직접적으로 생산성 향상에 영향을 미치기보다는 이미 존재하고 있는 노동자의 능력차를 선별하기 위한 도구로서만 영향을 미친다고 본다(Layard & Psachropoulos, 1974: 985-998). 교육은 개인의 학력수준이 훈련가능성이나 잠재적 생산능력을 나타내 주는 지표로 인식됨으로써 고용주들은 교육수준이 생산력과 관계가 없거나 부분적으로 관계가 있더라도 사회관행상 교육수준이 높은 사람이 잠재적 능력이 있다고 본다는 것이다.

고용주들은 고용과정에서 직무수행에 요구되는 적정한 교육수준과는 상관없이 비합리적일 만큼 높은 학력 소지자를 선호한다(Berg, 1971; Dore, 1976). 따라서 높은 교육수준은 입직단계에서 지위수준이 높은 직업이나 일정한 직종에 들어가는 데 가장 중요한 도구가 되고 승진에 있어서도 지속적인 영향을 준다(이정표, 1994; Baron & Bielby, 1982: 185; Bills, 1988; Collins, 1979; Hallak & Caillods, 1980). 그 결과 사람들은 더 높은 학력과 학벌을 소지하기 위해 경쟁적으로 노력하게 된다.

3) 지위경쟁론

지위경쟁론에서는 학력의 증가가 반드시 직무수행능력의 증가와 관련된 것이 아니고 오히려 사회적으로는 부정적인 영향을 미치고 있다고 설명한다. 학력이 문화적 지위를 점유할 수 있는 중요한 요건이므로 지위집단 간의 학력에 대한 요구는 끊임없는 경쟁의 양상을 띠게 되며, 이러한 학력 경쟁은 학력의 요건을 수직적으로, 그리고 수평적으로 확대시키는 결과를 초래하게 된다는 것이다. 즉 학력은 실질적인 능력과 관계가 없는 형식적인 교육자격증으로서 실제 사회의 생산적인 효과와는 관계가 없고(Baron & Bielby, 1982: 185), 사회 발전에 부정적인 영향을 미치기도 한다는 것이다(Reid, 1986: 257).

학력주의는 물질적인 부를 생산하는 데는 아무런 기여를 못 하고, 부를 점유하는 조건과 지배집단의 문화를 한층 강화하게 하는 결과를 초래함으로써 학력은 특정 회사나 직무 영역에 진입하는 자격증으로서 기능한다. 개인들은 사회의 높은 지위를 차지하기 위해 고등교육을 받기 위한 치열한 경쟁을 하며, 이는 고등교육의 사회적 가치를 하락시키는 결과를 가져온다. 고학력으로 인한 학력과 직업 간의 불일치는 잠재적인 사회문제를 야기시키고 직업적 불만, 정치적 불만, 소외의식 등을 수반하게 되고 생산성을 오히려 저하시킬 수 있다(김승호, 1989; Burris, 1983). 학력이 높은 노동자들은 생산성 면에서 오히려 낮을 뿐 아니라 직무 및 고용주에 대한 불만이 더욱 높게 나타난다(Berg, 1971). 따라서 학력은 궁극적으로 노동의 생산성 향상과는 직접적으로 관련을 갖지 못하고 개인적·사회적으로 고학력화를 초래하고 부정적인 영향을 미치게 된다.

3. 교육열

1) 교육열의 개념

교육열(敎育熱)은 사전적 의미 그대로 교육에 대한 열의이다. 교육열의 개념은 어떤 시각에서 보는가에 따라 긍정적인 개념과 부정적인 개념으로 정의된다. 긍정적인 면에서 보면 교육열은 한국의 교육 발전과 경제 발전을 이끈 원동력으로 인식된다. 그러나 부정적인 면에서는 한국 특유의 학력 경쟁과 이와 관련된 각종 교육 병폐의 원인으로 지적되기도 한다(김용숙, 1986; 김영화, 1993; 오욱환, 2000; 이돈희, 1985; 현주 외, 2003: 34).

교육열은 '한국인들이 소유하고 있는 교육적 열기(이돈희, 1985)', '취학하고자 하는 욕구(오욱환, 1986)', '부모가 기대하는 자녀 교육의 수준(김영화, 1992)', '교육에 대해 가지고 있는 열망과 실제로 교육을 위해 투입하는 행위(김영화 · 이인효 · 박현정, 1993)', '입신 출세에 필요한 최고의 학력이나 일류의 학벌을 자녀들에게 갖게 하려는 개인적 차원의 사적인 욕망(김용숙, 1986)'이라고 정의하였다. 이와 같은 정의들은 교육열을 다소 추상적이고 포괄적인 범위로 정의하고 있다.

교육열을 제대로 이해하기 위해서는 체계적인 분석 틀을 통해 교육열의 개념을 보다 명료화할 필요가 있다(김영화 · 이인효 · 박현정, 1993). 교육열의 개념을 주체별, 대상별, 목적별, 범위별, 교육형태별, 현실성 정도로 구분하여 정의하면 **표 6-1**과 같다.

표 6-1 **교육열의 개념 분류**

구분	유형	개념 및 성격
주체	개인의 교육열	개인이 가지고 있는 교육열
	학생의 교육열	학생 개개인이 교육을 받고자 하는 열의
	학부모의 교육열	자녀를 교육시키고자 하는 학부모 개인의 열의
	교사의 교육열	학생을 교육시키고자 하는 교사 개인의 열의
	일반 성인의 교육열	일반 성인들이 자신의 교육에 대해 갖는 열의
	사회 집단의 교육열	사회 집단이 교육에 대해 표출하는 열의
	국가의 교육열	국가나 정부 등 공공부문이 국민 교육에 대해 갖는 열의
대상	사적 교육열	개인이 자신, 혹은 자녀의 교육에 대해 갖고 있는 열의
	공적 교육열	개인의 범위를 넘어서 지역사회나 국가가 교육에 대해 갖는 열의

<table>
<tr><th>구분</th><th>유형</th><th>개념 및 성격</th></tr>
<tr><td rowspan="2">목적</td><td>도구적 교육열
(외재적)</td><td>출세수단의 획득을 위한 교육열
국가발전을 위한 교육에 대한 투자 열의</td></tr>
<tr><td>본질적 교육열
(내재적)</td><td>자신 혹은 자녀의 성장을 위한 교육 열의
개인의 전인적 성장을 위해 국가가 교육에 투자하는 열의</td></tr>
<tr><td rowspan="2">범위</td><td>협의의 교육열</td><td>학교에 취학하거나 상급학교에 진학하고자 하는 열의</td></tr>
<tr><td>광의의 교육열</td><td>상급학교 진학과 함께 지덕체 등 다양한 영역의 교육을 위한 열의</td></tr>
<tr><td rowspan="2">교육
형태</td><td>학교교육열</td><td>학교교육을 받고자 하는 열의</td></tr>
<tr><td>학교외 교육열</td><td>사설학원이나 종교단체 등 학교 이외의 비형식교육에 대한 열의</td></tr>
<tr><td rowspan="2">현실성</td><td>이상적 교육열</td><td>성적, 가정형편, 취업 가능성 등 현실적 여건을 고려하지 않고 교육에 대해 막연히 갖고 있는 열의</td></tr>
<tr><td>현실적 교육열</td><td>현실적 여건을 고려하여 교육에 대해 갖고 있는 열의</td></tr>
</table>

자료: 김영화 외(1993). 한국인의 교육열. 한국교육개발원, 18쪽 재조직.

이상과 같은 분류체계에 근거하여 교육열의 개념을 정의해 보면, 기존에 정의되고 있는 교육열의 개념이나 교육열에 대한 일반적인 인식이 제한적이었음을 알 수 있다.

2) 교육열의 형성 배경

미국의 44대 버락 오바마 대통령은 취임 직후부터 한국의 교육열, 특히 한국 학부모의 뜨거운 교육열을 지속적으로 예찬하고 미국 교육혁신의 중요성을 지속적으로 강조했다. 미국 교육을 독려하는 차원에서 한국교육을 찬양했지만, 우리 사회는 그의 진정성 있는 칭찬에 동의하거나 우리 스스로를 자랑스럽게 여기지도 못했다. 우리 사회는 과도한 교육열로 교육 인플레이션 현상과 함께 사교육천국, 입시지옥 등을 경험하고 있기 때문이다.

그러면 과연 우리의 교육열은 어디에서 무엇 때문에 형성된 것일까. 교육열의 형성 배경을 크게 사회문화적 요인, 교육제도적 요인, 사회심리적 요인으로 살펴보았다(현주 · 이재분 · 이혜영, 2003: 36-38).

(1) 사회문화적 요인

많은 학자들은 공통적으로 교육열의 역사적 뿌리를 우리의 유교문화에서 찾고 있다. 교육열은 유교문화에서의 사농공상의 숭문의식, 과거제도에서 비롯되었으며(최영표 외, 1989), 한국 여성의 교육열이 남아선호사상, 이중적인 성 역할 구조 등 유교적 문화구조와 밀접하게 관련되어 있다는 것이다(한정신, 1998). 김경근(1998)은 우리 사회에서 교육에 대한 수요가 높은 것은 유교 문화에서 비롯된 숭문주의, 입신양명적 교육관, 체면중시 성향, 가족주의 등에서 비롯되었다고 설명한다.

이에 비해 정순우(1999)는 교육열이 유교문화에서 비롯되었다는 기존 학자들의 주장에는 한계가 있다고 본다. 그는 조선시대의 교육열(학습열, 호학열)은 오히려 저조하거나 제한적이었으며, 과열된 교육열 현상이 실재하지 않았다고 설명한다. 향교와 성균관은 공동화 현상을 보였으며, 서당에서 보이는 교육열은 맹목적인 교육열에 들뜬 현재의 교육열과는 본질적으로 다르다는 것이다. 유가교육의 '나아감'의 철학은 교육의 세속적인 성취를 중시하였지만, 또 하나의 축인 '물러남'의 철학은 교육을 통해 내성적 성찰과 욕망의 절제를 가르쳤기 때문에 교육열이 사회적 현상으로 확산되는 것이 차단될 수 있었다. 오히려 오늘날의 교육열은 개화기에 진화론의 수용, 국가주도의 국민교육제도 성립, 신분제 해체 등의 사회문화적 현상에서 비롯된 것으로 본다.

최봉영(2000)은 한국사회의 교육열을 이해하기 위해서 개화기 이전 전통사회에서부터 오늘날까지의 교육열을 분석하였다. 그는 신분제도의 틀 속에서 폐쇄적으로 운영되는 신라나 고려시대에는 교육열이 확산되기 어려웠다고 본다. 오늘날의 교육열은 과거제도와 교육이 권력의 기반이 되었던 조선시대에서 선비중심의 교육체제 안에서 과시(科試)를 향한 교육열에서 비롯된 것이다. 또한 개화기에 이르러 서양식 교육제도와 교육내용이 소개되고, 신분제도의 철폐와 잇단 외국과의 전쟁으로 백성들이 입신양명과 구국을 위해 높은 교육 열의를 보이기 시작했다. 그런데 식민지 시기를 거치면서 입신양명적 교육욕구가 출세를 위한 교육욕구로 변형되었고, 이후 해방과 전쟁, 어지러운 정치 상황 속에서 출세지향적 교육관과 입시위주의 교육열로 정착되었다고 설명한다.

결국 한국인의 교육열은 유교문화에 뿌리를 두고 일제 식민시대를 거치면서 발현되기 시작하였고 이는 곧 근대화와 경제발전을 가져오는 계기가 되었다. 1960년대 이후 근대화 과정에서 경제성장을 위한 학교교육의 역할이 강조되고 고학력 우대의 고용과 임금 관행 등으로 교육의 성과가 연결되게 되었다. 교육을 통한 지위상승 기회는 교육경쟁을 위한 교육열로 이어졌고, 교육투자는 부모들이 자식에게 물려줄 수 있는 가장 큰 문화적 자본으로 자리 잡게 된 것이다.

(2) 교육제도적 요인

교육제도는 교육열을 가중시키는 요인인 동시에 제약 요인이기도 하다. 교육제도 중 학교제도(학제)는 교육열과 밀접한 관련성을 갖는다. 학제는 크게 복선형제도와 단선형제도로 구분된다(이정표, 2020). 복선형 학제는 학교 진학체계가 서로 관련을 가지지 않은 둘 이상의 학교계통으로 나뉘어져 있는 형태로 일반교육과 직업교육으로 구분된다. 독일, 영국 등 유럽을 중심으로 발전해 온 복선형 학제는 무조건 대학에 진학하는 기회를 제도적으로 제한한다. 이에 비해 단선형 학제는 누구나 원하면 대학까지 교육을 받을 수 있는 기회를 개방한다. 단선형 학제는 초등교육부터 시작하여 수업연한이나 자격이 동등하게 주어지는 제도로서 미국을 중심으로 발달한 민주형 학제이다. 우리나라는 단선형 학제를 취하고 있어 누구나 능력만 있으면 상급학교로 진학할 수 있기 때문에 사다리를 올라가는 것과 같다고 하여 계층형(ladder system) 학제라 한다. 단선형 학제는 대학진학에 대한 사회적 수요와 열망을 제도적으로 해소해 준다는 점에서 복선형 학제보다 대학진학율이 상대적으로 높고 일반교육이 강조된다.

단선형 학제의 특징을 갖는 우리의 교육제도는 국가적 필요나 수요보다는 국민들의 사회적 교육열 흡수에 우선한다는 점에서 과잉교육, 고학력화 현상 등으로 나타난다. 교육선발 체제, 일반계 중심의 고등학교 팽창, 직업교육 체제 미비, 고등교육 팽창, 다양성과 유연성이 부족한 학제 등 현재의 교육구조가 교육열 형성의 한 요인인 것이다(김영화 · 이인효 · 박현정, 1993). 김경근(1998)은 정통성이 결여된 한국 역대 정권들의 교육정책들, 예를 들어 1970년대 일반계 고등학교의 대폭 증설과 1980년대 초반의 대학입학정원 확대 등의 정책들이 궁극적으로 대학교육에 대한 수요를 크게 증대시켰다고 하였다. 또한 1996년 도입한 대학설립준칙주의[2)]로

2) 문민정부는 1994년 교육개혁위원회를 설치해 자율과 경쟁에 기반을 둔 대학 정책을 골자로 한 '5·31 교육개혁'을 추진한다. 이때 대학 설립 요건을 완화하는 '대학설립준칙주의'를 도입하였다. 1970~1980년대 산업화에 따른 경제 호황에 힘입어 인력 시장에서는 수요보다 공급이 모자라는 상황이 발생했다. 대졸 인력이 부족한 상황에서 재수생, 삼수생이 증가하자 김영삼 정부는 대학을 늘려 산업인력을 공급하기 위해 대학을 확대할 필요성을 갖게 되었다. 이에 대학설립 계획부터 최종 설립까지 단계별로 조건을 충족해 교육부의 인가를 받는 인가제와 달리 △교지 △교사 △교원 △수익용 기본재산 등 최소 설립 요건을 갖추면 곧바로 대학 설

수많은 대학들이 신설되면서 대학진학에 대한 사회적 요구와 교육열을 해소시켜 주는 계기가 되었다.

(3) 사회심리적 요인

교육열의 형성 배경 및 요인들을 사회심리학적 혹은 심리학적으로 설명하는 많은 연구가 있다. 일부 학자들(김경근, 2003; 김동석, 1990)은 부모의 교육열은 교육에 대한 개인적 경험, 사회와 교육에 대한 인식 혹은 의무부여 등과 같은 부모의 내적 요인으로 형성된다고 설명한다. 김동석(1990)은 교육열을 자녀교육을 통한 부모의 욕구 충족이라는 '대리보상' 측면에서 논의하였다. 김희복(1992)도 자녀의 교육에 대한 부모의 주관적 인식에 주목하며, 교육열을 '한국의 사회문화적 맥락 속에서 교육에 관련한 사회현상에 대한 인식, 자녀의 교육에 대한 기대, 그리고 자녀의 교육에 대한 지원행위를 포함한 교육에 대한 인식'으로 정의한다.

한성열(1994)은 집단주의적 문화에서 온 동조 성향을 부모들의 사교육 행동의 원인으로 설명한다. 또한 추병식(1999)은 교육열을 한국 사회의 집단 순응 현상이라고 보았다. 그는 자신의 교육적 배경에 비해 공적 역할이 제한된 전업주부들이 자녀를 통해 대리 만족을 추구하려 하고, 이러한 대리 만족이 집단 의례적으로 재생산되는 현상을 현대 한국사회의 교육열이라고 하였다. 한정신(1998)은 교육열을 성취 동기, 즉 교육적 성장 동기로 보고 한국 여성의 교육열 형성의 심리적 배경을 논하였다. 이위갑(2000)은 학부모의 사교육 행동 결정은 주변 참조인—친구, 자녀, 학교 자

립을 인가하는 대학설립준칙주의를 시행하게 된다. 1996년 대학설립준칙주의가 시행되면서 1997년 20개교, 1998년 7개교 등 2011년까지 63개 대학이 설립됐다. 2011년 기준 300여 사립대 중에서 20%가 대학설립준칙주의에 따라 설립되었다. 그러나 학령인구의 지속적 감소로 인해 20년간 유지되어 왔던 대학설립준칙주의를 2013년에 폐지하기에 이른다.

모, 남편 등—의 영향을 받는다고 하였다.

자녀에 대한 교육기대는 부모의 계층에 따라 달리 나타난다. 중산층의 부모들은 경제적인 능력이 월등한 상류층보다 자녀의 교육에 대한 관심과 심리적 열의가 더욱 강하게 나타난다는 것이다. 중산층 부모들에게 자녀의 교육이란 그들의 삶을 평가하는 잣대로 받아들여지며 중산층의 부모들이 가지는 교육열을 '강박관념적'이라고 해석하였다(김영화 · 이인효 · 박현정, 1993). 또한 중산층의 경우 자녀의 교육에 대한 불안과 사교육비의 지출액이 여타 계층에 비해 크게 나타나며, 중산층의 부모들이 자녀의 교육에 대한 의미부여와 불안심리를 갖는 것으로 나타났다(현주 · 이재분 · 이혜영, 2003). 김송이(2008)는 서울시의 어머니들을 대상으로 조사한 결과에서 주거지역과 교육수준, 수입 등의 차이에 따라 자녀의 교육에 대해 느끼는 사회적 압력과 교육열에 차이가 있다고 설명한다.

류황석(2016)은 기든스(A. Giddens)의 모더니티와 정체성 이론을 바탕으로 자녀의 교육적 달성을 위한 교육지원 행위는 부모의 존재론적 불안을 해소하기 위한 '중독'적 행위로 해석하였다. 이는 한국 사회를 포함한 근대사회 및 후기근대사회의 보편적인 성향이라고 설명하였다.

3) 학부모의 교육열과 자녀교육

학력이나 학벌을 중시하는 우리 사회에서 학부모들은 대학진학과 일류대 진학에 목표를 두고 높은 교육열을 보이는 경향이 있다. 그러나 학부모의 교육열은 사회경제적 계층에 따라 자녀교육 지원에 있어서 다소 다른 경향을 보여준다(현주 · 이재분 · 이혜영, 2003: 244-245).

(1) 사회경제적 차이에 따른 학부모의 자녀교육 지원

고학력/고소득/전문 · 사무직 학부모들은 어렸을 때 유복하게 산 경향이 있고, 공부에 대한 후회 및 학력으로 인한 좌절감 경험 정도도 적다. 자녀의 미래 대학진학에 대한 기대감도 높으며, 자녀를 대학에 보내려는 가장 큰 이유를 전문적 지식과 기술 습득에 둔다. 자녀교육에 관한 인식에 있어서는 자녀가 대학 못 가는 것을 자녀교육 실패로 인식하는 경향이 높으며, 자녀교육에서 어느 정도의 강압성이 필요하다고 생각한다. 부모로서의 후회가 없도록 강제로라도 공부를 시켜보아야 한다고 믿는 경향이 있으며, 교육비 지출이 자녀의 장래를 위한 투자라고 생각하는 경향도 크다. 또한 자녀 공부와 관련해서 남들의 체면을 강조하는 경향이 높다.

고학력/고소득/전문·사무직 학부모들이 나타내는 교육열에 있어서는 자녀 대학진학 여부에 있어 부모의 의지가 높으며, 사회가 변해도 자녀를 대학에 보내려는 경향은 여전히 높고, 공부 잘하는 것을 기본으로 생각하는 경향이 크다. 그러나 공부를 인성보다도 더 강조하지는 않는다. 자녀교육 지원 행위에 있어서 구체적으로 자녀의 직접 지도·감독·관리, 정보 수집, 교육 분위기 제공(자녀와 함께 하기), 공부시간 확보, 자녀의 건강관리, 교육비 우선 지원, 남들이 하는 만큼 하기 등에서 더 높은 교육열을 보인다. 자녀를 위한 사교육비 지출이 많으며 자녀에게 시키는 사교육 수도 많다. 교육열의 영향에 있어 자녀들과 어머니와의 공부 갈등 정도도 높으며, 자녀들은 가정에서의 공부강조, 체면강조 분위기에 대한 지각 정도도 높다. 또한 자녀들은 부모의 교육지원에 대해 감사하는 경향을 보인다.

저학력/저소득/단순직 학부모들은 어린 시절에 유복하지 않은 삶을 산 경향이 있고, 사회생활을 하면서 공부 및 학력으로 인한 좌절감의 경험도 많다. 그 결과 현재 삶의 만족도가 낮다. 이들은 자녀의 미래 대학진학에 대한 기대도 낮다. 이들이 자녀를 대학에 보내려고 하는 이유는 상대적으로 고학력 학부모들에 비해서 좋은 직업을 얻고 폭넓은 교양을 쌓기 위해서라고 생각하는 경향이 있다. 이들의 자녀교육에 관한 인식은 고학력 학부모에 비해 자녀가 대학 못 가는 것을 자녀교육 실패로 인식하는 경향과 자녀교육에서 어느 정도의 강압성이 필요하다고 생각하는 경향, 부모로서 후회가 없도록 강제로라도 공부를 시켜보아야 한다고 믿는 경향, 교육비 지출이 자녀의 장래를 위한 투자라고 생각하는 경향 등이 상대적으로 낮다.

저학력 학부모들은 고학력 학부모에 비해 자녀 대학진학 여부 결정시 부모의 의지보다는 자녀의 의사에 따르려는 경향이 더 많다. 또한 사회가 변한다면 자녀를 보내지 않을 수도 있으나, 실제로는 인간성보다는 공부를 우선으로 생각하는 경향이 높다. 자녀교육 지원 행위에 있어서도 고학력 학부모에 비해 상대적으로 낮은 지원 경향을 나타낸다. 사교육 행태에 있어서도 고학력 학부모에 비해 상대적으로 낮은 지출과 덜 다양한 사교육을 시킨다. 또한 고학력 가정의 자녀들에 비해 어머니와의 공부갈등 정도가 상대적으로 낮고, 가정에서의 공부강조, 체면강조 분위기 지각도 덜하며, 부모의 교육지원에 대한 감사도 상대적으로 덜하다.

(2) 학부모의 특성에 따른 자녀의 교육열 성격

학력·학벌주의 사회에 가장 영향을 미치는 대표적인 교육열은 학부모의 자녀에 대한 교육적 열의라고 할 수 있다. 부모의 사회경제적 계층 외에도 학부모 스스로 자녀의 교육에 대한 인식에 따라 교육열의 형태는 다소 다르게 보여진다. 선행연구(현주·이재분·이혜영, 2003: 251-252)를 통해 나타난 학부모의 특성별 자녀의 교육열 형태를 살펴보면 다음과 같다.

자녀가 대학에 들어가지 못하는 것을 자녀교육의 실패로 인식하는 경향이 높은 학부모일수록 그렇지 않은 학부모에 비해 자녀들에게 어느 정도 강압적인 공부가 필요하다고 인식하며, 인간성 함양보다 공부가 중요하다고 생각한다. 대학입학 교육은 빨리 시작할수록 좋으며 적성 파악을 위해서 다양한 활동을 제공하는 것이 좋다고 생각하는 등 자녀교육에서의 부모 도리를 강하게 인식하고 있다. 또한 자녀가 공부 잘 하는 것을 기본으로 생각하고, 실제로 공부에 우선적 관심을 기울이는 경향을 보인다. 그리고 자녀의 성적과 대학 진학에 있어 타인을 의식하는 경향이 매우 높다.

사회생활을 하면서 학력으로 인한 절망감, 무력감, 좌절감을 많이 겪은 학부모들일수록 그렇지 않은 학부모들에 비해 자녀에게 어느 정도의 강압적인 공부가 필요하며 인간성 함양보다 공부가 중요하다고 인식하는 경향이 있다. 그리고 대학입학 교육은 빨리 시작할수록 좋으며, 적성 파악을 위해 다양한 활동을 제공해야 한다고 생각하는 경향이 있다. 교육비 지출은 자녀의 장래를 위한 투자라는 생각과 자녀가 대학에 가지 못하는 것은 곧 자녀교육의 실패로 여기는 경향이 높다. 현재 자녀의 상태로 보아 대학진학이 어렵다고 판단하는 학부모들일수록 인간성 함양보다 공부를 중시하는 경향, 대학입학 교육의 조기 시작 필요성을 인식하고 적성 파악을 위한 다양한 활동의 필요성을 인식하는 경향이 높다.

자녀의 낮은 학력에 대해 걱정이 많은 학부모들은 그렇지 않은 학부모들에 비해 공부 잘 하는 것을 기본으로 생각하고 실제로 공부에 우선적인 관심을 보이는 경향이 높으며, '공부' 중심 교육열을 더 나타낸다. 또한 사교육에 대한 불안심리가 높은 학부모는 자녀에게 더 많은 시간의 사교육을 시키며, 부모 도리 인식 정도가 높은 학부모는 더 다양한 종류의 사교육을 시킨다. 가정의 부모-자녀관계가 바람직하지 않은 학부모일수록 자녀들이 가정 분위기를 더 부정적으로 지각하며, 어머니와의 공부 갈등 및 스트레스가 더 높고, 사교육 학습시간의 많고 적음에 상관없이 자녀들의 공부 관련 갈등과 스트레스가 더 높다.

표 6-2 학부모의 특성에 따른 교육열 성격

학부모 특성	교육열 성격
1. 자녀가 대학에 들어가지 못하는 것을 자녀교육 실패로 인식하는 경향이 높은 학부모	- 강압적인 공부 필요 - 인간성 함양보다 공부 중시 - 대학 입학교육의 조기시작 필요 - 교육비 지출은 자녀 장래를 위한 투자 - 자녀교육에서의 강한 부모도리 인식 - 자녀 대학 진학에의 높은 열의 - 공부 잘하는 것을 기본으로 생각 - 실제로 공부에 우선적 관심 - 타인의식 경향 - 타인에 의해 영향받을 경향
2. 사회생활을 하면서 학력으로 인한 절망감/무력감/좌절감을 많이 겪는 학부모	- 강압적인 공부 필요 - 인간성 함양보다 공부 중시 - 대학 입학교육의 조기시작 필요 - 적성 파악을 위한 다양한 활동 필요 - 교육비 지출은 자녀 장래를 위한 투자 - 자녀교육에서의 강한 부모 도리 인식 - 자녀가 대학을 못가는 것을 자녀교육 실패로 인식하는 경향
3. 현재 자녀의 현 상태에 비추어 대학 진학이 어렵다고 판단하는 학부모	- 인간성 함양보다 공부 중시 - 대학 입학교육의 조기시작 필요 - 적성 파악을 위한 다양한 활동 필요
4. 자녀의 낮은 학력과 관련하여 걱정이 많은 학부모	- 공부 잘 하는 것을 기본으로 생각하는 경향 - 실제로 공부에 우선적 관심 - 교육열 실상에서 '공부' 중심 교육열을 더 보임
5. 사교육에 대한 불안심리가 높은 학부모	- 자녀에게 더 많은 시간의 사교육을 시킴

학부모 특성	교육열 성격
6. 부모 도리 인식 정도가 높은 학부모	- 자녀에게 더 다양한 사교육을 시킴
7. 가정의 부모-자녀 관계가 바람직하지 않은 학부모	- 부정적 교육열이 더 높음 - 자녀들의 어머니와의 공부 갈등과 스트레스가 더 높음 - 사교육의 많고 적음에 상관없이 공부 관련 갈등 스트레스가 더 높음

자료: 현주 · 이재분 · 이혜영(2003). 한국 학부모의 교육열 분석 연구. 한국교육개발원, 252쪽.

오욱환(2000: 389-390)은 한국인의 높은 교육열은 한국 사회의 역사적 맥락 속에서 야기되고 고조되어 왔기 때문에 교육열을 완화시키거나 교육열과 관련된 문제들을 해결하기 위한 작업은 개인의 의식을 변화시키는 수준을 넘어서 국가 · 사회적 수준에서의 구조적 변화가 필요함을 주장한다. 한국사회의 교육열 문제는 단기적이고 획기적인 해결책보다는 장기적인 안목에서 개인, 국가, 사회 등 제반 차원에 의해 주체적이고 통합적인 접근으로 해결책이 강구되어야 한다는 것이다.

07

C/H/A/P/T/E/R

교육평등

1. 평등의 개념
2. 교육평등론
3. 교육과 사회평등

현대 사회는 모든 인간은 평등하다는 민주주의 사상 위에 수립되었다. 이전의 신분사회와는 달리 모든 인간은 평등해야 한다는 신념을 가지고 있다. 그러나 이러한 신념과는 달리 평등한 사회는 현실적으로 실현하기 어렵다. 그럼에도 학교교육은 사회평등을 구현하는 중요한 장치로서 여겨져 왔으며, 오늘날에도 그러한 믿음을 갖고 있다. 과연 교육평등을 통해 사회평등이 실현될 수 있는지, 교육평등은 가능한 것인지 탐색이 필요하다.

여기에서는 평등의 개념이 무엇이고 교육평등에 대한 관점의 변천과정과 내용을 살펴본다. 마지막으로 교육과 사회평등과의 관계를 제시하였다.

1. 평등의 개념

평등의 의미와 평등을 보는 관점은 다양하다. 여기에서는 평등의 개념을 기본적 평등관, 자유주의적 평등관, 급진적 평등관으로 구분하여 살펴보았다(김영화, 2010; 백승학, 2020).

첫째, 기본적 평등관은 모든 평등이론의 기초가 되는 원리를 담고 있다. 모든 인간은 존엄성과 가치에 있어서 동등하기 때문에 비인간적이거나 품위를 떨어뜨리는 처우를 해서는 안 된다는 것이다. 이 관점은 '~으로부터의 자유'라는 차원에서 평등을 이해하기 때문에 소극적인 평등관으로 불린다.

둘째, 자유주의적 평등관은 사회 내에 불평등, 즉 사회계층이 존재한다는 것을 전제로 한다. 이 관점은 계층화된 사회체제 내에서 교육과 직업이동 등 다양한 유형의 이동기회를 평등화하는 방향으로 추진하여야 한다고 주장한다. 불평등한 기회와 지위구조는 그대로 둔 채 기회와 지위를 분배하는 방식을 평등하게 하는 데 초점을 둔다. 이런 차원에서 이러한 평등은 분배적 평등관으로도 불린다.

자유주의 평등관은 평등실현의 전략에 따라 능력주의 평등관과 보상적 평등관으로 구분된다. 능력주의 평등관은 기회균등의 원리를 강조하여 모든 사람에게 동등한 기회를 주되, 인종, 성, 출신계층과 같은 귀속적 요인이 아니라 개인의 능력과 같은 성취요인에 따라 보상과 지위가 결정되는 것을 평등이라고 본다. 즉, 능력에 따라 사회적 지위를 배분하는 것을 평등이라고 본다. 이에 비해 보상적 평등주의는 사회적 약자들에게 더 많은 기회와 보상을 주어야 한다고 보는 관점이다. 롤스(J. Rawls, 1971)는 「정의론」에서 보상적 평등주의를 발전시켰는데, 부잣집에서 태어나는 것이라든가 혹은 더 많은 능력을 갖고 태어나는 것은 그가 의도한 것이 아니라 '자연의 복권추첨'과 같은 것이라고 보았다. 그는 자연의 복권추첨에 의해 받은 불이익을 사회가 보상해 주는 것이 정의로운 사회라고 보았다. 즉 정책의 관점에서 보면, 그동안 불이익을 받아왔던 사회적 취약계층에게 더 많은 공공서비스의 혜택을 주어서 그들이 갖는 취약성과 불이익을 제거해야 한다고 본다. 이는 복지주의 정책의 철학적 토대가 된다.

셋째, 급진적 평등관은 사회의 계층구조를 평등하게 만들어야 한다고 주장한다. 기본적 평등관이나 자유주의적 평등과는 달리 사회의 구조적 계층화와 불평등이 불가피하다는 것을 인정하지 않는다. 이 관점은 자유주의 평등관이 사회의 불평등을 제거하는 데 관심을 두기보다는 불평등한 지위를 재분배하는 방법에만 관심을 기울인다고 비판하면서 실질적인 경제적 · 정치적 평등의 중요성을 강조한다.

2. 교육평등론

서양에서 평등에 대한 관심은 루소, 로크 등의 계몽주의 사상가들이 출현하면서 시작되었다. 계몽주의 사상가들은 고대와 중세 서양의 보편적 사회구조인 계급의 존재를 부인하고 인간이 천부의 인권을 가지고 태어난다는 '천부인권설'을 주장하였다. 이들의 견해는 인간이 신이나 중세 봉건적 계층의 지배를 받는 것이 아니라 법 앞에 평등하다는 것으로 인간의 존엄성과 인권을 강조하였다. 여기에서 평등의 개념이 생성되고 발전되었다(정석환, 2017).

콜맨(J. Coleman)은 교육 평등관의 변천을 4단계로 정리하였다(**표 7-1** 참조). 즉, 산업화 이전의 단계, 초기 산업화 단계, 능력에 따른 기회균등 단계, 학습결과의 평등 단계로 구분하고, 시기별로 평등에 대한 개념이 확장 발전해 왔다.

표 7-1 콜맨의 교육평등의 변천 단계

단계	내용
산업화 이전의 단계	• 대가족제도 속에서 교육은 가정의 책임이며, 가족의 생산성을 유지하는 데 필요한 정도만 교육 • 오늘날과 같은 학교교육의 평등문제는 관심 밖
초기산업화 단계	• 산업혁명 이후 일반 국민을 대상으로 하는 초등교육을 의무 도입 • 중등교육과 고등교육은 상위계층에게 제공
능력에 따른 기회균등 단계	• 제2차 세계대전 이후에 등장한 평등관 • 사회경제적 제약 때문에 교육을 못 받는 일이 없도록 무상교육 실시 • 모든 청소년에게 교육기회를 허용

단계	내용
학습결과의 평등단계	• 학교에 다닐 수 있는 기회를 마련해 주는 것만으로는 부족 • 배울 것은 누구나 제대로 배워야 진정한 평등교육

자료: 이훈병 · 황성원(2017). 예비교사를 위한 교육사회. 창지사, 94-95쪽.

교육평등관은 크게 기회의 평등과 내용의 평등으로 구분해 볼 수 있다. 기회의 평등은 허용적 평등과 보장적 평등으로, 내용의 평등은 교육조건의 평등과 교육결과의 평등으로 구분할 수 있다. 여기에 사회개혁 평등관을 덧붙여 설명할 수 있다(김신일, 2005: 242-252).

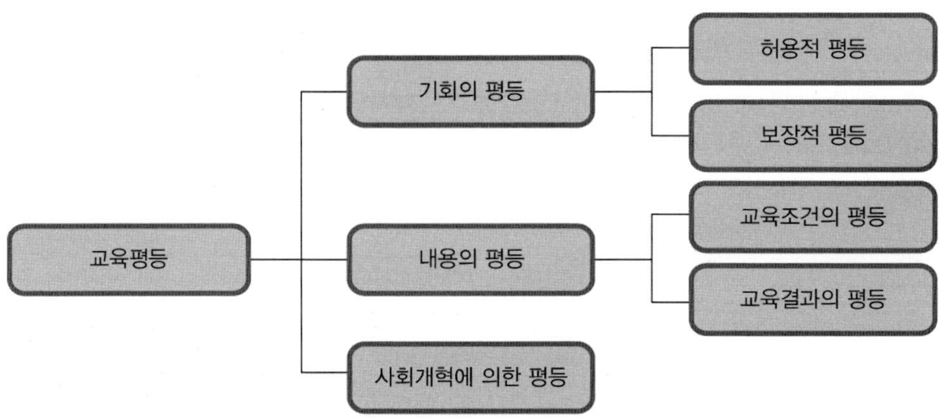

그림 7-1 **교육평등관 분류**

1) 교육기회의 허용적 평등

허용적 평등관은 모든 인간은 동일한 권리를 가지고 있고 교육을 받을 기회도 동일하게 허용되어야 한다는 관점이다. 교육의 기회를 차별 없이 모두에게 동일하게 제공하되, 그 기회 제공을 얼마나 효율적으로 이용할 수 있는지의 여부는 전적으로 개인의 능력과 의지에 달린 것이다. 국가나 교육을 관리하는 기관의 입장에서는 법률이나 제도를 통하여 누구나 동등하게 교육받을 기회를 보장해 주는 것이 중요한 이슈가 된다.

이러한 관점은 누구나 타고난 능력이 동일하다는 것을 의미하지는 않는다. 인간은 다른 수준의 능력과 다른 종류의 재능을 가지고 태어난다. 다만 지금까지 신분, 성, 종교, 지역, 인종 등을 이유로 차별받아 온 것을 극복하고 누구나 원하는 능력이 미치는 데까지 교육을 받을 수 있도록 허용하자는 입장이다. 허용적 평등관은 동일한 교육의 기회를 제공하고 개인의 능력과 노력에 수반되는 교육적 성취의 차이를 수용하는 입장이다. 인간이 타고난 능력은 다르다고 믿기 때문에 교육의 양은 능력에 따라 비례해야 한다고 생각한다. 따라서 교육기회는 아무에게나 주어서는 안 되며 엄격한 기준에 의한 선발과정을 거쳐서 주어져야 한다. 허용적 평등관은 능력주의 사상에 기초하고 있다.

2) 교육기회의 보장적 평등

보장적 평등관은 허용적 평등관을 보완하는 교육 기회의 평등 개념이다. 허용적 평등관은 제도적 차별 철폐를 통해 모든 사람에게 교육기회를 개방해 주었으나 교육기회를 허용하는 것만으로 완전한 교육평등이 실현되기는 불가능한 것이다. 경제적 능력이 없는 하류층 자녀들은 학교에 다니도록 허용된다 하더라도 교육을 포기할 수밖에 없다. 따라서 교육 평등을 실현하기 위해서는 취학을 가로막는 경제적·지리적·사회적 제반 장애를 제거해 주어야 한다. 즉, 교육의 기회를 제한하고 있는 환경적·사회적 변수를 극복하고 학교교육의 기회를 보장해 주어야 한다는 견해이다. 이러한 보장적 평등관이 성립되기 위해서는 국가나 교육당국이 책임져야 할 교육의 범위를 확정하고 그 범주에 속한 학습자에게 교육의 기회를 제공하기 위해서 투자되는 교육재정의 지출을 정당한 것으로 인정해야 한다. 이러한 맥락에서 의무교육제도를 실시하여 무상교육을 받도록 하고 있다. 또한 도서 산간 지역 학습자의 학습권을 보장하기 위해 별도의 교통수단을 지원하고 있다.

허용적 평등관과 보장적 평등관은 교육기회를 차별 없이 제공하는 데 의미가 있다. 그러나 단순히 교육의 기회를 허용하거나 보장한다고 해서 각 개인이 처한 사회경제적 차이를 감소시키고 사회적 불평등을 완화시키지는 못했다. 보장적 평등정책이 교육기회의 확대에는 기여했지만 계층 간 불평등을 완화시키지 못한 것이다.

3) 교육조건의 평등

교육조건의 평등은 교육과정(教育過程)의 평등의 개념과 유사하게 사용된다. 교육기회를 허용적·보장적으로 제공해 주었어도 학교시설, 교사의 수준, 학교 환경의 차이에 따른 교육적 차이가 존재할 수 있다. 근대에서 현대 사회로 전환되면서 교육의 기회가 획기적으로 확대되고 초등·중등 교육이 보편화되었다. 그러나 학교 간 시설과 교사의 수준과 같은 차이들은 교육의 양적 보편화를 따라가지 못했다. 이러한 환경에서 나타난 개념이 교육조건의 평등 개념이다.

교육조건의 평등은 학교 간의 차이를 없애자는 것으로 교육 여건을 평준화시키기 위해 투입 변인을 고려하는 것이다. 구체적으로는 학생 1인당 교육비, 학교 시설, 도서관, 교사의 질에 대한 평준화 정책인 것이다. 교육조건의 균등이 보장되지 않으면 학교 간의 교육여건이 차이가 날 뿐 아니라 그로 인해 발생되는 학업성취도의 차이가 상급학교 진학률에 영향을 주게 된다.

콜맨은 학교도서관, 교과서, 교육과정, 교수방법, 교사의 능력 등과 같은 학교 차이가 학생들의 실제 성적에 어떻게 반영되는가를 분석하였다. 그는 교육평등을 학교 차이에 초점을 두고 분석하였다. 그러나 학교의 교육조건 차이가 학생들의 성적 차와 관련이 없고 오히려 학생들의 가정배경과 친구집단이 훨씬 강한 영향을 주었다는 결론을 내었다. 이러한 콜맨 보고서(Coleman Report)가 발표된 이후 많은 교육학자들은 반론을 제기하며 교육조건의 차이가 학생들의 학업성취에 영향을 준다는 연구결과를 후속적으로 발표하였다. 이들은 설사 콜맨이 교육조건의 평등화가 학업성취에 영향을 크게 주지 않는다는 연구 결과를 발표하였지만 학생들은 누구나 동일한 교육조건하에서 교육받을 권리가 있다는 점에서 교육조건을 평등화하기 위한 국가 차원의 노력은 중요하다고 제기하였다.

4) 교육결과의 평등

교육 조건이 평등하더라도 교육결과의 평등이 보장되지 않는 것으로 밝혀지면서 교육결과, 즉 학업성취의 평등을 위한 적극적 조치를 취해야 한다는 주장이 제기되었다. 교육결과가 같아야 진정한 교육 평등이라는 것이다. 배경이나 능력이 다른 학생도 최종적으로 학교를 떠날 때는 학력이 평등해야 하며, 이를 위해 우수한 학생보다 열등한 학생에게 더 많은 투자를 해야 한다는 입장이다. 교육조건의 평등 요인을 밝히고자 진행된 콜맨의 연구는 교육기회에 대한 관심을 기회의 평등에서 결과의 평등으로 전환하는 계기가 되었다. 즉, 단순히 학생들에게 학교에 갈 기회를 보장해 주거나 학교의 시설을 일정 수준 이상으로 만들어 주는 것만으로 교육의 평등이 실현되지 않는다는 것이다.

미국의 'Head Start', 'First Book', 'Talent Project', 영국의 'Sure Start', 'Book Start', 캐나다의 'Fair Start', 일본의 'Angel Plan' 등은 가난의 세습을 단절하고 가난의 굴레에서 벗어나 공정한 출발을 하기 위한 대표적인 프로젝트이다. 이러한 프로젝트들은 불우한 교육환경에 있는 학습자의 문화적 결손을 보충하기 위해 제공하는 보상교육(Compensatory Education)이라 할 수 있다. 결과의 평등을 위한 교육은 저소득층의 취학 전 어린이들에게 기초학습능력을 길러주어서 이들이 학교교육에서 뒤떨어지지 않도록 예비적 조치를 취하는 것이다. 많은 연구들은 불우가정에 태어난 어린이들은 가정환경이 좋지 않기 때문에 기초학습능력을 개발시키지 못한 것이 취학 후에 그들의 성적을 낮게 하는 주요 원인이라고 보면서 조기교육의 필요성을 강조해 왔다. 우리나라에서 실시하고 있는 교육복지 우선지원 사업, 대학 입학 농어촌 특별전형제도 등이 이러한 보상교육의 전형적인 예라 할 수 있다.

교육결과를 평등하게 하기 위해서는 교육기회의 허용적 평등관에서 이루어진 정책과는 완전하게 상반되는 정책을 추진해야 한다. 교육기회의 허용적 평등은 누구나 원하고 능력이 있는 사람에게 교육기회를 제공한다. 그 결과 능력이 있는 사람들이 교육의 혜택을 더 많이 받게 된다. 그런데 교육결과의 평등을 이루기 위해서는 능력이 있는 사람보다는 능력이 없는 사람에게 더 많은 교육적 혜택을 주어야 한다. 학습능력이 높은 학생보다는 낮은 학생들에게 더 많은 시간을 학습지도에 투입해야만 결과가 비슷해질 수 있기 때문이다. 경제적인 측면에서도 성적이 우수하기 때문에 장학금을 주는 것보다는 경제적으로 어려운 학생들에게 장학금 혜택을 확대해야만 학업을 계속 유지할 수 있는 확률이 높아진다. 따라서 교육결과의 평등을 실현하기 위해서 과거와는 달리 정책의 수혜자들이 바뀌는 이른바 '역차별' 현상이 발생하게 되었다.

이러한 역차별이 정당화되는 이유는 무엇인가. 롤스가 「정의론」에서 주장하는 '보상적 평등주의'에 해당되기 때문이다. 즉, 자연이 만든 불평등을 보상해 주는 사회가 정의로운 사회라는 것이다. 같은 맥락에서 보면 샌델(Michael J. Sandel)은 「정의란 무엇인가」를 통해 자유주의적 윤리의 토대를 이루는 공리주의 이론을 비판하면서 공동체의 의무를 강조하고 있다. 그는 개인의 능력에 따른 차별적 보상을 정당화하고 있는 믿음에 대해 개인 능력의 근거를 묻는다. 즉, 우리가 능력이라고 믿어왔던 많은 것들은 사실 능력이라기보다는 롤즈가 언급한 '자연의 복권'에 지나지 않는 것이다. 공부를 잘하는 능력은 개인이 성취한 것이 아니라 부모로부터 우연히 물려받은 것이다. 따라서 개인의 능력에 의한 차별적 보상은 사회를 정의롭게 만들지 못한다는 것이다. 그는 정의란 미덕을 키우고 공동선을 추구하는 것이라고 보았다(백승학, 2020: 132).

5) 사회개혁에 의한 교육 평등

앞서 살펴본 교육평등에 대한 관점들은 모두 교육의 평등화는 교육체제의 변화를 통하여 달성할 수 있다는 믿음을 가지고 있다. 그러나 사회개혁의 평등은 교육이 사회구조에 의해 결정되기 때문에 교육평등은 교육개혁만으로는 달성하기 어렵고 전체 사회가 변화되어야만 가능하다고 보는 입장이다. 교육평등은 교육체제의 문제가 아니라 사회구조의 문제라고 주장하는 사람들이 마르크스주의자들이다. 이들은 자본주의 사회의 교육문제는 그 사회가 지니고 있는 모순의 반영이기 때문에 그 문제는 사회 자체의 모순이 해소됨으로써만 해결된다고 주장한다. 동일한 논리로 교육불평등은 사회불평등의 반영에 불과하므로 사회가 평등해지기 전에는 교육도 평등해지지 않는다는 것이다.

마르크스주의자들은 혁명 또는 사회개혁을 통하여 교육을 조건 지우고 있는 사회구조를 평등하게 만드는 것이 최선의 교육평등화 방안이라고 인식한다. 자본주의 경제구조를 그대로 유지한 채 교육의 불평등은 언제까지나 지속될 수밖에 없다는 것이다. 혁명을 통한 사회개혁, 이것이 유일한 교육평등화의 길인 것이다. 그러나 이러한 주장은 경제결정론에 기울어져 있어서 교육평등 문제를 지나치게 단순화하고, 교육의 평등문제를 교육체계의 밖으로 끌어냄으로써 교육을 외면하게 만드는 잘못을 범하고 있다(김신일, 2005: 251-252).

3. 교육과 사회평등

앞서 살펴본 바와 같이 교육평등을 바라보는 관점은 다양하다. 평등을 어떻게 보는가에 따라 교육평등을 실현하려는 관점 또한 다르다고 할 수 있다. 교육평등관은 평등을 실현하고자 하는 교육정책에 많은 영향을 주었다. 그러면 과연 교육은 사회평등에 어떤 영향을 주는가.

교육이 사회평등에 미치는 영향은 크게 세 가지 관점으로 구분해 볼 수 있다. 첫째는 능력주의와 평등주의 관점에 기초한 평등화론, 둘째는 마르크스주의 관점에 기초한 불평등 재생산론이며, 셋째는 교육과 사회평등은 관계가 없다는 무관계론을 들 수 있다(김신일, 2005; 271-293; 백승학, 2020: 134-142).

1) 평등화론

프랑스 혁명 이래로 진보주의자 또는 자유주의자들은 학교가 모든 사람의 삶의 기회를 평등하게 만드는 가장 중요한 기관이라고 믿었다. 19세기 미국의 초등 의무교육 운동에 앞장섰던 호레이스 만(Horace Mann)은 교육을 '위대한 평등장치(the great equalizer)'로 불렀다. 1960년대와 1970년대 미국과 유럽에서 추진되었던 불우계층의 아동들을 위한 대대적 보상교육 프로그램도 이러한 신념을 바탕으로 이루어졌다.

학교가 사회평등을 위한 장치라는 생각에는 두 가지 내용이 포함되어 있다. 하나는 교육을 통하여 불평등 구조를 해소 또는 축소시킨다는 평등주의 관점이다. 이 관점은 사회를 평등하게 만드는 것은 사회불평등 구조를 없애거나 축소하겠다는 의미이다. 즉, 한 사회 내에서 불평등구조인 계층격차를 줄이면 그만큼 평등해진다. 다른 하나는 능력주의 관점으로 교육을 통하여 사회적 지위를 능력위주로 결정한다는 것이다. 이러한 능력주의는 계층구조는 그대로 놔두더라도 개개인의 계층 배치에서 능력중심으로 이루어지면, 과거의 귀속주의에 의한 사회불평등이 해소된다는 것이다. 사람들의 사회 내 지위를 능력에 따라 결정하면 그만큼 평등해진다는 것이다. 이와 같이 평등주의 관점과 능력주의 관점은 각기 다른 의미에도 불구하고 혼동하여 사용하는 경우가 많다.

(1) 해비거스트의 평등화 주장

해비거스트(R. Havighurst)는 학교교육이 사회불평등을 없애거나 줄일 수 있다고 주장한 대표적인 학자이다. 그는 미국, 브라질, 영국, 오스트레일리아의 자료를 분석한 후 교육은 사회적 상승이동(social upward mobility)을 촉진함으로써 사회평등화에 이바지한다는 결론을 내렸다. 그는 사회적 이동을 개인이동과 집단이동으로 구분하고, 상승이동을 가능하게 만드는 요인을 각각 세 가지씩 들었다. 개인이동은 한 계층으로부터 다른 계층으로 이동하는 것을 의미하고, 집단이동은 도시노동자들이 수입, 지위 등에 있어서 집단 전체의 계층 수준이 상하로 이동하는 것을 의미한다.

해비거스트는 개인상승이동의 요인으로 ① 중간계급과 기능 인력의 구성비를 높이는 방향으로 노동력 구조를 변화시켜 생산성을 향상시키는 과학기술의 발달, ② 상류계급의 자녀출산력 감소를 통한 계급재생산의 약화, ③ 개인의 재능과 노력을 들고 있다.

집단상승이동의 요인으로는 ① 생산성을 높이는 과학기술의 발달, ② 증가된 사회적 소득의 분배, ③ 소득증가집단에 의한 상급지위 상징(가구, 자녀교육, 의복 등)의 구매이다.

해비거스트는 과학기술의 발전으로 직업구조의 하층이 줄어들고 중간과 상층이 커지는 방향으로 변하는 한편, 교육이 사람들의 직업능력을 향상시키기 때문에 사회는 점차 평등해진다고 하였다. 실제로 산업화가 진행되면서 직업구조는 종전의 하위직종이 감소되고 중위 내지 상위직종이 비대해지는 추세를 나타냈다.

교육은 한 사회 내의 계층 상승이동을 촉진하므로 교육의 보편화는 평등사회에 이르는 촉진제가 된다는 것이다. 교육은 소득분배구조를 재편성하고 직업구조의 성격을 바꾸어 놓음으로써 평등사회를 이루는 데 견인차 노릇을 할 수 있다고 본다.

(2) 블라우와 던컨의 직업지위획득모형

그러면 사람들의 직업결정에 교육이 실제로 작용하는가. 블라우와 던컨(Blau & Duncan, 1967)은 「미국의 직업구조」라는 책을 통해 '지위획득모형'에서 그 답을 찾고 있다. 그들은 직업지위를 결정하는 데 영향을 미칠 것이라고 생각하는 독립변인으로 아버지의 직업, 아버지의 교육수준, 본인의 교육수준, 본인의 첫 번째 직업의 네 가지 변인을 설정하였다. 그리고 이것이 교육에 미치는 영향을 다중회귀분석하여 나온 회귀계수를 경로계수로 활용하는 고전적 경로모형을 구축하였다. 앞의 변인은 두 가지 성격을 갖는데 부모의 직업과 부모의 교육수준은 배경적 요인이다. 반면, 본인의 교육수준과 본인의 첫 번째 직업은 본인 요인이다. 만일 이 요인들 중 배경 변인이 직업을 결정하는 데 많은 영향을 미친다면 그 사회는 귀속적 요인에 의해 영향을 받는 사회이고 본인 요인에 의해 영향을 많이 받는다면 능력에 의해 직업이 결정되는 사회라고 해석할 수 있다. 이들의 연구결과는 **그림 7-2**와 같다.

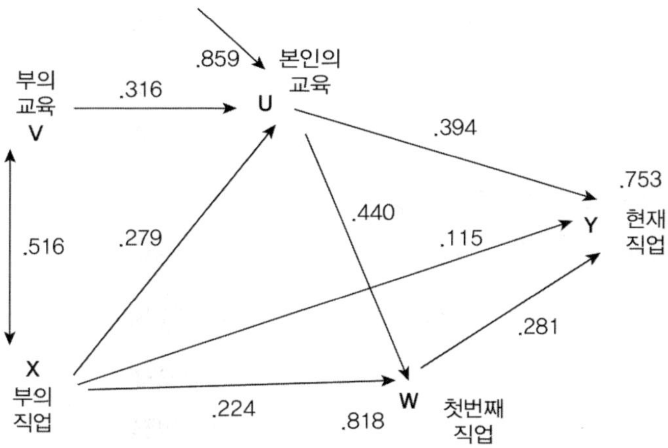

그림 7-2 블라우와 던컨의 직업지위결정의 경로 모형

자료: Blau, P. M. and Otis, D. Duncan(1967). American Occupational Structure. John Wiley, p.170.

표 7-2 블라우와 던컨의 직업지위 회귀분석결과

종속변수	독립변수				R2
	부의 교육	부의 직업	교육	본인 첫 직업	
현재직업		.115*	.394*	.281*	.43

자료: Blau, P. M. and Otis, D. Duncan(1967). American Occupational Structure. John Wiley, p.174.

그림 7-2의 경로모형에서 나타난 바와 같이 현재의 직업에 직접적인 영향을 미치는 요인들은 본인의 교육(.394), 본인의 첫 번째 직업(.281), 부의 직업(.115) 순으로 나타났다. 이는 본인의 요인이 배경요인인 부모의 직업보다 많은 영향을 미치며, 그 중에서도 본인의 교육이 가장 많은 영향력을 미치고 있음을 보여준다. 블라우와 던컨은 개인이 받은 교육과 초기 경험이 그의 직업적 성공에 큰 영향을 미치며, 이러한 영향력은 배경요인보다 더 강하다는 결론을 내렸다. 즉, 직업을 결정하는 데 있어서 교육이 가장 많은 영향을 미치기 때문에 교육을 통해 능력주의 사회를 만들 수 있다는 믿음이 강조된다.

(3) 인적자본론자들의 주장

인적자본론자들은 교육을 소득을 향상시키는 중요한 요인으로 설명한다. 대표적으로 슐츠(T. W. Schultz)는 "인간자본에의 투자는 개인적 생산성을 증대시킬 뿐만 아니라 급속한 경제성장을 위해 요구되는 노동력의 기술의 기초를 형성한다."고 주장하면서 교육이 인간의 경제적 가치를 상승시키는 중요한 요인이라고 설명한다. 그는 교육수준이 증가하면 생산 수준이 증가하고, 이는 개인의 소득수준과 지위 수준의 향상을 보장한다고 보았다.

인적자본론자들은 공통적으로 다음과 같이 교육을 소득분배 평등화의 중요한 장치로 인식한다. 첫째, 교육을 통해 저소득층의 생산성 향상과 소득을 향상시킨다. 둘째, 교육이 보편화됨에 따라 미숙련 노동자들의 공급이 줄게 되면 그들의 희소가치 때문에 소득이 향상된다. 셋째, 교육받은 기술인력의 공급증가는 고액 소득자의 소득증가를 둔화시킨다는 것이다.

이상과 같이 평등화를 주장하는 학자들은 교육이 계층상승이동을 가능하게 하므로 교육의 보급은 특히 하층민들에게 상승이동의 기회를 줌으로써 점차적으로 사회가 평등해진다고 설명한다.

2) 불평등 재생산론

마르크스주의자를 비롯한 갈등론자들은 교육에 대해 부정적 입장을 갖고 있다. 이들은 교육을 불평등한 사회를 재생산하는 주요한 수단이라고 주장한다. 교육은 사회평등에 이바지하기보다는 오히려 장애가 되어 불평등을 더욱 조장한다는 것이다. 왜냐하면 교육은 지배층의 이익에 봉사하는 장치이기 때문이다.

여기에서는 불평등 재생산론의 설명을 뒷받침하는 보울즈와 긴티스(Bowles & Gintis)의 연구와 롸이트와 페론(Wright & Perrone)의 연구결과를 중심으로 제시하였다(김신일, 2005: 282-289; 백승학, 2020: 138-141).

(1) 보울즈와 긴티스의 자본주의 사회에서의 학교교육

보울즈와 긴티스(Bowles & Gintis)는 「자본주의 미국에서의 학교교육」(1976)이라는 저서를 통해 미국 자본주의 사회에서의 교육의 재생산 기능을 체계적으로 설명하고 있다. 학교는 기본적으로 경제적 · 사회적 기관이기 때문에 사회를 떠나서 학교만을 이해하는 것은 불가능하며, 미국의 학교는 학생들이 유산계급에 유리한 가치관과 태도를 갖게 되면서 기존의 불평등한 지배구조를 재생산한다고 비판하였다.

이들은 미국의 교육사를 분석함으로써 미국은 역사적으로 사회평등화가 아니고 교육을 통해 사회불평등을 재생산하고 합리화해 왔다고 다음과 같이 주장하였다.

첫째, 미국의 학교는 평등을 추구하기 위해 발전한 것이 아니라 훈련받은 기술인력을 자본주의 기업가들에게 공급하고 정치적 안정을 위한 사회통제의 장치로 필요하였기 때문에 발전한 것이다.

둘째, 교육받은 기술인력의 경제적 중요성이 높아지면서 기존 계급구조를 다음 세대에 그대로 재생산하기 위해 학교제도의 불평등이 점점 더 중요하게 되었다.

셋째, 미국의 학교제도는 지난 반세기 동안 줄어들지 않고 있는 계급 불평등에 오염되고 있다.

넷째, 학교위원회나 기타 교육정책 결정기구에 대한 관리가 불평등하기는 하지만 이것만으로는 교육제도의 불평등성을 충분히 설명하지 못한다. 교육불평등의 원천은 학교제도 안에 있지 않고 학교 밖의 계급구조, 나아가 그러한 계급구조를 발생시킨 자본주의 경제체계에 있다는 것이다.

결국 교육은 사회불평등을 존속시킴으로써 기득권을 지닌 층에게 봉사한다는 것이다. 뿐만 아니라 학교교육이 능력주의에 따라 실시되며, 교육수준에 따라 인재를 적재적소에 배치하는 것처럼 위장함으로써 불평등구조의 존속을 정당화하기까지 한다고 설명한다.

(2) 롸이트와 페론의 소득에 대한 교육효과의 집단별 분석

롸이트와 페론(Wright & Perrone, 1977)은 교육이 사회평등화에 아무런 기여도 못하고 기존의 소득불평등 구조를 재생산한다고 설명한다. 이들은 교육수준이 소득에 미치는 영향을 직업별, 성별, 인종별로 비교 분석함으로써 교육과 계층구조와의 관계를 밝히고자 하였다. 이들은 개인의 소득에 대한 계급, 직업, 지위, 교육수준, 경력의 영향력을 다중회귀분석하였다. 특히 교육이 소득에 미치는 영향을 고용주, 관리자, 노동자와 같은 계층별, 백인과 흑인의 인종집단별, 남과 여의 성별 집단으로 구분하여 분석하였다. 연구결과는 교육이 소득에 미치는 영향을 계층별로 구분하였을 때 고용주, 관리자, 노동자의 순으로 교육의 효과가 높은 것으로 나타났다. 관리자 집단에 대해 성별 효과를 분석한 결과는 백인남성, 흑인남성, 백인여성의 순으로 나타났으며, 노동자 집단에서는 백인남성, 흑인남성, 흑인여성, 백인여성의 순으로 나타났다(**그림 7-3** 참조).

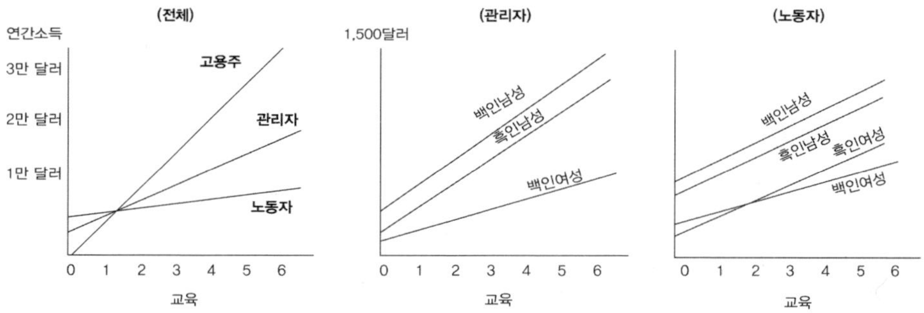

그림 7-3 계급별 소득과 교육의 관계

자료: Wright E. & Perrone L.(1977). Marxist Class Categories and Income Inequality. American Sociological Review, 42(1), p.45.

연구결과는 소득에 대한 교육의 효과를 계층별로 보았을 때, 이미 사회적으로 높은 지위에 있는 순으로 효과가 높게 나타나고 있다. 그 외의 분석에 있어서도 인종별로는 흑인보다는 백인에게서 높게 나타났고, 성별로는 여성보다는 남성에게서 높게 나타나고 있다. 이러한 결과는 낮은 계층보다는 이미 사회적으로 높은 계층, 주류 집단에게서 교육의 효과가 크다는 것을 증명하고 있다. 즉 교육이 사회를 평등하게 만들려면 상층에게 나타나는 효과보다 하층에게서 나타나는 효과가 커야 사회가 평등해지는데, 오히려 교육의 효과는 상층에게서 높게 나타나고 있는 것이다. 이러한 결과는 교육이 상층에게 봉사하는 장치라는 주장을 뒷받침해 주고 있다.

실제로 우리나라에서도 변호사, 의사와 같이 매우 전문적인 직종에서 보수수준이 높으면서 동시에 접근기회가 상층에 의해 독점되는 경향을 보이고 있다. 어떤 직종은 고등교육의 학력을 요구하지만, 접근기회가 쉬운 반면 보수수준이 낮아서 교육의 투자 수익률이 매우 낮게 나타난다. 그런데 이렇게 접근기회가 용이한 경우는 주로 낮은 계층에서 교육점유율이 높다. 이러한 현상은 불평등 재생산론자들이 주장하는 것과 같이 교육의 효과가 상위계층에서 유리하게 나타나고 있음을 보여주는 사례이다.

3) 무관계론

앞서 살펴본 평등화론과 불평등 재생산론자들은 교육이 사회의 평등에 기여한다거나 또는 오히려 불평등을 재생산한다고 주장하면서 교육과 사회평등 간에 밀접한 관련성이 있음을 증명하고자 하였다. 그러나 교육과 사회평등에 관한 실증적 연구를 면밀하게 검토하면서 교육과 사회평등 간에는 큰 관계가 없다는 무관계론이 제기되어 왔다.

1950년대부터 1970년대 초반까지 미국의 소득분배 상황과 교육분배 상황을 비교 분석한 치스위크와 민서(Chiswick & Mincer, 1972)에 의하면, 교육의 불평등은 일관되게 개선되어 왔지만, 소득의 불평등은 개선되지 않는 경향을 보인다는 것이다. 써로우(L. Thurow, 1972) 역시 비슷한 시기의 미국의 소득분배와 교육분배 상황을 분석한 뒤에 동일한 결론을 내렸다. 그는 소득분배구조의 개선을 학교교육에 기대하는 것은 부질없는 일이라고 강조하면서, “경제적·사회적 문제의 치유를 위한 사회정책을 교육에 의존하는 것은 부질없을 뿐만 아니라 가장 비효과적인 방법”이라고 결론지었다.

젠크스(C. Jencks et al., 1972)도 비슷한 결론을 내렸다. 그는 소득에 영향을 미칠 것으로 예상되는 변인으로 가정배경, 지적 능력, 교육수준, 직업지위 등을 설정하고 이들 변인이 소득에 미치는 영향을 회귀분석하였다. 분석 결과 변인 전체의 설명량은 불과 12~15퍼센트에 불과하였으며, 교육의 효과는 약 7퍼센트에 불과하였다. 이러한 결과는 소득에 영향을 미친다고 예상되는 변인들을 모두 투입하여도 85퍼센트는 설명할 수 없는 요인에 의해 결정된다는 것이다. 젠크스는 학교는 소득에 영향을 미치지 못하며, 소득은 운(luck)에 의해 결정된다는 냉소적인 결론을 내렸다. 결국 교육은 사회평등과는 아무런 관련이 없다는 것이다.

이 밖에도 앤더슨(Anderson, 1961)은 미국, 스웨덴, 영국의 자료를 분석하면서 사회평등에 있어서 학교교육의 무효과론을 주장하였다. 프랑스의 사회학자 부동(Boudon, 1977) 역시 "교육기회가 확대되고 교육기회의 평등이 이루어져도 사회의 평등은 이루어지지 않는다"고 결론 내리고 있다.

이상과 같은 학교교육의 사회평등에 대한 무효과론은 국가가 사회평등을 위해 교육에 투자할 가치가 없다는 것을 간접적으로 보여준다. 그러나 많은 학자들은 교육이 사회평등과 관계가 없다는 것은 교육의 효과가 없다기보다는 교육의 효과를 찾아내지 못한 것이라고 비판한다. 설사 학교교육이 사회의 평등 또는 불평등에 아무런 효과를 발휘하지 못한다는 주장이 사실이라고 해도 학교교육이 무용한 것은 아니다. 학교는 교육기관으로서 사람들의 지적·인격적 성장을 효과적으로 돕고 있으며, 사회화에 기여한다는 것 자체가 학교교육의 효과성을 나타내는 것이기 때문이다.

08

C/H/A/P/T/E/R

교육격차 요인과 교육양극화

1. 교육격차의 개념과 접근 모형
2. 교육격차의 결정 요인
3. 교육의 양극화

모든 국민은 능력에 따라 균등한 교육을 받을 권리를 갖는다. 그러나 「헌법」상의 권리와는 달리 현실은 부모의 사회경제적 지위에 따라 교육격차가 심화되고 있다. 이는 교육양극화, 사회양극화 현상으로 이어지면서 교육이 사회경제적 지위의 대물림 수단이 되고 있음을 보여준다. 전통적으로 사회이동의 가장 효과적인 수단으로 인식되어 왔던 교육이 계층고착화 또는 양극화의 핵심요인으로 간주되고 있는 것이다.

여기에서는 교육의 격차에 주목하여 교육격차의 의미가 무엇이고, 교육격차에 영향을 주는 요인이 무엇인가를 알아본다. 또한 교육격차로 인한 교육양극화가 어떻게 나타나고 있는가를 살펴본다.

1. 교육격차의 개념과 접근 모형

1) 교육격차의 개념

어느 사회이든지 교육의 차이가 없는, 그래서 모든 사람들이 동일한 교육을 받고 동일한 교육결과를 얻는 사회는 현실적으로 존재하지 않는다. 일등이 있으면 꼴찌가 있게 마련이고, 좋은 학교가 있으면 그렇지 못한 학교가 있기 마련이다. 물론 이러한 차이를 최소화하기 위한 노력은 필요하지만 이러한 차이를 완전하게 해소하기는 거의 불가능하다. 즉, 교육격차라는 것이 현실적으로 나타날 수밖에 없는 것이다.

교육적 차이는 어떤 조건이 주어지면 불평등 문제로 발전할 수 있다. 그러나 교육격차가 반드시 사회불평등은 아니다. 고등학교 계열 분리와 같이 학교교육은 학생들의 적성이나 능력에 따라 어느 정도 계층화되어 있다. 비록 소수이기는 하지만 과거 가난한 집안 출신의 학생들이 명문대학을 통해 더 나은 사회적 지위를 획득하였던 것처럼 계층화된 교육구조는 어떤 경우에 사회이동의 수단이 되기도 한다. 그러나 교육의 계층화는 대체로 사회적 불평등 구조를 반영하고 있을 가능성이 많다는 데 문제가 있다. 하위계층 학생들은 대체로 학업성취 수준이 낮으며 교육수준이 낮은 학교에 다닐 가능성이 많다. 반면에 상위계층 학생들은 선별된 명문학교에 다니며, 성취수준도 높은 편이다. 교육의 차이가 사회적 계층에 따라 불평등하게 배분되도록 고정화되어 있을 때 단순한 교육적 차이가 사회적 불평등의 문제로 이어진다(류방란 외, 2006).

이런 점에서 볼 때 교육격차라는 개념은 단순한 교육적 차이가 아닌 불평등, 또는 간극의 분절적 확대라는 의미가 내포되어 있다. 흔히 교육격차는 교육 불평등이나 학업성취(학력) 격차의 문제와 동일한 맥락에서 접근하려는 경향이 일반적이다. 우선 교육 불평등은 교육격차와 같은 문제의식에서 출발하지만, 그 주안점은 교육에 대한 이념적·사상적 그리고 더 나아가 상징적 관점을 강조하고 있다. 이에 비해 교육격차는 현상적·실제적·가시적 성격을 갖는다. 교육격차는 교육의 불평등 문제에 보다 구체적이고 쉽게 접근 가능한 개념이라 할 수 있다(김병성, 2003).

우리 사회에서 교육격차라는 용어가 주목을 받게 된 것은 교육복지에 관한 담론이 성행한 2000년대 초반이라고 할 수 있다. 교육격차의 개념이 외환위기 이후 사회양극화에 대한 우려와 교육양극화에 따라 심화되는 불평등에 대한 우려를 배경으로 사용되기 시작한 것이다(류방란 외, 2006).

교육격차는 사회 및 학교의 사회구조적 측면과 함께 기능적 측면에서 교육의 과정과 결과적 측면을 함께 고려한 관점이다. 투입요건으로서의 기회균등의 격차, 교육실천 활동에서 야기되는 교육과정에서의 격차 그리고 교육의 결과로 발생하는 교육효과의 격차를 포괄하는 거시적 개념이다(김병성, 2003).

한편, 교육격차라는 용어는 학업성취 격차라는 용어와 혼용해서 쓰기도 한다. 2000년대 중반 정부 문서에서 교육격차라는 용어가 소득수준이 다른 계층 간 교육기회의 격차라는 의미로 사용되었다. 이에 비해 정부를 비판하는 입장에서는 학업성취도 격차라는 의미로 사용하기도 하였다(양희준, 2014). 교육격차는 교육결과인 학업성취 격차의 발생 요인이 무엇인가를 밝히는 데 관심을 둔다.

교육격차는 교육평등의 개념과 관련지어 다양하게 해석된다. 교육격차의 해소는 곧 교육평등을 실현하자는 의미이다. 역사적으로 볼 때 교육평등은 초기에는 취학기회의 평등을 의미했다. 이후에는 점차 교사의 질이나 학교 시설과 같은 교육여건의 평등을 의미하게 되었으며, 더 나아가 모든 학생이 일정 수준 이상의 성취에 도달해야 하는 교육결과의 평등 개념으로 발전해 왔다.

2) 교육격차의 접근 모형

교육격차를 살펴보기 위해서는 어느 시점에서 교육격차가 이루어지는가에 대한 체계적인 접근이 필요하다. 선행연구들은 교육기회, 교육여건, 교육결과 등의 관점에서 교육격차를 분석해 왔다. 이런 점에 착안하여 여기에서는 교육격차의 접근 모형을 교육투입, 교육과정, 교육결과로 구분하여 살펴볼 수 있다(**그림 8-1** 참조). 이 모형은 교육기회에 해당하는 사회의 지배구조 및 교육제도, 이념이 학교 내 교사-학생 상호작용에 영향을

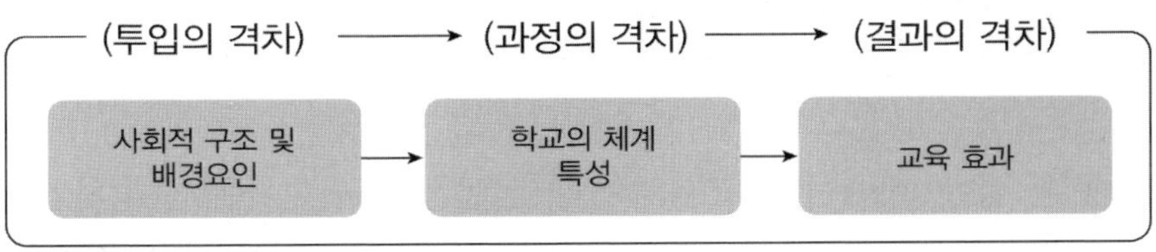

그림 8-1 **교육격차의 접근 모형**

자료: 김병성(2018). 교육사회학: 학교사회-문화분석. 학지사, 203쪽.

주며, 이는 교육의 결과인 학업성취의 격차로 이어지는 역동적인 과정의 흐름을 나타낸다.

첫째, 교육투입에 있어서 나타나는 교육격차이다. 이는 학교 외적인 특성으로 학부모의 부의 정도, 사회계층, 권력, 지위 등에서 오는 격차이다.

둘째, 학교교육의 과정(process)에서 나타나는 교육격차이다. 이는 학교 자체의 특성 변인인 학교의 인적구성, 교육내용, 실천과정, 학습풍토, 학교시설 및 예산 등에서 나타나는 격차라 할 수 있다. 교실에서의 상호작용에 대한 연구들은 주로 학교 구성원들 간의 언어적 상호작용에 관한 연구와 교실 내에서 학생에 대한 교사의 범주화 과정에 대한 연구, 그리고 교사의 기대에 관한 연구 등에 집중해 있다.

셋째, 교육결과로써 나타나는 교육격차이다. 이는 학업성취 수준 차이와 상급학교 진학의 차이 등으로 나타난다. 또한 학업성취는 인지적 및 비인지적 측면과 관련된다.

이러한 접근 모형은 교육격차에 관련된 학교의 외적 요인이 학교의 내적인 교육체제나 과정에 깊숙하게 반영되며 복합적인 형태로 나타난다는 것을 보여준다. 이 모형은 교육격차에 주는 영향 요인이 무엇인가를 이해하는 데 도움이 된다.

2. 교육격차의 결정 요인

그동안 많은 학자들이 교육격차의 원인이 무엇인가를 규명하기 위해 많은 연구를 해 왔다. 그러나 이러한 요인들을 명확하게 밝히기는 쉽지 않다. 일반적으로 제시되는 교육격차의 결정 요인으로 지능과 사회경제적 배경, 학교의 교육환경, 지역으로 구분해 볼 수 있다.

1) 교육격차와 지능

지능검사가 실시된 역사적 배경은 갈톤(F. Galton)이 영국의 빅토리안 지배계급 남자들의 지적 능력을 연구한 데서 비롯되었다. 당시 지배계급은 산업혁명과 도시화 현상으로 파생된 사회적 혼란과 갈등 속에서 자신들의 지위를 계속 유지할 필요성을 갖게 되었다. 이에 빅토리안 지배계급은 갈톤에게 자신들의 지적 능력의 우월성을 입증시켜 줄 것을 요구하였다. 결국 갈톤은 빅토리안 지배계급이 사회적으로 유리한 지위를 차지하는 것은 적자생존의 원리에 따라 자연적 적합성이라고 결론을 내리면서 지능에 대한 이론이 시작되었다.

이후 서구에서는 산업혁명과 더불어 해외식민지 개척에 필요한 우수한 인재가 요구되었다. 이러한 상황에서 갈톤은 피어슨(K. Pearson) 등과 함께 우생학이라는 새로운 학문을 발전시켰고, 프랑스의 생리학자 비네(A. Binet)는 우생학을 토대로 정신능력을 측정하기 위한 테스트를 고안해 냈다. 비네의 지능검사는 특수교육을 필요로 하는 아동을 분류 선별하는 데 이용되었고, 지능의 가변성(可變性)을 지지하는 데 일조하였다(김병성 역, 1991).

그러나 지능검사는 미국을 중심으로 급속하게 발전되어 왔다. 미국에서 지능검사가 발전될 수 있었던 것은 미국사회의 전통 속에서도 선별적 인종개량을 통해 국민의 질을 통제하려는 우생학적 바탕이 흐르고 있었기 때문이다. 여기에 사회의 상류계층(White Anglo-Saxon Protestant, WASP)의 지위 유지라는 이해가 반영되어 있다. 또한 미국으로 이민 오는 사람들이 늘어나면서 통제하지 않으면 미국인의 혈통이 약화될 것이라는 두려움(최상급 계층의 지위에 대한 위협)이 있었기 때문이다(이종각, 1996: 207). 이 같은 배경에서 지능검사는 우생학적 전통 속에서 지적 능력이 우수한 자를 선별하기 위한 수단이었던 것이다.

지능 결핍론(IQ-deficit theory)은 교육격차의 원인을 학생의 능력 차이로 설명한다. 즉, 교육격차의 원인을 '너 자신이 남보다 똑똑하지 못해서……'로 간주한다. 학업성취도 격차는 개인의 낮은 지능지수에서 비롯된다고 보는 이론이다. 지능의 유전적 결핍이나 저소득 계층에 속한 아동들이 학교생활이나 교사와의 관계에서 다른 아동에 비하여 적극적이거나 활발하지 못하며, 이는 궁극적으로 학업성취에서 실패하거나 저조한 결과를 가져온다는 것이다(김병성, 2018).

지능격차에 관하여는 유전결정론과 환경결정론이 계속 논쟁 중이며, 지능의 결정요인은 유전, 환경 그리고 유전과 환경의 상호작용의 세 가지로 설명된다. 여기에서는 지능의 유전결정론과 환경결정론에 대해 알아본다.

(1) 지능의 유전결정론

지능에 관한 유전결정론에는 네 가지 중요한 가정이 포함되어 있다. 첫째, 지능은 유전적으로 결정된다는 가정이다. 둘째, 학습능력은 고정되어 변화하지 않는다는 가정이다. 셋째, 집단들 간에 학습능력 수준의 차이가 있다는 가정이다. 넷째, 학습능력은 사회적 환경에 의해 영향을 받지 않는다는 가정이다.

젠센(A. R. Jensen, 1969: 1-2)은 「IQ 점수와 학업성취도를 얼마나 올릴 수 있는가」라는 제목의 논문에서 지능의 약 80%가 유전에 의해 결정되며 나머지 20%가 사회적 · 문화적 · 신체적 환경 등의 영향이라고 제시하였다. 또한 인종이나 사회계층 간 지능 수준에 유전적 차이가 있다고 주장하면서 백인아동의 지능지수는 흑인 아동에 비해 평균 15점 이상 높다고 하였다. 아이젠크(H. L. Eysenck, 1971) 역시 지능의 유전적 영향을 강조하였다. 80%의 유전적 요인과 20%의 환경적 요인이 인간 형성에 영향을 준다는 것이다. 지능의 유전결정론적 신념들은 각 개인들이 제한된 학습능력을 가지고 있다는 것과 이러한 학습능력은 외적인 사회적 영향력에 의해 영향을 받지 않는다는 것을 가정한다.

지능의 유전결정론의 또 다른 공통된 가정은 개인의 고정된 능력은 지능검사로 정확하게 측정할 수 있다는 것이다. 그러나 지능검사 점수는 경험 여부에 따라 다르고 환경에 따라 변한다는 과학적인 근거를 갖고 있다. 그럼에도 많은 사람들이 아직까지도 지능은 항구적이고 고정적이며 유기체 내에 양적으로 상당히 결정되었다고 믿는 경향이 있다.

(2) 지능의 환경결정론

지능의 환경결정론자들은 유전적 요인보다는 가정과 학교에서 갖는 문화적 경험의 차이가 개인·집단 간의 지능 차이를 초래한다고 설명한다. 어린 시절 빈곤한 가정의 문화적 환경 속에서 형성된 아동의 낮은 지적 능력은 성장한 후에도 거의 변화하지 않은 채 지속되어 이후 학교교육을 이수하는 데 있어 상당한 어려움을 초래하게 만든다는 것이다. 결국 이러한 입장에서는 사회경제적 불평등의 원인은 타고난 지능의 차이보다는 구조화된 사회적 불평등이 학습능력의 차이를 가져오며 학습 능력의 차이는 학업성취의 차이를 초래하고, 종국에 가서는 사회경제적 불평등으로 연계된다는 것이다.

지능의 환경결정론에는 또 다른 유형의 논의가 있다. 일부 인류학자와 사회학자들은 사회계층 간에 지적 능력의 차이가 존재하는 것처럼 보이지만 유전적 차이나 환경 때문이 아니라 사회계층에 존재하는 문화양식 차이 때문이라고 주장한다. 상류계층에 비해 하류계층의 지능지수가 낮게 나타나는 것은 타고난 지능의 문제가 아니라 지능검사지에 상류계층의 언어 양식, 사고 양식, 문화 양식을 많이 반영하고 있기 때문이라는 것이다.

학자들은 지능지수가 가정, 학교 등 다른 요인들에 비하여 학업성취에 뚜렷하게 영향을 준다고 설명한다(Jenks, 1972; Herrnstein & Murray, 1994). 이들은 지능지수와 학업성취 간의 상관관계가 .50 내지 .70을 보이고 있다고 보고한다.

2) 교육격차와 사회경제적 배경

교육격차를 유발하는 요인 중의 하나는 사회경제적 배경을 설명하는 입장이다. 이를 환경 결핍론 혹은 문화적 결핍론이라고도 한다(김병성, 2018). 이는 학생 가정의 문화적 환경, 언어적 그리고 지각·태도적 배경에서의 차이와 상대적 결핍 때문에 학교에서 다른 학생에게 뒤지게 되고, 결과적으로 학업성취의 차이를 가져온다는 것이다. 학생의 사회경제적 지위 배경이 학생의 학업성취에 영향을 주고, 이는 학생의 교육 접근 기회에 영향을 미치게 된다.

사회경제적 지위와 학업성취 간에 높은 상관관계가 있음을 실증적으로 밝힌 대표적인 연구는 콜맨보고서(The Coleman Report)이다. 이 보고서는 미국의 공립학교에서의 교육 기회가 학생의 인종적 집단에 따라 지역적으로 어떻게 차별적인가를 분석하여 1966년에 미 국회와 대통령에게 제출되었다. 이 보고서는 학업성취의 수준을 결정하는 것은 학교가 아니라 가정환경이라고 결론지었다. 구체적으로는 ① 학생의 가정배경은 학생의 학업성취에 미치는 가장 중요한 요인이며, 이것은 학생이 학교에 다니는 동안 계속하여 영향을 미친다. ② 학교의 물리적 시설, 교육과정, 교사의 질 등은 성적에 매우 미미한 영향을 주는데, 이 중에서 교사의 질은 학교의 다른 특성 요인에 비하여 상대적으로 성적에 미치는 영향이 크다. ③ 학생집단의 사회적 구조는 가정 환경과는 별도로 학교의 다른 어떤 요인보다도 학교의 성적에 미치는 영향이 크다는 것이다.

즉 콜맨 연구는 학교가 학생들의 학업성취에 별로 공헌을 못하고 있으며, 사회적 평등을 위한 기능을 제대로 수행하지 못하고 있다고 결론지었다. 콜맨 연구는 연구방법상 많은 비판을 받았지만 연구를 재분석한 젠크스 역시 콜맨의 연구 결과를 뒷받침하는 결과를 제시하였다. 그는 인지능력(認知能力)의 불평등 정도를 가정 배경요인(60%), 유전요인(35~50%), 그리고 학교의 질(4%)의 순으로 설명하고, 학업성취에 영향을 주는 원인의 순으로는 가정배경, 인지능력, 인종차, 학교의 질(2% 정도)의 순이라고 하였다. 그는 결과적으로 학교는 학업성취의 향상에 거의 영향을 주지 못한다고 결론지었다.

콜맨보고서(Coleman, 1966)가 발표된 이후 미국 사회에서 가정의 사회경제적 지위와 학업성취와의 관련성에 대한 관심이 부상되었다. 콜맨(Coleman, 1988)은 학생의 학업성취에 영향을 미치는 가정환경을 경제적 자본, 인적자본, 사회적 자본의 세 가지 요소로 구성된 것으로 보았고, 부르디외(P. Bourdieu, 1986)는 가정환경을 경제자본과 사회적 자본 그리고 문화적 자본으로 구분하였다.

여기에서는 학생의 학업성취에 영향을 주는 가정의 사회경제적 요인을 경제적 자본(financial capital) 및 인적 자본(human capital), 사회적 자본(social capital), 문화적 자본(culture capital)으로 구분하여 살펴보았다.

(1) 가정의 경제적 자본 및 인적자본의 영향

콜맨(Coleman, 1988)은 경제적 자본과 인적자본을 다음과 같이 정의하고 있다. 경제적 자본은 가족의 부나 수입 수준에 의하여 결정되는 것으로서 자녀의 학업성취에 직·간접적으로 도움을 줄 수 있는 물질적 지원 능력을 의미한다고 하였다. 인적자본은 자녀의 학업에 도움을 줄 수 있는 인지적 환경과 관련되어 있는 것으로서 부모의 교육수준에 의해 측정될 수 있다.

그동안 가정의 경제적 자본과 인적자본은 학업성취에 중요한 영향을 미치는 것으로 밝혀져 왔다. 부모의 교육수준, 즉 가정의 인적자본이 학생의 학업성취에 영향을 미치고(김경근, 2005; 방하남·김기헌, 2002; Bowles & Gintis, 1976; Coleman et al., 1966; Jencks et al., 1972), 가정의 소득수준이나 빈곤이 아동 및 청소년의 학업성취에 영향을 미친다는 연구결과(구인회, 2003; 김광혁, 2006; 유한구, 2006; Duncan & Brooks-Gun, 1997; McLoyd, 1998; Bradley & Corwyn, 2002)가 보고되고 있다.

류방란(2006)은 교육격차에 대한 가정배경과 학교교육의 영향력을 분석한 연구에서 가정의 교육지원, 학생의 학교 경험, 그리고 학업 성취 수준에서 나타나는 계층 간, 지역 간 격차는 매우 크다고 주장한다. 이와 같은 차이는 초등학교부터 일관되게 나타나고 있는데, 가장 두드러진 차이를 보이는 것은 가정으로부터 이루어지는 교육적 지원의 차이이다. 부모의 교육지원 활동, 과외 참여 비율, 과외비 지출 수준 등에서 가정배경에 따른 현격한 차이가 나타난다는 것이다. 또한 학교에서의 학습 참여나 수업 집중과 같이 학생들의 학습 태도에서는 비교적 큰 차이를 보이고 있으나 교사 열의나 성취 압력과 같은 학교교육의 차이는 별로 두드러지지 않았다. 고등학교 단계에 올라가면 상층집단의 교육 경험과 성취 수준은 크게 상승하고 하층집단은 크게 하락하여 그 격차가 크게 확대되는 양상을 보여준다. 가정 배경의 영향력은 상위권 대학으로의 진학을 분석할 경우 더욱 크게 나타난다는 것이다.

학업성취도는 단순한 학업능력이 아닌, 개인이 지닌 시장 가치와 생산성을 반영하는 기준이기 때문에 개인의 노력에 의해서만 결정되지 않고 투자한 자본의 양과 질에 의해서도 크게 달라질 수 있다. 특히 영어성적의 경우, 더 나은 학벌과 직업을 갖게 하는 지위 상승의 도구이며 직장에서의 능력 인정 기제이자 국가 밖 더 넓은 세상에서의 기회 등을 의미한다(최샛별 · 최유정, 2011). 영어성적이 지닌 도구적 속성으로 인해 매우 중요한 학업성취 기준으로 인정되지만, 자본의 투자 정도에 따른 격차가 발생할 가능성이 높고 영어성적을 향상시킬 수 있는 기회와 능력이 모두에게 평등하게 제시되지는 않는다. 영어 습득 기회, 영어 실력 등은 개인의 선택이나 취향, 영어 습득의 문제가 아니라 경제적 가치를 담은 매매의 대상이기 때문에 개인이 지닌 경제자본의 양과 질에 따라 크게 좌우된다. 영어성적은 물질적 재화는 아니지만, 자본을 투자하여 구매함으로써 생산성을 향상시키는 재생산의 대상이기 때문에 소득 격차 확장을 가져올 가능성이 크다(박현진, 2010; 한세리, 2016).

박주호 · 백종면(2019: 213)은 교육격차의 원인을 사교육 참여, 가정의 사회경제적 지위, 거주 지역, 부모의 자녀교육 관심과 관여, 학교 특성으로 꼽았는데, 이 중 교육격차의 가장 결정적인 원인으로 가정의 사회경제적 배경을 들고 있다.

요약하면 모든 조건이 동일하다면, 부모가 자녀에게 보다 많은 물질적 자원을 투입할수록, 그리고 부모의 지적 수준이 높을수록 자녀의 학업성취는 높아진다고 할 수 있다.

(2) 가정의 사회적 자본의 영향

콜맨(Coleman, 1988)은 학업성취의 가정 영향을 규명하는 데 있어서 '사회적 자본'이라는 개념에 주목하였다. 사회적 자본은 인간관계에 의해 형성됨을 의미하는 '사회적'이라는 단어와 투자의 의미를 함축한 '자본'이라는 단어로 구성되어 개인 간 관계, 공동체 의식, 사회적 유대 등을 포함한다. 콜맨은 사회적 자본을 부모와 자녀 사이의 사회적 관계 속에서 형성되는 자녀교육에 대한 부모의 관심 및 시간의 투입이라는 형태로 나타난다고 주장한다. 구체적인 사회적 자본의 형태로는 자녀의 발달에 대한 부모의 관심과 열정, 부모의 자녀교육에 대한 기대 혹은 포부, 아동의 학습활동에 대한 부모의 적절한 관여, 부모와 자녀 간의 상호작용 그리고 부모 외의 가족 내 다른 성원들의 존재 및 그들과의 유대 등이 포함된다.

최근의 연구결과들은 부모의 경제력이나 교육수준과는 별개로 가족 내의 사회적 자본이 아동의 학업성취에 중요한 영향을 미칠 수 있음을 보여준다. 만약 사회적 자본이 경제적 자본이나 인적 자본과는 독립적으로 학업성취에 영향력을 발휘한다면, 부모의 낮은 사회경제적 지위로 인하여 발생할 수 있는 교육적 불평등이 다소 완화될 수 있는 가능성을 시사해 준다. 그러나 한세리(2016)는 소득수준이 낮은 학생들은 빈곤의 영향으로 인해 인지 발달, 체계적 학습 능력뿐만 아니라 부모로부터 학업에 대한 진취적인 영향을 받는 것이 어렵다고 주장한다.

경제적 자본이나 인적자본을 갖춘 고소득층 부모들이 자녀의 학업성취에 영향을 주기 위해서는 사회적 자본인 부모의 긍정적인 양육태도를 갖추어야 한다. 만약 경제적 자본이나 인적 자본이 사회적 자본에 의하여 보완되지 않는다면, 부모가 갖고 있는 풍부한 경제적 자본이나 인적 자본도 아동의 교육적 성취와 무관하게 된다는 것이다.

그동안 학업성취와 사회적 자본과의 관련성을 입증하는 연구들이 많이 수행되었다. 이정선(2001)은 초등학생의 학업성취가 학습자를 둘러싼 사회적 자본과 밀접한 관련성을 가지며, 최희숙(2008)은 부모와 자녀 간 애정에 바탕을 둔 자녀에 대한 신뢰는 자녀의 학업성취를 높이는 데 직접적으로 긍정적인 영향을 미친다고 하였다.

최근에는 가정의 경제적 자본 및 인적 자본보다 사회적 자본과 문화적 자본이 학생의 학업성취에 미치는 영향력에 대해 관심이 모이고 있다.

(3) 가정의 문화적 자본의 영향

문화적 자본의 개념은 학자들마다 다양하게 정의되고 있다. 그럼에도 문화적 자본이란 사회적 지위나 이익을 구별 짓는 핵심적인 자본으로서 개인별 또는 계층별로 다양한 개인적 또는 문화적 취향, 생활양식, 여가 활동 등 문화적 성향을 의미한다. 문화적 자본은 고급문화에 친숙할 수 있는 문화적 성향으로 해석되며, 소비행위를 결정짓는 문화적 능력을 말한다.

부르디외(P. Bourdieu, 1986)는 문화적 자본이 특정 개인이나 집단의 투자에 의해 점유될 수 있으며, 소유자에게 이익을 가져다줄 수도 있고 상속될 수도 있는 자본으로 규정하였다. 대표적인 문화적 자본에는 언어능력, 일반적인 문화적 인식, 미적 선호, 학교체제에 대한 정보, 졸업장 등이 포함된다. 특히 박물관 방문, 서적 구입과 독서습관, 연극·영화·음악회·전시회 관람, 고전음악강사 등 다양한 예술 참여 척도가 문화적 자본의 지표로 설정된다. 그는 사회계급과 소유한 학력 자본에 따라 문화적 취향이 달라진다는 점을 경험적으로 검증하였다.

부르디외는 문화적 자본을 습득경로에 따라 상속된 문화적 자본과 획득된 문화적 자본으로 구분하였다. 첫째, 상속된 문화적 자본은 가정의 사회화 과정을 통해 지속적으로 습득되어 온 아비투스(Habitus)[3]를 말한다. 둘째, 획득된 문화적 자본은 공식적인 교육 또는 훈련을 통해 습득된 자질을 의미한다. 문화적 자본의 대표적인 습득경로는 가정과 학교로 구분된다. 문화적 자본을 많이 보유한 가정에서 태어난 학생들은 부모로부터 물려받은 문화적 자본을 보다 손쉽게 교육적 자질로 전환시킬 수 있

3) 아비투스 혹은 하비투스는 특정한 환경에 의해 형성된 성향이나 사고, 인지, 판단과 행동 체계를 의미하는 것으로, 계급 구성원들의 문화적 상징이나 행동특성을 나타내는 개념이다. 아비투스는 개인이 차지하는 사회적 지위와 개인이 속한 사회 구조에 의해 산출되고 내면화된다.

다. 따라서 문화적 자본을 습득하는 데 있어서 유년시절의 초기 사회화 과정이 중요하다.

디맥기오(P. DiMaggio, 1982)는 문화적 자본을 고급문화에 대한 지식이나 태도, 역량으로 정의하고, 문화적 자본을 지배집단이나 특권계층의 소유물로 간주하였다. 부모가 가진 문화적 자본은 자녀가 진학할 고등교육기관의 유형 또는 전공 선택에 유의한 영향을 미치게 된다(Goyette & Mullen, 2006).

문화적 자본과 학업성취와의 관련성을 분석한 국내외 연구들이 많다. 장미혜(2002)는 부모가 가지고 있는 예술적 취향과 인지적 능력 형태의 문화적 자본이 자녀의 학업성취에 긍정적인 영향을 미친다고 보고하였다. 김경근 · 변수용(2007)은 부모의 문화적 자본은 부모의 교육수준, 직업지위, 가계소득은 물론 자녀 및 학교 관련 주요변수들을 통제한 후에도 자녀의 학업성취도에 독립적인 영향을 미치는 것으로 나타났다고 하였다. 또한 문화적 자본으로서 여가활동 중 스포츠 활동의 참여는 청소년들의 학업성취와 진로행동에 정적인 영향을 미치는 것으로 보고되고 있다(조욱상 · 김재원, 2012; 박철홍, 2014). 그러나 부모로부터 물려받은 자녀의 고급문화활동은 학업성취에 대체로 긍정적인 영향을 주지만, 일정 수준 이상에서는 오히려 부정적인 영향을 미치는 것으로 나타났다. 이는 입시위주의 한국 교육현실에서 자녀들은 부모와 동일한 방식과 빈도로 고급문화를 즐길 수 없고 지나친 문화활동의 참여는 오히려 학업에 방해가 될 수 있기 때문이다(변수용 · 김경근, 2008).

3) 교육격차와 학교환경

학교는 학생의 학업 성취에 유의미한 영향을 주지 못하며, 학교는 사회적 평등을 위한 기능을 제대로 수행하지 못한다는 콜맨보고서의 결론은 사회적 충격을 주었다. 이러한 결론은 학교가 교육에 절대적인 영향을 미치는 기관이라는 기존의 인식을 바꾸어 놓음으로써 논란이 되었던 것이다. 후속적으로 콜맨보고서의 연구결과를 지지하거나 보완하는 연구들이 수행되었다. 그러나 콜먼 보고서의 연구방법과 결론에 의문을 제기하고 반박하는 연구들이 수행되었다. 교육열이 높은 학교가 그렇지 않은 학교에 비해 높은 학업성취를 보이고(Bowles & Levin, 1968), 학생이 속한 학급에 따라 중요한 차이가 발생하는 학교요인이 학업성취에 영향을 준다는 연구가 이루어지기도 했다(Murnane, 1975). 그 밖에 학생의 학업성취에 미치는 교사의 영향력을 실증적으로 보여주는 다양한 연구들이 이루어졌다.

학생들의 교육격차에 영향을 주는 학교 내 요인으로는 학교환경 요인, 학교 및 학급 규모, 학급편성, 학생문화 및 학교풍토, 교사의 기대효과 등으로 구분해 볼 수 있다. 학업성취에 영향을 주는 학교 환경적 요인을 크게 물리적 환경과 사회심리적 환경으로 구분하여 살펴보면 다음과 같다.

(1) 학교의 물리적 환경의 영향

학교의 물리적 환경으로는 학교의 제반시설, 학교 및 학급규모, 교사 수, 교사의 능력, 학교 풍토, 교육과정, 교수자료 및 매체 등으로 구분해 볼 수 있다. 학교의 물리적 환경이 학생들의 학업성취에 영향을 주는가에 대해서는 일관된 연구결과를 보여주지 못하고 있다. 사이몬스(J. Simons, 1975)는 학급규모, 교사의 교육수준, 학생 1인당 교육비 등 교육조건에 관한 요인들이 일반적인 기대와는 달리 성적에 영향을 주지 못했다고 설명한다. 오히려 부모의 행동특성, 학생의 영양상태, 성격 등 학교 밖으로부터 학생이 가지고 오는 요인들이 더 큰 영향을 준다는 것이다. 젠크스(Jencks, 1972) 역시 학생들의 학업성취의 차이는 학교의 환경 변인의 차이에서 비롯되는 것이 아니므로 교육재정을 증액하거나 재분배하여도 학업성취의 향상을 가져오지 못할 것이라고 주장한다.

한편, 교과 선택과 계열화(tracking)는 학생들의 성취에 많은 영향을 미치는 것으로 나타난다. 대학 진학 계열에 소속된 학생들은 직업선택 계열의 학생들보다 나은 교육 경험을 하며, 이를 통하여 더 높은 성취를 얻게 된다는 것이다(Alexander et al., 1976, 1978). 특히 학습한 범위, 수준, 그리고 분량 등과 같은 교육적 경험의 차이는 학업성취에 대하여 그 자체로 독립적인 효과를 갖고 있다(Gamoran, 1987). 이 차이는 학생들의 지적 성취에 있어서 학교를 다니느냐 다니지 않느냐의 문제보다도 학교교육의 어느 과정에 있느냐 하는 것이 보다 중요하다고 할 만큼 큰 차이로 나타나기도 한다.

우리나라 고등학교의 경우 설립유형 또는 목적유형(특목고, 자사고)에 따라 초기 학업 성취도와 변화율에 차이가 있는 것으로 보고되고 있다(김경근 외, 2014; 박인용 외, 2015; 박현정·길혜지, 2013; 이재경 외, 2016; 임의진 외, 2018). 이 밖에 국·공립과 사립, 신설학교와 기존학교, 학교규모에 따른 학교 간에 교육격차가 존재하는 것으로 보고된다(허은정·신철균·정지선, 2012).

학교의 물리적인 환경이 학생들의 학업성취에 영향을 주기도 한다. 보거 등(Borger et al., 1984)은 기존 선행연구를 분석함으로써 학업성취에 영향을 주는 학교의 특성을 여덟 가지로 분석하였다. ① 학교장의 지도력, ② 학교풍토, ③ 교사와 학생의 관계, ④ 교육과정과 수업, ⑤ 재정적 지원, ⑥ 물리적인 환경, ⑦ 평가, 그리고 ⑧ 가정경제적 배경이었다. 이들 특성은 가정경제적 배경을 제외하고는 모두 학교의 과정변인에 속한다. 물리적인 환경, 재정적 지원과 같은 학교의 물리적인 환경이 학업성취에 영향을 주기는 하지만, 학교장의 지도력, 학교풍토, 교사와 학생의 관계 등 사회심리적 환경의 영향이 더욱 크게 작용하고 있음을 알 수 있다. 또한 학교 간 교육비 배분이 불평등하면 학교 간 학업성취 격차가 확대되는 경향이 있다(정동욱 외, 2011). 전반적으로 학교환경(교육여건)이 교육격차에 유의미한 영향을 미치기는 하지만(임다희·권기헌, 2013), 학교특성 차이가 교육격차에 미치는 효과는 미약한 것으로 보인다(시기자 · 이용상 · 김인숙, 2013).

(2) 학교의 사회심리적 환경의 영향

학교의 사회심리적 환경은 학생들의 학업성취에 중요한 영향을 주는 것으로 분석된다. 학교의 사회심리적 환경 요인 중 학생의 학업성취에 가장 영향을 주는 요인으로 교사-학생의 상호작용과 교사의 역할이 강조되어 왔다. 김병성(2018)은 학업성취의 격차 원인의 하나를 교사 결핍론으로 설명한다. 즉, 학업성취의 격차 원인을 '교사를 잘못 만나서……'로 이해한다. 최근 들어서 학교의 사회심리적 환경이 학생 간, 학교 간 성적차이를 설명하는 중요한 요인으로 거론되고 있다. 즉, 학교 자체의 사회적 체제나 인적 · 물리적 · 심리적 특성이 학업성취의 차이를 가져오는 중요한 요인이라는 점이다. '학교가 차이를 만든다(school can make a difference)' 또는 '교사가 차이를 만든다(teacher can make a difference)'라는 명제가 부각되기 시작한 것이다. 물론, 학생의 학업성취는 개인능력, 가정배경, 학교 혹은 교사 특성 중 어느 단일 요인에 좌우되지는 않는다. 어떤 의미에서는 이 세 가지 요인이 연쇄적으로 상승작용하거나 그 반대로 악순환 현상을 초래하여 학생의 학업성취 격차를 심화시킨다는 것이다.

교사결핍론은 콜맨 연구를 비판하는 학자들에 의해 제기되었다. 이들은 학교 자체의 사회적 특성이나 교사–학생의 대인지각 형태가 가정배경이나 개인의 지적 능력에 못지않게 성적격차를 초래한다는 것이다. 마이에스케 등(Mayeske et al., 1969)은 학교 자체의 집단적 특성이 성적에 독립적으로 주는 효과가 크다고 보았으며, 사회경제적 수준이 낮고 가정의 문화환경이 빈약한 경우에는 학교의 영향이 더욱 부각된다고 설명한다. 구체적으로는 강한 지도성, 교사의 높은 기대, 좋은 학교풍토, 수업계획, 수업진행의 주도면밀한 점검 등과 같은 학교의 특성이 학교 간 교육격차를 나타낸다는 것이다. 부루코버 등(Brookover et al., 1977)은 학교의 사회심리적 풍토 요인이라 할 수 있는 학생의 학업성취에 대한 교사의 기대, 평가, 신념체계 등이 학교 간의 성적 차이를 설명하는 중요한 변인임을 장기적인 연구를 통해 밝혔다. 또한 부루코버 등(Brookover et al., 1979)은 미국 미시건 주에 소재한 68개 학교 연구를 통해 교사·관리자·학생들의 학업성취에 대한 성과 기대가 실제로 학업에 긍정적인 영향을 주는 것으로 밝혔다.

한편, 교사의 학업성취에 대한 기대가 학생의 성적에 강력한 예언력을 갖는다는 이론들이 제기되었다. 블룸(B. S. Bloom)은 '교수-학습방법만 적절하게 제시한다면 학습의 95%의 학생이 학습효과를 달성할 수 있다'고 주장한 완전학습이론을 제시하였다. 또한 로젠탈과 제이콥슨(Rosenthal & Jacobson)은 교사의 기대치가 학생 성적의 차이를 가져온다는 자기충족예언이론을 제시하였다. 이러한 선행연구 결과는 교사의 자연스러운 기대수준이나 또는 의도적인 실험상황에서 유도된 교사의 기대를 막론하고 교사의 기대효과는 학생의 학업성취에 매우 중요한 의미를 갖게 된다는 것이다. 구체적으로 교사의 기대는 교사의 수업계획, 자료준비, 자료제시방법, 수업에 임하는 시간, 학생과의 상호작용과정 등과 같은 교사의 표출된 수업행동으로 나타나며, 이는 특정 학생에게 전달된다는 것이다.

이에 대한 보다 구체적이고 직접적인 증거는 브로피와 굿(Brophey & Good, 1970)이 분석한 한 학급 내에서의 교사-학생 간 일대일의 행동분석 결과에서 확연하게 제시되었다. 즉 ① 교사는 학급의 수업행동에서 학생들의 학습 행동의 차이를 기대하며, ② 교사는 자기의 기대수준에 따라 학생들을 다르게 취급하고, ③ 학생 역시 교사의 기대 수준에 맞추어 적절히 반응하게 됨으로써 어떤 학생의 수업행위는 더 강화되는가 하면 다른 학생의 행위는 수정되거나 약화되어 나타난다. ④ 결과적으로 어떤 학생의 학습행위는 더 촉진되고 반대로 다른 학생의 학업성취는 더 저조하게 된다. 결국 교사의 기대효과는 교사의 자기충족예언의 가정을 지지해 준다.

4) 지역과 교육격차

지역 간 교육격차는 비교적 최근에 관심을 끌고 있는 주제이다. 과거에는 단순히 자연적·물리적·공간적 단위로 이해되었던 지역이 이제 사회경제적 함의를 내포하여 다양한 이해관계가 갈등하며 특정 계급에 의해 지배되고 전략적으로 동원되는 사회적 공간을 의미하게 되었다(김경근, 2005: 5; 손준종, 2004; 황희연, 2000).

지역을 매개로 한 사회적 분리현상은 인종을 중심으로 거주지 분화현상이 발생하고 있는 미국에서 학문적 논의가 이루어지기 시작했다. 미국의 경우 유색인종이 거주하는 도심의 교육여건은 백인 중산층이 거주하는 교외에 비해 매우 열악하다. 이러한 거주지 분화는 학교 구성원의 인종적 특성을 반영하는 동시에 학생 일 인당 교육비의 격차를 보여준다. 이러한 교육재정의 격차는 교사의 봉급, 교실, 교재, 급식시설 등 교육환경의 질과 직결되어 교육여건의 격차, 더 나아가 결과의 격차로 이어지는 경향이 있다(성열관, 2004).

한편 한국의 경우 그동안 지역 간 교육격차에 관한 논의는 주로 도농 간 격차를 중심으로 이루어졌다. 도시와 농어촌 지역의 교육격차는 교육여건(교원수, 교원의 경력 등 전문성 수준, 학교 규모, 복식수업 여부 등) 격차와 그로 인해 야기되는 결과의 격차에 초점이 맞추어졌다. 이 경우 지역 간 교육격차가 곧 계층별 격차를 의미하는 것은 아니었다. 그러나 최근에 논의되는 지역 간 교육격차는 계층 간 격차와 훨씬 밀접히 연계되어 있다. 이는 최근에 한국사회에서 심화되고 있는 사회계층별 거주지 분화 현상과 깊은 관련이 있다. 실제로 1960년대 이후 본격적인 경제발전이 이루어지면서 한국사회에서도 부와 빈곤의 지리적 편중이 진행되었고, 이에 따라 계층에 따른 거주지의 분화가 심화되어 왔다. 그 결과 거주지는 단순히 개인이 살고 있는 곳을 의미하는 것이 아니라, 직업, 교육, 편의시설, 사회서비스시설과 같은 사회적 희소자원에 대한 접근을 결정하는 주요 요인으로 작용하게 되었다(도경선, 1994; 윤인진, 1998; 최은영, 2004).

교육은 이러한 거주지 분화에서 주된 관심의 대상이었는데, 특정 지역에 비슷한 교육수준과 교육수요를 지닌 사람들이 모여 살게 되면, 교육과 관련된 고급 지식과 정보의 교환·공유가 이루어져 배타적 경향성이 심화되기 때문이다. 이와 같은 현상이 나타나면 자녀 교육에 대한 투자의 양과 질에서 차별화가 이루어지게 된다. 결국 부유한 지역의 아이들은 더욱 우호적이고 양호한 교육환경에서 성장하고 학습하게 되며, 그렇지 못한 아이들은 열악한 교육환경을 경험할 가능성이 커지게 된다(손준종, 2004). 지역에 따라 교육환경과 학업성취에 차이가 발생하며, 상대적으로 열악한 지역에서 경제적 자본을 가진 집단은 비교우위를 지닌 지역으로 이주를 하게 된다. 반대로 열악한 지역에는 이주 여력이 없는 집단이 잔존하게 됨으로써 거주지를 둘러싼 계층 분화와 그로 인한 교육격차는 더욱 심화되는 경향이 있다(최은영, 2004). 서울시 자치구별 학교 간 학업성취도 격차를 조사한 결과, 부유한 지역에서의 학업성취도가 더 높게 나타나는 것으로 보고되고 있다(우명숙, 2013).

김경근(2005)은 한국교육고용패널(KEEP) 데이터를 이용하여 한국사회에서 나타나는 교육격차의 실태 및 원인을 분석하였다. 분석 결과는 지역 간·계층 간 교육격차가 상당히 심각한 수준에 이르고 있음을 보여준다. 특히 교육결과인 학업성취 측면에서 대도시와 읍·면지역 출신 학생들 사이에는 현격한 차이가 있었다. 그리고 아버지 학력, 가계소득, 남성보호자의 직업위계가 높을수록 학업성취 수준도 높아지는 것으로 나타났다. 지역 간에 현격한 교육격차가 존재하는 것은 고학력 부모들이 주로 대도시에 편중되어 분포하고 있는 상황에서, 읍・면지역의 상대적으로 우수한 학생들이 초등학교 때부터 대도시로 빠져나가는 일종의 자기선별 과정이 가세함으로써 나타난 결과로 보인다. 계층 간에 나타나는 심각한 교육격차는 학업성취에서 유전적 요인의 영향을 가중시키는 교육적 동질혼 경향 및 계층 간에 존재하는 자녀교육에 대한 관심과 실질적 지원 정도의 차이에서 기인할 가능성이 크다.

3. 교육의 양극화

1) 교육양극화의 개념

양극화는 사전적 의미로 "서로 점점 더 달라지고 멀어짐"을 뜻한다(표준국어대사전). 양극화 현상은 "사회 일반 소득 수준 따위에서 중간층이 급격히 줄어들고 상층부와 하층부의 격차가 심하게 벌어지는 현상"을 뜻한다(우리말샘, 2020). 일반적으로 양극화는 어떤 분포상에서 중간층이 소멸하고 상층부와 하층부가 두터워지는 현상(손준종, 2006: 33)을 말하는 것이다. 교육양극화는 "교육의 기회, 여건과 과정, 결과, 의식 등에서 계층, 지역, 학교, 인종, 성, 세대별로 격차가 커져 집단 간 이질성, 집단 내 동질성, 중간층 감소의 속성을 보이며 두 집단 중심의 집락화가 심화되는 현상"이라고 정의된다(조영재・고현민・한석근, 2012: 36-37).

교육 분야의 양극화는 '개인의 배경, 즉 가계소득, 부모학력, 문화적 배경 등에 의해 교육의 기회, 과정, 결과에서 상하집단으로 쏠리게 되면서 중간층이 감소하고 집단 간 이질성이 커지며 집단 내 동질성이 심화되는 가운데 집단 간 이동성이 약화되는 현상'이라고 정의할 수 있다.

교육양극화와 유사한 개념으로 교육격차와 교육불평등을 들 수 있다. 교육양극화가 특정한 집단으로 사람이나 직업 등이 집락화하는 데 관심이 있다면 교육격차나 교육불평등은 개인적 차원에 초점을 둔다. 양극화가 진행된다는 것은 이미 교육격차가 내포되어 있고 일정 수준의 교육불평등이 존재한다는 것을 전제한다. 그러나 교육격차나 교육불평등 현상이 반드시 양극화로 진행된다고 볼 수는 없다. 교육격차, 교육불평등, 교육양극화의 개념을 비교하면 **표 8-1**과 같다(조영재 외, 2012: 30).

표 8-1 교육격차, 교육불평등, 교육양극화 개념 비교

교육격차	교육불평등	교육양극화
• 기술적·가치중립적 개념 • 권력과 자원의 소유 수준의 차이에 따른 집단 간 교육기회와 결과의 차이와 정도에 주목	• 가치함의적 개념 • 교육기회와 활동에 있어 권력과 자원의 공정한 배분을 중시 • 교육기회와 결과에 있어 특정 집단의 차별과 특혜 등의 불공정한 취급에 주목	• 가치함의적 개념 • 교육기회와 결과에 있어서 집단 간 격차와 더불어 집단 내 동질성 강화로 집단의 양극 중심의 집락화 및 중간층 감소에 주목 • 경제·정치·사회의 양극화 현상이 교육에 미치는 영향과 관계성에 관심

자료: 조영재·고현민·한석근(2012). 교육양극화 개념과 측정에 관한 논의, 교육종합연구, 10(2), 30쪽.

2) 시기별 교육양극화 문제

교육양극화 현상은 대학입시에 머물지 않고 유아단계부터 취업단계에 이르기까지 광범위하게 일어난다. 그러면 우리 사회에서 교육양극화가 교육시기별로 어떤 방식으로 이루어지고 있는가를 살펴보았다(김경애 외, 2020: 37-51).

(1) 영유아기 시기

부모의 사회경제적 지위에 따라 상대적으로 교육 기회를 박탈당한 저소득층, 빈곤층의 자녀들은 영유아기로부터 발달과 교육의 격차를 경험한다(손수민, 2013). 이러한 경험의 누적은 장기적으로 성장·발달에 부정적인 영향을 줄 수 있다. 이와 함께 교육의 양극화 현상에 있어서 주로 초등학생 이상의 학령기 아동을 대상으로 논의되던 것이 이제는 영유아기 아동의 문제로 하향화되어 교육의 출발선부터 양극화 문제가 사회적인 이슈로 제기되고 있다(손수민, 2013: 82). 부모의 소득, 학력, 직업 등의 사회경제적 배경에 따라 유아기 아동의 삶이 양극화되고 있는 현상이 뚜렷해지고 있다는 것이다(서영희·허우정·김은주, 2007; 손수민, 2013: 70).

손수민(2013)은 유아교육 양극화 현상은 부모의 사회경제적 지위에 따라 유아기 교육에 있어서 매우 다른 양상을 보인다고 설명한다. 즉 사교육 확대, 교육비 지출 과다, 교육기회의 지역 편중화로 인해 교육 기회에서 불균등성이 발생하고 교육격차가 생긴다는 것이다. 유아 대상 사전 평정 및 사후 평정을 통해 처음으로 누리과정의 효과를 분석한 이정림 등(2014)은 가구소득이 높을수록 유아관찰척도 전체 점수 및 영역별 점수가 유의미하게 높다고 밝혔다. 또한 다문화가족, 기초생활보장수급, 한부모가족 등 취약계층에 속한 유아의 평균점수가 그렇지 않은 유아에 비해 전반적으로 낮은 것으로 나타났다(이정림 외, 2014).

영유아기 교육·보육의 양극화 및 격차의 주된 현상과 요인으로는 국·공립기관 비율 부족 및 지역 분포 편차, 가정의 소득 차이에 따른 육아부담 격차, 취약계층 가정 유아의 열악한 양육 환경 문제 등을 들 수 있다. 국·공립유치원과 국·공립어린이집은 국가의 보다 많은 재정 지원과 관리·감독으로 운영됨으로써 사립 및 민간에 비해 질 관리가 담보되고 있다. 이런 점에서 지역간 국·공립기관의 분포 차이는 영유아기 교육의 선택 권한에 영향을 줄 수 있다(이정원 외, 2018).

한편 유아 사교육 분야도 교육격차의 문제가 되고 있다. 통계청 가계동향조사(2007-2015) 자료를 분석한 결과에 따르면 유아 사교육 시장이 진화를 거듭하며 팽창하는 가운데 영유아 총 사교육비 규모가 2007년 4,300여억 원에서 8년 만인 2015년에 1조8,000억 원 이상으로 급증한 것으로 보도되었다.

영유아기 교육·보육은 국·공립학교 중심의 초·중등 시기와 달리 사교육시장 의존도가 높을 수밖에 없다. 학계에서는 이러한 상황에서 영유아 시기의 보육·교육서비스의 이용기회 차이는 영유아가 처한 환경(지역, 가족배경 등)과 부모의 선택에 의해 좌우된다고 본다(이정원 외, 2014: 14). 이는 정책적으로 영유아기 교육에서의 양극화 문제에 접근하기 위해서 영유아의 가족 배경과 거주 지역 등에 따라 나타나는 보육·교육서비스 이용의 격차를 해소해야 한다는 점을 시사한다. 영유아기는 생애교육의 출발점이며 전인발달의 기초를 형성하는 시기이다. 생애 단계별로 투자비용을 동일하게 산정할 경우, 영유아기는 인적 자원 투자 대비 회수비율이 가장 큰 시기로 인정되고 있다(Cunha et al., 2005; OECD, 2006). 따라서 영유아기 교육에서의 양극화 현상을 이해하고 원인을 파악하여 완화하는 것이 정책적으로 의미가 크다.

(2) 초·중등교육 시기

초·중등교육 시기와 관련된 교육양극화 문제는 주로 사교육비와 사교육 참여, 학부모의 자녀 교육에 대한 관심과 지원 등 다양한 영역에서 제기된다.

교육 분야의 양극화 문제에서 가장 핵심적인 영역이 사교육이다. 2007년부터 2016년까지 10년간 자료를 분석한 결과에 따르면 학교급별 사교육, 종류별 사교육비 지니계수가 모두 완만한 감소추세를 보인다. 그러나 이러한 현상은 고소득층의 사교육비 감소가 아니라 중산층과 저소득층의 사교육비 규모가 커져서 나타난 결과이다(김현철 · 서은경, 2018). 또한 가계 소득별 사교육비 지출 격차가 커져 왔으며 앞으로도 사교육비 양극화가 더욱 커질 것이라는 연구 보고도 있다. 또한 2016년 이후 5년간의 사교육비 지출격차를 예측한 결과 사교육비 양극화 현상이 점차 심해질 가능성이 있다고 추정된다(양정호 · 한희진, 2018: 3148).

학부모의 자녀 교육에 대한 관심과 지원 역시 교육양극화 문제로 주목받고 있다. 학부모의 자녀 교육에 대한 관심과 지원이 중요한 이유는 학부모의 교육적 지원이 개별적이기보다는 동시에 집단적 특성을 나타내기 때문이다. 집단적 특성으로서의 학부모의 자녀 교육에 대한 관심과 지원은 하나의 문화적 특성을 형성하며 문화적 실천을 위한 보편성을 구성하게 된다(오경희 · 한대동, 2009: 129). 물론 우리나라에서 학부모의 사교육을 통한 교육 지원은 모든 계층에서 일상화되어 나타나는 현상이다(김혜숙 · 한대동 · 김희복, 2017: 65). 그러나 학부모의 자녀 교육에 대한 관심과 지원은 집단별로 매우 상이한, 혹은 미묘한 차이를 드러내는 것으로 분석되었다. 오경희와 한대동(2009: 127)은 하위계층이면서 자녀의 성적이 하위권인 학부모의 경우, 정보수집가로서 그리고 학교구성원으로서 역할을 수행함에 있어 학교와는 거리두기를 한다고 주장한다. 이에 비해 중 · 상류층이며 자녀의 성적이 상위권인 학부모의 경우, 자녀교육을 위해 교육행정 및 정책에 민첩하게 대응해 나간다고 설명한다. 류방란 등(2015: ii) 역시 학부모의 학교 참여(학부모 단체 혹은 위원회)가 활발한 집단은 주로 가정의 사회경제적 수준이 높은 집단임을 밝혔다.

(3) 고등교육 및 노동시장 진입 시기

명문대학의 입학기회는 자본주의 사회에서 핵심 지위로 진입하는 주요 통로라 할 수 있다. 중산층 부모들은 자녀 교육에 깊이 관여하면서 정보와 전략, 자원 투입 등 전방위적으로 자녀가 제도 안에서 유리한 고지를 차지할 수 있도록 관여한다(김경애 외, 2017; 신명호, 2011). 조사 결과에 의하면, 수도권 4년제 대학의 진학에 있어서 가장 소득이 높은 5분위만이 진학할 확률이 더 높게 나타나 4년제 대학 진학에 있어서 소득 간 격차가 두드러짐을 알 수 있다(우명숙, 2019: 541). 또한 한국직업능력연구원이 2016년 고교 2학년이었던 7590명의 진학 결과를 추적 조사한 결과, 자녀의 대학 진학률은 부모 경제력에 비례하는 것으로 나타났다. 자녀가 일반대에 진학한 비율은 △1분위 41% △2분위 48% △3분위 59% △4분위 68%로 소득이 높을수록 높고, 반면 대학에 가지 않은 비율은 △1분위 35% △2분위 29% △3분위 21% △4분위 15%로 소득이 높을수록 낮았다. 이러한 조사결과를 통해서 부모의 경제력이 교육 기회에 미치는 영향이 강해지며 우리 사회에서 교육의 '계층 간 사다리' 역할이 약해지고 있음을 알 수 있다(동아일보, 2022.12.19.).

서울 내에서도 수시 합격자의 경우, 강남구 출신이 2007년 8%였다가 2018년 15.7%로, 서초구 출신이 4.9%에서 11.7%로 증가한 것으로 나타났다. 또한 SKY 학생 중 9 · 10분위가 46%에 달하는데, 이 중 10분위가 30%, 9분위가 16%인데 반해 SKY 대학을 제외한 전체 학생 중 9 · 10분위는 각각 13%, 12%에 불과한 것으로 나타났다(중앙일보, 2019.11.16.).

한편, 학교를 졸업하고 사회에서 첫 직업 생활을 시작하는 것은 일종의 최종 학교교육의 결과라고 볼 수 있다. 일종의 교육성취 성격을 갖는다. 그런데 입직의 질적인 측면은 입직 이후의 계속 교육 기회를 전망할 수 있는 바로미터가 되기도 한다. 즉, 계속교육의 기회로서도 작용한다. 우리나라에서는 노동시장 이행과정에서 '단선형 인생행로'를 발견할 수 있다. 즉, 명문고-명문대-일류 기업 또는 고위직 공무원으로 이어지는 행로가 보인다. 학교에서 노동시장으로 이행하는 고리에 학력양극화의 영향이 자리하는 것이다. 학력양극화의 문제는 학력에 의해 사회적 대우가 달라지면서 취업격차, 임금격차, 승진격차를 발생한다는 데 있다. 취업격차는 임금격차를 만들어 내고, 승진 가능성에까지 영향을 주기도 한다.

09

C/H/A/P/T/E/R

교사 이해와 교직사회화

1. 교사에 대한 이해
2. 교직의 특성
3. 교직사회화

교사가 된다는 것은 무엇인가. 훌륭하고 좋은 교사가 된다는 것은 무엇을 의미하는가. 전문적인 지식을 갖추고 좋은 기술을 익혀 수업을 잘 하는 인격적인 교사가 되는 것은 중요하다. 그러나 좋은 교사가 되기 위해서는 직업인으로서 교사의 신분과 특성에 대한 객관적인 이해가 선행되어야 한다. 직업인으로서 교사가 갖추어야 할 법적 지위나 권리, 책임을 명확하게 이해하고 교직의 특성을 이해할 필요가 있다. 또한 교직에 입문하여 적응해 나가는 사회화 과정을 교사로서 발전해 나가기 위해 어떠한 준비와 자세가 필요한가를 이해할 필요가 있다.

이 장에서는 교사라는 직업인에 대한 법적·사회적·발달적 관점에서 교사를 이해하는 데 초점을 두고 내용을 구성하였다.

1. 교사에 대한 이해

1) 교원의 법적 지위

1966년 유네스코와 국제노동기구는 공동으로 「교사의 지위에 관한 권고」를 채택하고 교원의 지위에 대한 개념을 제시하였다. 동 권고에서는 교사의 지위를 두 가지로 설명한다. 하나는 교사의 담당 직무의 중요성과 직무수행 능력에 대한 인식의 정도에 따라 그들에게 주어지는 사회적 대우 또는 존경을 의미한다. 다른 하나는 다른 직업집단과 비교하여 교사들에게 주어지는 근무조건, 보수 및 그 밖의 물질적 급부 등을 의미한다.

교원의 법적 지위는 국민의 교육기본권 실현을 위하여 학생·학교·지역사회·국가에 대하여 교사에게 기대되는 법제화된 역할, 즉 신분이다. 그리고 구체적으로는 교육활동에 있어서 교사의 권리·의무·책임 관계를 법으로 규정한 것이라고 할 수 있다. 교원의 법적 지위는 교사로서의 신분보장, 경제적 · 사회적 지위보장 등 교사의 '권리'를 포함한다. 뿐만 아니라 「교육기본법」의 적극 실현을 위한 행위의 강제와 교육기본권의 실현을 저해할 우려가 있는 행위의 금지를 포함한 '의무'에 관한 사항과 의무위반에 대한 '책임'규정까지 포함한다(위미숙, 2005: 129).

2) 교원의 권리

교원의 권리는 교원이 학생에 대하여 가지는 법률상 권리뿐만 아니라 보다 광범위한 개념으로서의 권리를 의미한다. 교원의 권리는 크게 적극적 권리와 소극적 권리로 구분해 볼 수 있다(강유정 · 김영훈 · 최성열, 2018; 문종철 외, 2016; 위미란, 2005).

(1) 적극적 권리

교원의 적극적 권리란 전문적 교육활동에 전념할 수 있도록 자율성을 보장하고, 생활보장, 근무여건 개선, 복지후생제도 등을 확충하는 권리를 말한다.

첫째, 교육권이다. 교직의 전문성에 기초하여 직무수행에서의 권위와 자율성이 보장될 수 있는 여건이 조성되어야 한다. 교원 자율성의 보장에는 교육과정 결정 및 편성권, 교재의 선택 결정권, 교육내용 및 방법 결정권, 성적평가권, 학생지도 징계권 등이 있다.

둘째, 생활보장권이다. 교사가 안정된 생활 기반 위에서 가르치는 일에 몰두할 수 있도록 여건을 마련해 주어야 한다. 생활보장은 일차적으로 보수 및 기타 물질적 급부에 달려 있다. 그동안 교원의 처우개선을 위해서 정부의 노력이 계속되어 왔고 그 결과 교원의 보수수준이 점차 향상된 것이 사실이지만, 아직도 다른 전문직에 비해 미흡한 실정이다.

셋째, 근무조건 개선이다. 근무조건 개선은 교원이 그들 본연의 임무인 교육활동에 전념할 수 있도록 보장받아야 할 권리 중의 하나이다. 전문직인 교직의 경우 교육의 효과와 능률을 높이기 위해 적정량의 근무부담이 주어져야 한다. 그러나 현장의 교원들은 해마다 증가되고 있는 공문남발과 잡무에 시달려 본연의 임무인 교육활동에 전념이 어려운 실정이다.

넷째, 복지후생제도의 확충이다. 교원의 생활안정과 함께 가족에 대한 부양책임을 덜어줌으로써 교사가 교육활동에 전념할 수 있도록 보장해 주어야 한다. 교원복지 후생제도로는 연금, 자녀 학비보조금, 무주택교원 지원 등을 들 수 있다.

(2) 소극적 권리

교사의 소극적인 권리는 신분보장권, 교직단체활동권 등을 의미한다.

첫째, 신분보장권이다. 모든 교원들은 「국가공무원법」 및 「교육공무원법」에 의하여 강력한 신분상의 권리를 보장받고 있다. 여기에는 신분 및 직위보유권, 직무집행권, 재심청구 및 소송제기권, 의사에 반한 신분조치를 당하지 않을 권리, 권고사직을 당하지 않을 권리 등이 있다. 특히 불체포특권은 현행범인 경우를 제외하고는 소속 학교장의 동의 없이 학원 안에서 체포되지 않는 권리이다. 교원의 불체포특권은 국회의원과 선거관리위원회 위원 외의 다른 공무원에게는 인정되지 않는 권리이다. 교원에게 이 권리를 인정하는 것은 학원의 자유를 보장하고 교원으로 하여금 교육 및 연구 활동을 수행함에 있어 권력기관의 부당한 압력을 받지 않도록 하려는 데 목적이 있다.

둘째, 교직단체활동권이다. 교원은 교사의 권리를 확보하고 교사로서의 직업을 효과적으로 수행하기 위해 단체 활동을 할 수 있다. 교사들의 신분 및 권한 보장을 확대하는 차원에서 1990년대 말 교원들의 노동조합이 인정되었다. 이후 전문직으로서의 교사의 위상을 강조하는 관행에서 탈피해서 노동직으로서의 교직의 성격이 법률적으로 규정되어 단결권과 단체교섭권을 행사할 수 있다.

3) 교원의 의무

교원의 의무는 적극적인 의무와 소극적인 의무로 분류할 수 있다. 적극적 의무에는 교육 및 연구 활동의 의무, 선서 · 성실 · 복종의 의무, 전문직으로서의 품위유지 의무, 비밀엄수의 의무가 해당된다. 소극적 의무에는 정치활동의 금지, 집단행위의 제한, 영리 및 겸직의 금지 등이 포함된다.

(1) 적극적 의무

첫째, 자질향상 및 학생지도의 의무이다. 교원은 교육자로서 갖추어야 할 품성과 자격을 향상시키기 위해 노력해야 한다. 또한 교육자로서 윤리의식을 확립하고, 이를 바탕으로 학생에게 학습윤리를 지도하고 지식을 습득하게 하며, 학생 개개인의 적성을 계발할 수 있도록 노력해야 한다(「교육기본법」 제14조). 이러한 의무는 교원 자신의 전문성 개발을 위해서도 절실히 요구되는 일이며, 교사로서 수행해야 할 가장 본질적인 과업이다.

둘째, 선서 · 성실 · 복종의 의무이다. 교원의 복무에 관한 사항은 「교육공무원법」과 「사립학교법」에 따로 규정하지 않고 「국가공무원법」을 준용하도록 하고 있다(「교육공무원법」 제53조 및 「사립학교법」 제55조). 따라서 교원은 「국가공무원법」에 규정된 공무원의 모든 의무를 이행해야 한다. 모든 교원은 법령을 준수하며 성실히 직무를 수행해야 한다(「국가공무원법」 제50조). 마지막으로 교원은 직무를 수행함에 있어 소속 상급자의 직무상 명령에 복종하여야 한다(「국가공무원법」 제57조).

셋째, 전문직으로서의 품위유지의 의무이다. 교원은 국민 전체에 대한 봉사자로서 공무를 성실히 집행하는 위치에 있으므로 직무의 내외를 불문하고 그 품위를 손상해서는 안 된다(「국가공무원법」 제63조). 교원으로서 품위를 유지한다는 것은 방탕, 주벽, 낭비, 과도한 부채 등을 멀리하고 그의 직무를 친절하고 공정하게 집행하여야 함은 물론 청렴한 생활의 본을 보여야 함을 의미한다.

넷째, 비밀엄수의 의무이다. 교원은 재직 중은 물론 퇴직 후라도 직무상 알게 된 비밀을 엄수하여야 한다(「국가공무원법」 제60조). 비밀엄수의 의무를 위반한 경우 징계의 사유가 될 뿐만 아니라 『형법』상의 범죄를 구성한다.

(2) 소극적 의무

첫째, 정치운동의 금지이다. 교원은 특정한 정당이나 정치단체의 결성에 관여·가입하는 행위, 선거에서 특정 정당 또는 특정인을 지지 또는 반대하기 위한 투표 권유, 서명 운동, 기부금 모집 등의 행위를 할 수 없다(「국가공무원법」 제65조). 또한 특정한 정당이나 정파를 지지하거나 반대하기 위하여 학생을 지도하거나 선동하여서는 안 된다(「교육기본법」 제14조).

둘째, 집단행위의 제한이다. 공무원은 노동운동 기타 공무 이외의 일을 위한 집단행위를 해서는 안 된다(「국가공무원법」 제66조). 단체행동권의 경우 어떠한 경우일지라도 파업, 즉 수업거부 등의 일체의 쟁의행위를 금지한다.

셋째, 영리 및 겸직의 금지이다. 공무원은 공무 이외의 영리를 목적으로 하는 사업에 종사하지 못하며 소속기관의 장의 허가없이 다른 직무를 겸할 수 없다(「국가공무원법」 제64조).

2. 교직의 특성

교직의 특성에 대한 전통적 관점은 크게 성직(聖職), 전문직, 노동직으로 구분해 왔다. 교직을 성직으로 보는 견해는 직업(vocation)에 내포된 '신성한 부르심(calling)'의 의미에 초점을 맞추고 있다. 교직은 하나의 직업으로서 그 자체가 신성하고 소중할 뿐 아니라 존엄한 인간의 영혼을 다룬다는 점에서 다른 직업과 차별화된다.

교직을 전문직으로 보는 견해는 교사가 교육학이라는 학문적인 체계 및 전문적 지식과 기술을 갖추고 자율성을 갖고 교육적 행위를 하는 직업이라고 보는 것이다. 기능론적 관점에서는 전문직으로서의 교직관을 강조한다. 교사들은 학교교육을 통한 사회유지와 적응을 위한 사회화의 대행자라는 점에서 교직의 사회적 지위와 교사의 수업능력을 높이는 데 초점을 두고 있다(염민호, 2007).

교직을 노동직으로 보는 관점은 교직이 노동직의 특성을 지니고 있다고 설명한다. 교사들은 가르치는 행위에 있어서 자율성을 갖지 못하고 단순 업무직으로 자신의 일로부터 소외되고 있다는 것이다. 갈등론적 관점에서는 자본주의 사회의 교사를 기존 불평등한 교육구조를 재생산하는 노동자로 설명한다. 교직을 노동직으로 보는 관점은 후술하는 교직의 탈전문화·탈기술화 현상과 관련된다.

이외에도 최근에는 교사를 감정 노동자로 표현하기도 한다. 여기에서는 현대 사회에서의 교직의 특성을 이해하기 위하여 교직의 전문화, 교직의 탈전문화·탈기술화, 교직의 감정노동화로 구분하여 제시한다.

1) 교직의 전문화

'교직 전문화'는 두 가지 의미를 가진다. 첫째, 교직은 '전문직'이고, 교사는 교육의 '전문가'이기 때문에 교사의 직무를 더 효율적으로 수행하기 위해서는 전문화해야 한다는 것이다. 둘째, 교직은 전문직이 아니며, 교사는 교육의 전문가로서 전문성을 갖추고 있지 않기 때문에 다양한 방법을 통해 교직 및 교사를 전문화하여야 한다는 것이다(염민호, 2007). 여기서 전문성이라는 용어는 일반적으로 특정 영역의 고도화된 지식과 기술로 일반인들이 수행할 수 없는 수준의 높은 성과를 의미한다. 즉, 전문성이란 개인이 특정 분야에서 뛰어난 성과를 창출하기 위해 지니고 있는 능력이라고 할 수 있다.

직업의 전문성 여부는 몇 가지 특징으로 구분한다(Labaree, 1992; Lieberman, 1960). 첫째, 다양한 상황에서 응용이 가능한 이론체계를 갖춘 전문지식을 갖고 있어야 한다. 둘째, 지식과 기술을 습득하는 데 장기적인 교육훈련 기간을 필요로 한다. 셋째, 이들은 고객에 대한 서비스를 중시한다. 넷째, 사회에서 보장해 주는 특권에 대한 자기통제를 정당화하는 윤리규정을 가지고 있다. 다섯째, 높은 수준의 자율성과 사회적 위신을 보장받는다. 여섯째, 고액의 급여를 받는다. 일곱째, 전문직으로의 진입, 훈련, 승진에 대해 같은 직종에 근무하는 동료들을 통제할 수 있다.

이러한 기준으로 볼 때, 교사라는 직업은 전문성을 갖고 있다고 할 수 있다. 첫째, 교직은 장기간의 훈련을 받은 후 교원자격증을 취득한 교사가 전문적 지식체계인 교수 실천에 대한 지식, 내용지식, 교육과정 실행지식을 실천하는 곳이다. 둘째, 교직은 교육적 행위를 통해 복잡하고 애매모호하고 불확실하며, 개별적이고 주체적인 인간의 경험을 풍부하고 충실하게 이해하고 바람직한 방향으로 변화시키는 활동을 수행한다. 셋째, 교직에서 직무를 수행하는 교사는 자신의 지식과 기술에 따라 스스로 결정할 수 있는 재량권을 행사한다. 넷째, 교직은 다른 직업에 비하여 사회적으로 존중되기 때문에 교직만의 특수한 교원윤리강령, 사도헌장, 사도강령을 갖는다(강유정 · 김영훈 · 최성열, 2018: 252).

표 9-1 전문직의 특성과 교사의 전문성

전문직의 특성	교사의 전문성
고도의 전문화된 지식과 기술력 및 활동 수반 요구	• 교육에 대한 전문적 지식, 임상적인 경험을 통한 실천적인 지식과 전문적인 능력 요구 및 실시
장기간의 사전 전문교육과 훈련, 자격증, 지속적인 현직교육 요구	• 2~4년의 교육기간, 교사자격증, 현장과의 밀접한 관계유지, 각종 교육전문단체를 통한 현직교육 실시, 높은 대학원 진학률
자율성과 책임감을 요구	• 교육과정 운영 및 학급관리의 자율권과 책임감 요구
권익보호단체구성 요구	• 교사의 교권확보와 신장, 교원복지증진, 교사의 전문성 고양을 위한 전문 교직단체 구성
고유의 윤리강령 요구	• 교원윤리강령, 사도헌장, 사도강령

자료: 임부연 · 김성숙 · 송진영(2015). 유아교사론. 양서원, 55쪽.

OECD는 세계 주요국의 교원과 교직환경 개선을 목적으로 교수학습국제조사(Teaching and Learning International Survey)를 대규모로 실시하고 있는데, 교사전문성을 구성하는 요소를 다섯 가지로 제시하였다. 다섯 가지 요소는 ① 지식과 기술(knowledge and skills base), ② 교직 입문의 기회와 근무 여건(career opportunities), ③ 동료 간 규율과 협력 문화(peer regulation and collaborative culture), ④ 자율과 책무(responsibility and autonomy), ⑤ 전문직으로서의 위상과 지위(prestige and standing)이다(OECD, 2020)(**그림 9-1** 참조). 이와 같은 교사전문성의 개념은 교수 · 학습에 대한 내용 지식에서 확장하여 전문가로서의 자율성과 판단, 의사결정에의 참여, 전문적 학습공동체를 통한 동료 간의 학습, 전문직 기준 수립 및 규율 등의 영역을 포함하고 있다(김혜진 외, 2020: 25).

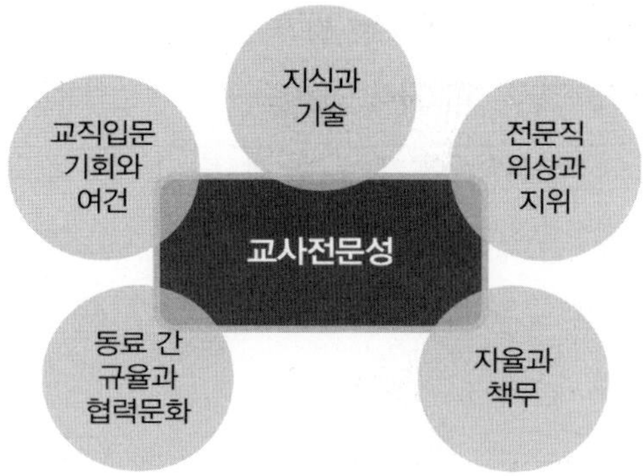

그림 9-1 교사전문성의 구성 요소

출처: OECD(2020). TALIS 2018 Results (Volume II): Teachers and School Leaders as Valued Professionals. OECD Publishing, 26쪽; 김혜진 외(2020). 교원 및 교직환경 국제비교연구: TALIS 2018결과를 중심으로(II). 한국교육개발원, 25쪽.

2) 교직의 탈전문화·탈기술화

교직의 '탈전문화(deprofessionalism)'는 교직의 전문화와 전혀 다른 의미로 갈등론적 관점에서 교직을 설명하는 개념이다. 탈전문화는 노동계급화(혹은 노동자화), 탈기술화의 개념을 반영하고 있다. 탈전문화의 관점에서 보면 교직은 틀에 박힌 고정적인 직업이자 하는 일의 개념과 집행이 분리된 것으로 묘사되며, 교사의 자율성이 훨씬 적은 것으로 기술된다(노명완, 2001; 염민호, 2007; 허병기, 1994). 탈기술화(deskilling)는 분업과 지식 및 기술의 발달로 한때 전문성을 요구했던 지식이나 기술이 점차 위축되고, 작업에 대한 근로자의 자율성이나 통제력이 관리자의 관할로 옮겨가는 과정을 말한다.

최근 교사들은 첨단 전자매체나 수업 자료의 개발에 있어서 교사의 전문적 소양이 평가 절하되고 자신의 업무를 자율적으로 통제할 권한을 잃어가고 있다. 또한 교사들은 국가에서 정한 표준화된 수업계획과 구체적 지침을 따라야 하며, 직무수행에 필요한 표준화된 연수를 받아야 한다. 정부에서 만든 지침 혹은 규칙이 교실현장에 그대로 반영됨으로써 교사들은 새로운 형식의 감시와 통제를 받게 되고, 그 결과 교사와 교직의 탈전문화·탈기술화가 급속하게 진행된다. 또한 학교행정 및 평가 작업이 확대되면서 교사들의 노동시간이 늘어나고 교사들은 창조적인 과업 수행의 기회가 줄어들게 된다.

3) 교직의 감정노동화

교직은 정서적 노동의 하나이다. 감정 노동(emotional labour)이란 사회학자 호크쉴드(A. R. Hochschild, 1983)가 '인간 감정의 상품화'를 말하면서 사용한 개념으로 표정이나 신체적 표현이 중시되는 일이나 노동을 뜻한다. 이는 고객이 특정의 느낌을 갖도록 표현이나 표정 등에 유의해야 하는 직업종사자가 하는 노동이다. 운항 중인 비행기가 고장 날 때에도 불안한 표정을 짓지 않고 계속 미소를 지어야 하는 승무원, 슬프지 않음에도 슬픈 척해야 하는 장례직 근로자들이나 의사, 간호사 등이 그 대표적인 예이다. 이와 같이 서비스업 종사자들은 다양한 고객을 접하면서 자신의 느낌대로 행동할 수 없다. 해당 직장이나 조직의 규범과 규칙에 따라 자신의 감정을 통제하며 표현해야 한다. 그들은 자기의 속 마음과 달리 행동해야 하므로 심한 정서적 불일치(emotional dissonance)를 겪는다(김병욱, 2012).

교직 역시 학생이나 학부모가 특정의 느낌을 갖도록 교사 자신의 기분과는 무관한 인위적인 표정과 표현을 해야 하는 직업이다. 교육 분야에 서비스경영 개념이 도입되면서 교육수요자, 고객, 소비자, 교육서비스 품질 등이라는 용어가 익숙해지고 있다. 그러면서 교육수요자 및 최대고객은 학생, 학부모로 부상되고 있다. 이에 교사들은 품질 높은 교육서비스를 고객에게 제공하기 위해 최대한 노력을 해야 한다. 학생의 옳지 못한 행동을 꾸짖거나 벌을 주는 것에 대해 학부모와 학생이 과격하게 대응하는 것을 경험하여도 이를 묵인하거나 방기하게 된다. 특히 연령이 어린 영유아, 초등생들과 학부모를 대하는 교사들은 감정서비스를 제공하는 데 충실하지 않으면 비난을 받게 된다.

3. 교직사회화

1) 교직사회화의 개념

인간은 누구나 삶을 살아가면서 가치관, 지식, 능력에 있어서 변화와 발달의 과정을 거치게 된다. 이러한 변화와 발달은 유아기, 아동기, 청소년기, 성인기, 노년기 등 일련의 단계를 통해 이루어진다. 교사들도 마찬가지로 전체 교직생활을 통해 다양한 방식으로 변화와 발달의 과정을 거치며, 일련의 사회화 과정을 거치게 된다(이문구, 2006). 교직사회화란 교사가 교직사회에 입문하여 교사로서 갖추어야 할 소양과 교사집단의 규범과 가치를 공유해 가는 과정을 의미한다. 이두휴(2012)는 교직사회화를 교사로서 준비·성장하는 모든 과정으로 보고 두 가지 관점에서 정의를 한다. 첫째, 개인적인 차원에서는 교사가 성인으로서 사회화되는 과정으로 교직과 관련된 가치, 규범, 기술, 지식, 태도 등을 능동적으로 배우고 내면화하는 과정을 의미한다. 둘째, 상호작용 차원에서는 교직 구성원으로서 학교 환경에서 기대되는 역할과 직무 속에서 상호작용을 통해 변화되는 과정으로 정의하고 있다.

교직사회화는 연구자들에 따라 '교사 교직 발달', '교사사회화', '교사의 직업적 사회화', '교직사회화' 등의 용어와 혼용되어 사용된다(최경주,

2020). 이러한 용어들은 교사가 교직 생활을 통해 어떻게 변화·발달해 나가는가를 분석하려는 시도와 관련된 개념이라 할 수 있다.

2) 교직사회화 과정에 대한 이해

교직사회화는 사람들이 교사가 학교라는 집단의 문화를 내면화하는 가운데 일어나는 주관적인 과정이다. 그러므로 이 과정을 이해할 수 있는 자료는 그 과정을 겪어 본 사람들의 경험에 있다. 교사들은 사회화 과정을 통해 태도, 지식, 기술, 신념, 역할, 자아개념, 가치관 등을 확립해 나간다. 이러한 사회화 과정 중에서 개인이 자신의 사회적 행동을 점검하고 자신의 구체적 상황에 적합한 대응행동과 태도를 형성하려는 일련의 기술을 사회화 전략이라고 한다(Lacey, 1977). 따라서 교직사회화의 과정은 자신이 처한 구체적인 학교상황 및 교직문화에 순조롭게 적응하기 위하여 다양한 사회화의 전략을 채택, 적용하는 과정으로 설명될 수 있다.

교직사회화 과정에 대한 이해는 교사들이 학교조직에 적응해 나가는 역동적인 과정에서 겪는 장애요인과 애로사항을 파악하고, 학교 환경에서 요구되는 역할과 직무를 적극적으로 수행할 수 있도록 지원해 줄 사항이 무엇인가를 살펴볼 수 있다는 데 의미가 있다. 이런 점에서 초임 교사의 사회화 과정을 통해 나타나는 특징을 살펴보면 다음과 같다(우옥경, 2020).

첫째, 교사로서의 초기경험은 교사 전문성 함양과 앞으로의 교직생활에 큰 영향을 미친다(최희진, 2002). 따라서 초임교사로서 학교현장에 입문하기 전뿐만 아니라 학교현장에 입문하여 어떻게 발달하고 적응해 나가는지 알아보는 것은 의미 있는 일이다. 교직은 다른 전문직에 비해 초임 대상 수습제도가 거의 없지만, 초임교사에게 맡겨지는 업무량과 책임은 경력교사와 같거나 많은 경우도 있다. 초임교사들은 학생 개인별 차이 파악, 교실활동 조직, 교실 훈육, 수행평가, 불충분한 교수교재, 학부모와의 관계 등의 어려움을 겪는다(남궁선혜, 2019).

둘째, 교직사회화의 특성은 교사 집단의 인성적 성향에 의해서 형성된 것이 아니라 그들이 처한 상황에 대처하는 과정에서 형성된다. 교사들은 교직에 입문하여 처한 상황이나 맥락에 대응해 나간다는 점에서 전통적으로 유지되는 교직 사회의 관행에 무조건 동화되지는 않는다(Lacey, 1977). 교사들은 사회화 과정에서 일직선적으로만 나타나지 않고 불규칙적이고 역동적으로 변화·발달해 나간다. 일부 교사들은 성숙한 단계에 이르기도 전에 부적응 상태로 상당기간 교직 생활을 하는 경우도 있으며, 교직에서 중도 탈락할 수도 있다. 또한 일부 교사는 빠른 시간 내에 성숙한 단계에 이르렀다가 곧 회의를 느끼고 좌절하는 경우도 있을 수 있다.

셋째, 초임 교사로서의 어려움과 갈등을 이해할 수 있다. 급변하는 사회 속에서 교사들의 교직 의식에도 많은 변화가 있어 왔다. 정보화, 세계화, 대중매체를 통한 과다한 정보들, 학습자 중심의 교육의 요구 등으로 교사들은 빠른 시대적 흐름 속에서 학습자의 성장속도와 환경에 대한 계속적인 적응과 자기 개발이 요구되고 있다. 이러한 요구들은 교사들에게 심리적인 부담으로 작용하고 있으며 일부 교사들은 교직 사회화 과정에서 다양한 형태의 어려움과 갈등을 경험하기도 한다. 따라서 교사의 갈등 정도와 강도가 급격히 증가하고 있는 현 시점에서 교직에 종사하는 교사들이 초기 경험한 초임교사 시절의 사회화 과정은 어떠했는지, 시간이 지남에 따라 어떠한 교직의식을 갖게 되었는가에 대하여 알아보는 것은 앞으로의 학교 경영 및 연수의 개선 방향을 제시하는 데 중요한 지침을 제공해 줄 수 있다.

넷째, 초임 교사의 사회화 과정 경험을 통하여 교직의 시대적 흐름과 교사 세대별 차이를 살펴볼 수 있다. 교직 사회의 개인주의 문화는 교사들 사이에 협동이 제대로 이루어지지 않는다는 점, 폐쇄적인 문화를 갖는다는 점에서는 비판의 대상이 되기도 한다(황기우, 1992). 하지만 교직사회의 개인주의 문화가 교사 자율성 발휘에 유리한 점으로 작용한다는 주장이 제기되기도 한다(Metz, 1978).

3) 교직사회화 단계

교직생활을 하는 교사들은 단계적인 발달과정을 거쳐 끊임없이 성장하고 변화해 나간다. 물론 교사 개인의 특성에 따라 성장 속도나 발달단계는 다소 차이가 있을 수 있다. 교사들은 직전교육을 통해 예비교사로서 갖추어야 할 기본적인 소양과 자질을 갖추었으나 교사생활을 하는 과정에서도 지속적인 재교육과 연수 등을 통해 지속적으로 발달해 나간다. 교직사회화 과정을 통해 나타나는 교사의 발달단계는 다양한 학자들에 의해 정의되어 왔다.

여기에서는 교사발달 단계를 이해하기 위하여 카츠(L. Katz)의 교사발달 단계를 소개하기로 한다. 카츠는 교사의 발달단계를 생존발견 단계, 강화 단계, 갱신 단계, 성숙 단계의 4단계로 구분하여 설명했다(강유정 · 김영훈 · 최성열, 2018: 256-257; Katz, 1972: 50-54).

첫째, 생존기 단계이다. 교직경력 1년 미만의 시기로 교사로서 성공하기를 기대하지만 실제 현장에서 여러 문제에 부딪히면서 자신의 무능함을 느끼고 교사로 살아남을 수 있을까를 고민하게 되는 시기이다. 주위에 있는 선배교사의 지원, 이해, 격려, 위로, 지도 등은 신임교사들이 생존기 단계에서 겪는 어려움을 극복하는 데 큰 힘이 된다. 그러나 무엇보다도 교사 스스로 학생과 교육환경을 이해하려는 노력, 다양한 수업방식을 알아보고 적용하려는 노력이 중요하다.

표 9-2 카츠(L. Katz)의 교사발달단계와 훈련 요구

교사발달단계	훈련 요구
4단계: 성숙기 (5년 이상)	세미나, 학회 참가, 대학원 학위과정, 다양한 분야 전문가들과의 모임
3단계: 갱신기 (3~5년)	워크숍, 전문단체, 저널, 학술지, 시범 프로젝트, 교원센터 방문
2단계: 강화기 (1년 말~3년)	전문가와의 접촉, 동료교사의 충고, 상담 등을 통한 도움
1단계: 생존기 (교직생활 첫 1년)	현장에서의 지원과 기술적 도움

자료: Katz, L. G.(1972). Development stages of preschool teachers. Elementary school Journal, 73(1), 50-54; 강유정·김영훈·최성열(2018). 교육사회학. 동문사, 256쪽 재조직.

둘째, 강화기 단계이다. 교직경력 1년에서 3년 미만의 시기로 어느 정도 교사로서의 안정감과 자신감을 갖게 되면서 배운 것들을 확고히 하는 시기이다. 이 시기는 교사로서 내게 부족한 것은 무엇인지, 새로 익혀야 할 것이 무엇인지를 찾게 된다. 이러한 문제들은 교사들 간의 상호 탐구를 통해 가장 잘 해결될 수 있다. 예를 들면, 다른 교사가 비슷한 경우의 학생을 어떻게 다루고 있는지를 알아봄으로써, 그리고 자신의 행동을 다른 교사에게 알림으로써 새로운 전략을 세울 수 있다. 특히 이 단계에서는 학생 일반이나 특별한 학생에 관한 정보를 수집하고 그러한 정보를 활용하는 훈련을 많이 해야 한다.

셋째, 갱신기 단계이다. 교직 경력 3년에서 5년 미만의 시기로 같은 일을 반복적으로 되풀이하기보다는 무언가 새로운 것을 시도해 보고자 하는 시기이다. 이 단계의 교사들은 학교 안에서보다는 학교 밖에서 다른 교육 프로그램을 운영하는 사람들의 도움이 필요하다. 예를 들어, 청소년

교육 프로그램이나 박물관 견학 프로그램, 캠핑이나 여행 프로그램 등을 관찰함으로써 교육활동과 관련된 새로운 아이디어를 얻을 수 있다. 또한 교육을 위한 연구모임에 참여함으로써 그리고 독서나 영화감상 등의 폭넓은 취미활동을 통해 이러한 노력의 결실을 얻을 수 있다.

넷째, 교사발달의 가장 최고의 단계인 성숙기 단계이다. 교직경력 5년 이후의 시기로 자신을 교사로서 인정하게 되고 성숙한 수준에 이르는 시기이다. 이 단계의 교사들은 교육개선을 위한 회의나 세미나에 참가할 수 있는 기회나 학위취득을 위한 기회를 필요로 하게 된다.

4) 유아교사의 교직사회화

유아교사들은 교직 생활을 시작하여 경력을 쌓아가는 동안 교사로서의 가치관, 신념, 태도, 지식, 기능, 행동 등에 있어서 양적·질적 변화를 겪게 된다. 교사들은 교사양성기관에 입학할 때부터 시작하여 전체 교직생활 동안 지속적으로 교사로서 발달해 간다(박지원, 2016). 이두영(2009)은 유아교사발달을 유아교사가 처음 발령받아서 퇴직하는 과정 동안 교직경험을 쌓아가면서 교수지식과 기술, 신념과 행동적 변화를 동반하여 적응해 나가거나 성숙해 나가는 단계로 정의하였다. 김선희와 신재흡(2006)은 교사발달을 시간적 변화에 따라 교직 전체 영역에 걸쳐 성장·발전·퇴보하는 현상이라고 정의하였다.

유아교사의 교직사회화는 유아교사가 교직생활을 통해 이루어지는 교사의 끊임없는 성장과 변화의 발달 과정으로 나타난다. 유순이(2003)는 현직 유치원교사와의 면담을 통해 유아교사의 발달단계를 경력기간에 따라 입문 단계, 능력구축 단계, 갈등 단계, 성숙 단계, 쇠퇴기 단계로 구분하였다. 이러한 교사들의 발달과정은 단순·직선적이라기보다는 복합적·역동적인 특징을 갖는다.

(1) 입문 단계

입문 단계는 교직에 입문한 후 교직경험을 쌓아가는 시기로, 대체로 교직입문~교직경력 3년 정도이다. 이 시기는 교직경험이 없기 때문에 학급경영 및 업무수행에 대한 복잡성을 느끼며 이론과 실제 간의 괴리감을 느끼기도 한다. 가치 및 태도는 가변적이며 미발달한 상태이다. 학습상황에 대처하는 임기응변 능력이 부족하며 교육활동 지도 시 제한된 지식만을 소유한다. 업무에 있어서는 창의적이라기보다는 관습에 의한 역할기대에 충실히 따른다. 문제의 해결방식이 거시적·장기적이지 못하고 미시적·단기적이며 교직능력이 부족하다는 감정을 갖는다. 교직을 떠날 것인지 계속 남아 있을 것인지에 대하여 고민하며, 교직 외의 직업을 찾아보기도 한다. 아동에 대한 흥미 및 동기 유발보다는 학급통제에 관심이 높고, 확고한 교육관을 갖고 체계적으로 가르치기보다는 상황에 따라 되는 대로 가르친다. 교직생활 전반에 걸쳐 선배교사를 모방의 대상으로 삼기도 한다.

(2) 능력구축 단계

능력구축 단계는 교직경력 4~6년으로, 무언가 새로운 것을 시도해 보고자 하는 시기이다. 비교적 높은 수준의 지적인 능력과 경험을 갖추게 되며 추진력, 소속감 등이 증가한다. 명확한 직무의 실천 및 담당업무에 대한 자신감을 갖기도 한다. 아동들을 대할 때도 자신감을 갖고 교수-학습 활동도 숙달되어 수업의 편안함을 느낀다. 교과지도에도 깊고 넓은 지식습득의 필요성을 느낀다. 교직에 남아 있기로 결정하기도 한다.

다양한 교수내용과 교수방법의 개발에도 관심이 높아지며 개인의 삶을 재평가하기도 한다. 자긍심이 강해지면서 아동과의 관계, 평가방법, 광범위한 목표의 이해에 더 많은 관심을 기울인다. 자신의 직무를 좋아하며 계속적으로 전문성을 향상시키기 위해 계속 노력한다. 교직생활에도 만족을 느끼기 시작한다. 아동들의 욕구를 알 수 있고 내면세계를 이해하며 학교조직과 학교경영의 기법이 자연스럽게 내면화된다.

(3) 갈등 단계

갈등 단계는 교직경력 7~9년으로, 교직에 대해 다양한 의식을 하면서도 직업적 위기의식으로 승진의 어려움을 느끼는 시기이다. 교직이라는 직업에 대한 회의를 갖거나 좌절감을 느끼기도 한다. 타 직업에 비해 상대적으로 낮은 사회경제적 지위도 교사들이 직업적 좌절감을 갖게 되는 한 원인으로 작용한다. 이 시기에는 교직의 전문성 향상에 무관심해지며 학교교육 활동에 적극 참여하지 않으려고 한다.

(4) 성숙 단계

성숙 단계는 교직경력 10~20년 정도의 완숙 단계로서 교사들은 장학사, 연구사, 원감 승진 등에 관심을 보인다. 가치관 및 태도도 안정적이며 교직에 대한 신념이 확고하다. 업무수행면에서도 가장 많은 일을 처리하며 업무수행 능력도 뛰어나다. 승진을 목적으로 대학원 진학을 하기도 하며, 각종 연수에도 적극 참여한다. 또한 근무성적 평정에 높은 관심을 나타내며, 주임보직을 희망한다.

(5) 안정·침체 단계

안정 · 침체 단계는 교직경력 20년 이후로 교직에 대한 활력과 정력이 감소한다. 그러나 자긍심을 느끼고 교실에서 안정감을 느끼며, 보다 유연하고 자기 수용적으로 변해간다. 직능발달을 위해 노력하기보다는 현상유지에 관심이 높은 시기이기도 하다. 자신의 초기의 꿈과 그것에 헌신하여 왔던 것과 관련하여 자신의 성취를 평가한다. 삶에 대하여 관조적이고 안정적이지만 자신에 기대되는 역할 이상은 스스로 찾아서 하지 않으며 전문성이나 수월성과 성장을 추구하는 데 몰두하지 않는다. 개혁보다는 현상유지를 선호하는 보수적 성향을 띠기도 한다.

(6) 쇠퇴 단계

쇠퇴 단계는 교직생활을 회고하며 은퇴를 준비하는 시기이다. 직업생활의 끝에서 외적인 관심보다는 자신의 내적 성찰에 관심을 가진다. 긍정적·수단적 사고에서 반성적 사고로 변하며 지난 삶을 회고하며 많은 경험을 상기하여 은퇴 후의 일을 생각한다.

10

C/H/A/P/T/E/R

양성평등과 교육

1. 양성평등의 개념
2. 양성평등에 대한 여성주의 관점
3. 성 역할 사회화 이론
4. 유아와 양성평등교육

성(gender)차별은 계급(class)차별, 인종(race)차별과 함께 인류사회가 오랫동안 차별 문제를 극복하기 위해 노력해 왔던 대표적인 불평등 주제이다. 모든 사람은 성, 인종, 나이, 언어, 종교, 신분, 지역 등으로 차별받지 않고 동등하게 모든 권리와 자유를 향유하기를 원한다. 세계경제포럼(WEF)에서 매년 발표하는 세계 성 격차 보고서(The Global Gender Gap Report) 조사 결과를 보면 대한민국은 여전히 하위수준에 머물러 있으며, 성 격차가 존재하고 있다. 여성과 남성이 평등한 사회를 구현하기 위해서는 성인지(性認知) 교육이 중요하다. 성인지 교육은 의식교육으로서 생애 전 단계에 걸쳐 지속적이고 체계적으로 이루어질 필요가 있다. 또한 양성평등은 체험과 실천의 문제이므로 이를 이해하고 체험하여 행동을 변화시키는 교육이 필요하다.

이 장에서는 양성평등의 개념과 여성주의에 대한 관점을 살펴보고 우리나라의 양성평등 정책과 함께 유아기의 양성평등 교육을 어떤 방향으로 해야 할 것인가를 제시하였다.

1. 양성평등의 개념

1) 성 개념

여성과 남성의 차이는 성염색체에서 시작한다. 인간이 가진 23쌍의 염색체에서, 남녀를 결정하는 성염색체는 1쌍이다. 남성은 XY이고, 여성은 XX이다. 나머지 22쌍의 염색체는 남녀가 공통으로 갖는 상염색체이니, 이를 숫자로 표현하면 남녀의 차이는 1/23의 차이이다. 이런 차이를 남성과 여성의 '생물학적인 성(sex)'[4]이라고 말한다. 생물학적인 성은 남녀(영어로는 male/female)의 생물학적·신체적·해부학적 특성을 표현하는 용어로, 신체 내·외부의 기관들, 염색체, 호르몬, 성기의 차이 등을 말한다. 이를 좀 더 구체적으로 표현하면 여성들은 생리를 하며, 임신과 출산, 수유를 할 수 있고, 남성들은 정자를 배출할 수 있다. 생물학적 성은 본질적 성이며 불변이다.

이러한 남녀의 성(sex) 외에 또 하나의 성이 있다. 사회적으로 구성되고 규정되는 성이기 때문에 생물학적인 성인 sex와 구분하여 젠더(gender, 사회적 성)라고 부른다. 여성에게는 자녀양육의 책임이 있고, 남성에게는 가족부양의 책임이 있다는 각본화된 성 역할을 의미한다. 오늘날 여성들이 직업 활동을 통해 가족을 부양해도 여전히 자녀양육과 가사를 책임져야 하는 이유도 이러한 사회적인 성별분업에서 나온 것이다. 성차별 문제는 남녀 간의 단순한 차별 문제가 아니라, 인간으로서의 근본적인 존중과 관련된 문제로서 사회적이고, 정치적인 문제인 것이다.

최근 우리 사회에 남녀 평등한 사회를 만들기 위한 다양한 노력들이 시도되고 있는데 관련된 다양한 개념이 대두되고 있다. 우선 성인지 교육은 여성과 남성에게 미치는 영향을 인식하는 능력을 증진하는 교육을 의미한다. 성인지 감수성(性認知 感受性, gender sensitivity)은 성별 간의 불균형에 대한 이해와 지식을 갖춰 일상생활 속에서의 성차별적 요소를 감지해내는 민감성을 말한다. 법조계에서는 성범죄 사건 등 관련 사건을 심리할 때 피해자가 처한 상황의 맥락과 눈높이에서 사건을 바라보고 이해해야 한다는 개념으로 사용되고 있다.

2) 양성평등의 개념

'양성평등'이란 개념은 「양성평등기본법」 제3조의 정의에 의하면 '성별

4) sex의 어원은 라틴어 sexus에서 유래한다. sexus는 seco의 변형으로 영어의 cut(나누다, 자르다)에 해당한다. 이것은 모체로부터 탯줄을 자름으로써 형성된 성이라는 뜻이다.

에 따른 차별, 편견, 비하 및 폭력 없이 인권을 동등하게 보장받고 모든 영역에 동등하게 참여하고 대우받는 것'을 의미한다. 그런데 구체적으로 평등이라는 개념이 무엇이고 평등을 위한 정책이나 제도를 어떠한 방향과 범위로 적용해 나가야 할 것인가를 결정하기는 쉽지 않다. 평등에 대해서는 다양한 입장이 존재하기 때문이다.

초기에는 기회의 평등에 가장 큰 관심을 가졌다. 누구에게나 기회가 동일하면 평등해질 수 있다고 보았다. 따라서 동등한 기회와 자유로운 경쟁의 형식적 절차와 과정을 중시할 것을 강조하였고, 그 결과로서 나타나는 불평등에는 관심을 보이지 않았었다. 기회의 평등이 달성된 이후에 발생하는 차이는 개인적 노력이나 능력의 차이에 의한 것이므로 결과로서의 불평등은 정당한 것으로 여겼다.

그러나 평등은 단지 모든 사람에게 동일한 기회를 주고, 동등하게 대우하는 것만으로 실현되지 않았다. 선천적으로나 후천적으로 개인 간에 이미 많은 차이나 불평등이 존재하는 상황에서 이러한 차이를 무시하고 기회의 평등을 통해 동등하게 대우하는 것만으로는 불평등을 제거할 수 없다는 인식이 차츰 확산되었다. 현실적으로 존재하는 개인 간의 차이를 무시하고 모든 사람을 절대적 기준에 의해서 평등하게 대우하는 경우, 평등 원칙은 오히려 불평등을 정당화하게 된다는 주장도 제기된 것이다.

평등의 개념과 관련된 다양한 입장들은 남녀평등의 문제에 대해서도 동일하게 나타난다. 기회, 조건, 결과의 평등은 반드시 단계적인 발전을 의미하지 않는다. 그 사회가 남녀평등을 해결하기 위한 정치 사회적 이데올로기나 정책 방향에 따라 선택적으로 적용될 수 있다. 따라서 남녀평등을 이해하고 실천하기 위한 정책을 수립하고 집행하는 과정에서 평등 개념이 어떻게 적용되고 있는가를 중요하게 주목해 보아야 한다. 여기에서는 남녀평등에서 기회, 조건, 결과의 평등을 각각 어떻게 다루고 있는지 살펴보고자 한다.

(1) 기회의 평등

남녀평등의 초기 개념은 기회의 평등을 의미했다. 기회의 평등은 남녀에게 동등한 기회가 주어져야 한다는 것이다. 주어진 기회를 누릴 수 있느냐 여부는 개인의 역량과 상황(형편)에 달린 것이고, 중요한 것은 법이나 제도상 특정 집단에게 이익이나 불이익이 있어서는 안 된다는 것이다. 여성들에게 남성과 동일한 기회가 허용된다면 남성과 동등하게 자신의 능력을 발휘할 수 있으므로 기회의 평등만으로도 남녀평등을 위한 필요충분조건이 된다고 믿었다. 그러나 여성들이 생각했던 것과는 달리 오랜 시간 가부장제[5]의 역사가 지속되어 오는 동안 다양한 형태의 성차별이 축적됨으로써 기회의 평등은 분명한 한계를 갖는 것으로 나타났다. 즉, 체계적으로 여성을 배제하는 사회구조하에서 기회의 평등은 간접적인 차별[6]을 낳을 수밖에 없게 되고, 그 결과 형성되는 불평등에 대한 문제를 제기하는 것이 쉽지 않다는 문제점을 드러냈다.

(2) 조건의 평등

기회의 평등에 대한 현실적 한계를 인식하면서 새롭게 대두되는 평등

---

5) 가부장제(patriarchy)는 다양한 의미로 사용되는데 남성 지배와 동의어로 사용되기도 하며, 특정한 역사상의 사회구조를 가리키기도 한다. 좁은 의미에서 가부장제는 '아버지의 지배', 즉 남성인 가부장이 다른 가족들에 대해 절대적인 권력을 가지고 지배하는 사회지배체제를 의미한다. 여성주의자들은 지금까지 알려진 많은 사회가 가부장제 사회였으며, 가부장제 사회에서 모든 여성은 그 형태와 정도는 다를지라도 억압받고 있음을 강조한다.

6) 간접차별이란 채용 또는 근로의 조건을 동일하게 적용하더라도 그 조건을 충족시킬 수 있는 남성 또는 여성이 다른 한 성에 비하여 현저히 적고, 그로 인하여 특정 성에게 불리한 결과를 초래하며 그 기준이 정당한 것임을 입증할 수 없는 것(「남녀고용평등법」 제2조 제1항)을 말한다. 예를 들면, 오지 근무가 승진 점수에 가산점으로 작용하는 경우, 여성의 경우 자녀양육 때문에 남성에 비해 오지 근무를 할 수 있는 여건이 훨씬 불리하다.

개념이 조건의 평등이다. 조건의 평등은 남녀평등을 수학적 · 기계적인 평등이 아니라 상대적 평등의 관점에서 접근한다. 즉, 평등의 기본 원칙을 '같은 것은 같게, 다른 것은 다르게'라는 생각에 바탕을 두고 있다. 모든 사람이 평등하다는 원칙은 비교 대상인 존재들이 동등할 때만 타당하며, 사실상 동등하지 않은 존재는 동등하지 않게 취급되어야 한다는 것으로 평등의 개념이 확장된 것이다.

현재 불평등한 위치에 서 있기 때문에 경쟁의 조건에서 이미 차별을 당할 수밖에 없는 여성에게 기회의 평등을 제공하는 것만으로 실질적인 평등을 가져오기에는 턱없이 부족하다. 현 사회구조가 여성을 가사노동과 자녀양육의 전담자로 인식하는 한, 여성은 평등하게 보장된 법적인 기회조차도 제대로 활용할 수 없기 때문이다.

따라서 조건의 평등은 여성이 남성과 동등하게 권리를 누릴 수 있도록 선결조건을 제공할 것을 요구한다. 예를 들면, 여성고용에 있어서 공동육아시설이나 공동식당 등 가사노동과 자녀양육의 사회화를 통해 여성이 기회의 평등을 실질적으로 누릴 수 있는 조건이 전제될 때, 비로소 평등이 의미를 지닐 수 있다는 것이다.

그러나 조건이 평등화되어도 역시 실질적 평등으로 가기에는 한계가 있다. 조건이 평등하다 해도 사회구성원의 가치체계가 가부장적인 상황하에 놓여 있다면 가사노동과 자녀양육의 사회화는 한계가 있을 수밖에 없다.

(3) 결과의 평등

기회와 조건의 평등에도 불구하고 여전히 존재하는 불평등의 문제를 극복하기 위해 대두된 개념이 결과의 평등이다. 결과의 평등이란 최종적으로 획득된 평등을 말한다. 즉, 단순히 '분리 금지'나 '차별 금지' 등의 조치만으로 교정되지 않는 불평등이 존재한다. 결과의 평등을 위해서는 기존의 차별 관행을 개선하고 성별 분업적 이데올로기를 불식시켜야 하는데, 이는 제도적 차원에서 강제성을 띤 적극적 조치를 필요로 하고 있다. 즉, 법률적 평등뿐만 아니라 실질적 평등이라는 목표를 분명히 하고 그러한 목표를 성취하기 위해 잠정적 특별조치가 필요하다고 본다.

결과의 평등은 자유시장 경쟁의 개념으로 볼 때 남성 집단에 대한 일종의 '역차별'이며, 「헌법」이 보장하는 평등의 개념에 모순된다는 비판을 종종 받는다. 그러나 이러한 결과의 평등은 영구적인 조치가 아니라 실질적인 의미의 양성평등이 달성될 때까지 적용되는 잠정적인 조치이다.

인류가 궁극적으로 지향하는 평등사회는 보다 많은 사람들이 평등한 삶을 누릴 수 있는 사회이다. 따라서 능력 위주의 경쟁사회가 요구하는 조건들을 갖지 못한 사람들이 겪는 불평등이 지배와 착취의 구실이 되기보다는 그 차이를 적절히 법과 제도로서 보완하는 것이 새로운 사회정의와 평등의 개념이 되어야 한다.

2. 양성평등에 대한 여성주의 관점

여성문제에 대한 이론적 접근이 처음 시도된 것은 18, 19세기 서구에서 자유주의 사상의 발달을 통한 인간의 자유와 평등사상이 보급되면서부터이다. 자유주의 사상은 1960년대에 미국과 유럽을 중심으로 여성운동이 활성화되면서 더욱 본격적으로 진행되었다.

여성문제에 대한 사회학적 접근은 여성에 대한 억압과 성 불평등이 남성이 만든 사회환경에 의해 강제적으로 결정되었음을 강조한다. 이를 이론적으로 뒷받침한 것이 페미니즘(feminism), 곧 여성주의 이론이다. 여성주의 이론은 전통적 시각에 정면으로 도전하면서 남녀 간 권력의 불평등과 성별 노동 분업 등이 여성 문제의 근원이라고 보는데, 대표적으로 자유주의적, 사회주의적, 급진주의적 여성주의로 구분해 볼 수 있다(김재인 외, 2001: 98-102; 임정빈 · 정혜정, 2000: 15-20; 오욱환, 1997: 144-145).

1) 자유주의적 여성주의

역사상 가장 먼저 나타난 여성주의이론은 서구의 18, 19세기 모든 인간은 평등하다라는 자유주의 사상에 근거하여 출현한 자유주의적 페미니즘 이론이다. 자유주의는 모든 인간의 기회균등과 자유경쟁의 이념을 담고 있는 사상이다. 자유주의 사상은 봉건적인 예속 상태에 놓여 있던 여성들에게 인간의 존엄과 자유 · 평등 그리고 개인의 자아성취를 인식할 수 있는 계기를 마련해 주었고, 여성도 남성과 동등한 인격체임을 인식할 수 있게 하였다.

자유주의적 이론의 대표자는 밀(J. S. Mill)로, 그는 1869년 「여성의 예속」을 출판하고, 이 책에서 여성에 대한 법적 제약과 남녀차별을 전제로 한 교육제도 그리고 남녀에게 이중적으로 적용되었던 빅토리아시대의 성윤리를 공격하였다. 또한 남성에 대한 여성의 예속은 천부적으로 결정되는 것이 아니라 남성우월주의 이론에서 나온 것으로 여성의 예속을 정당화하기 위해 발전된 많은 이론과 주장이 여성으로 하여금 이성 대신 본능을 숭배하도록 하였고 제도화된 관습과 일반적인 느낌을 우상화하도록 하였다고 주장하였다. 따라서 여성의 권익은 남성과 동등한 법적 권리와 교육기회, 참정권, 직업기회를 가짐으로써 신장될 수 있다고 보았다.

자유주의 여성주의자들은 여성에게 차별적으로 적용되었던 법 · 교육 · 가족제도 등 각종 사회제도가 여성의 불리한 지위의 근원으로 보며 남녀 역할은 생물학적 · 유전적 요인에 의해 결정되는 불변의 것으로 보는 전통적 입장을 전면 부인하는 최초의 여성주의 이론이라는 점에서 그 의의를 찾을 수 있다. 따라서 여성에게도 남성과 동등한 법적 권리와 교육기회, 취업기회 등이 주어진다면 오랫동안 불변의 것으로 간주되어온 여성의 기질과 예속적 지위는 바뀔 수 있다는 것이다.

그러나 이 이론은 여성문제를 사회제도의 문제로만 인식하고 사회구조적인 문제로 파악하지 못했다는 한계를 갖는다. 남성과 동등한 교육과 취업기회가 주어진 여성들이 당하는 차별과 억압의 문제, 그러한 문제가 발생하게 된 원인에 대해서는 구체적인 설명을 하지 않는다.

2) 사회주의적 여성주의

사회주의적 여성주의이론은 자유주의적 이론 다음에 나온 이론으로 19세기 중반의 과학적 사회주의를 배경으로 형성되었다. 기존의 사회제도가 남녀에 따라 차별적으로 적용된 결과 성 불평등이 발생했다고 보는 자유주의적 이론과는 달리, 사회주의적 이론은 여성 억압과 성 불평등의 근원을 자본주의와 가부장제에서 찾고 있다.

사회주의적 여성주의는 자본주의 사회에서 발생하는 두 가지 일에 주목하는데, 그것은 잉여가치의 생산은 전통적으로 남성 노동자들에 의해 이루어지며, 비교적 쉬운 노동력의 유지와 재생산은 주로 여성에 의해 가정에서 임금을 받지 않고 수행된다는 것이다. 또한 자본주의는 이익을 최대로 하기 위해 값싼 노동력을 추구하며, 이런 이유 때문에 여성들이 직업을 갖게 되더라도 임금이 낮은 직업에 종사한다. 자본주의는 또한 여성보다 남성에게 더 많은 임금을 지불함으로써 남성에 대한 여성의 의존이 지속되도록 하며 그리하여 가족과 사회의 안정이 이루어진다는 것이다. 한편 노동자 계급의 남성은 직장과 가정에서 여성에 비해 남성에게 유리한 상황을 만들어주는 가부장제에 의해 '매수'된다고 본다. 그리하여 노동자 계급의 남성들도 자본주의 체제에 도전하지 않으려는 경향을 보인다는 것이다. 여성들도 아내로서 남편에게 여러 가지 서비스를 제공하고 소비자 역할을 수행함으로써 자본주의를 은연중에 지지한다고 본다.

사회주의적 여성주의는 가부장제를 자본주의 체제와 여성 억압을 유지시키는 결정적 제도로 본다. 가부장제는 여성을 주로 어머니로 규정하며, 그리하여 여성의 주된 책임은 비임금의 가정노동일 뿐 아니라 가정과 직장을 분리시키고 여성에게 낮은 임금을 지불한다. 한편 남성은 주로 가족의 부양자로서 규정되므로 자본주의를 위해 잉여가치를 생산하는 데 에너지를 투자하게 된다.

요약하면 사회주의적 여성주의에서 볼 때 현대 사회의 여성 억압은 ① 자신의 이익을 보호하고 높이기 위해 여성에게는 비임금의 가정노동을 담당하게 하는 자본가들의 권력과 ② 자본가들에 의해 발전되고, 지지되며, 전파된 가부장제, ③ 남성 노동자계급의 자본주의 가부장제의 지지라는 세 가지 요건에 의해 유지된다. 따라서 사회주의적 여성주의자들은 자본주의와 가부장제의 철폐를 통해서 여성들도 생산노동에 참여할 때만 여성억압이 종식될 수 있다고 본다.

그러나 사회주의적 여성주의자들은 여성문제를 경제적인 문제로 집약시켰고, 여성해방을 사회주의 건설과 동일시했으며, 여러 가지 정치·사회제도가 여성에게 미치는 영향을 고려하지 않았다는 점에서 비판을 받고 있다. 더욱이 오늘날 사유재산과 계급이 철폐되고 법적·제도적 남녀평등이 보장된 사회주의 국가에서도 여성문제는 완전히 해결되지 않고 미해결의 과제로 남아 있다는 점은 사회주의 여성주의자들의 한계를 드러내는 것이다.

3) 급진적 여성주의

급진적 여성주의는 1960년대에 미국과 유럽을 중심으로 월남전 반대운동, 반인종차별 운동에 직접적인 영향을 받아 체계화되었다. 이 시기의 사회운동은 지식인 여성들로 하여금 사회·정치문제에 많은 관심을 갖게 하는 한편 극심한 성차별 현실에 눈을 뜨게 하였다. 왜냐하면 각종 사회문제해결에 대한 지식인들의 의견 수렴과정에 여성 지식인들도 참여할 기회가 있었으나, 실제로 여성들의 요구와 문제가 무시되거나 배제되었기 때문이다. 따라서 여성들은 여성문제를 인종차별 문제를 비롯한 제반 사회문제보다 더 심각하고 본질적인 사회문제로 규정하게 되었다. 이렇게 시작한 여성운동은 오늘날까지 활발히 전개되고 있다.

이 운동에 가장 직접적인 영향을 주었고 오늘날까지도 그 가치를 인정받고 있는 사람은 시몬느 드 보봐르(Simone de Beauvoir)이다. 보봐르는 1949년에 「제2의 성」을 출판함으로써 역사적·경제적·심리적·실존철학적 입장에서 여성의 위치를 분석하였다. 그녀는 이 책에서 여성은 여성으로 존재하기보다는 남성이 만든 신화와 베일 속에서 남성에 대한 타자(他者)로 존재하고 있는 현실을 밝히고, 여성의 이러한 현실이 어떻게 형성되었는가의 문제를 고찰하였으며, 실존주의에 입각하여 여성이 어떻게 해방된 인간이 될 수 있느냐 하는 문제에 답하고 있다.

보봐르는 여성문제의 근원을 재생산의 역할(여성)과 생산노동(남성)을 결부시킴으로써 찾고자 하였다. 즉 여성은 임신, 출산 등 재생산 역할을 담당하고 생산노동에 참여하지 않게 됨으로써 세계를 자기 생활무대로 하는 데서 소외되고, 따라서 예속적인 존재가 되었다고 보았다. 그녀는 여성에 대한 남성의 차별은 생리적으로 자연스러운 현상이 아니라 여성이 자라나는 환경에 지배를 받는다고 강조한다. 이렇게 보봐르는 "여성은 여성으로 태어나는 것이 아니라 만들어지는 것이다"라는 유명한 명제를 만들어 실증적으로 증명함으로써 여성적인 행동과 여성의 현실은 생물학적으로 결정되는 것이 아니라고 단언한다.

보봐르는 여성차별이 오랫동안 지속되고 있는 책임은 남성뿐만 아니라 여성에게도 있다고 주장한다. 그리하여 남녀가 진실로 평등하기 위해서는 법률·제도·풍습·여론 그리고 모든 사회적 관계를 개선하는 것만으로 충분한 것이 아니라 여성 자신이 타자로 살도록 강요한 수동의 세계에서 벗어나 자기를 발견하고 자기를 선택하며 스스로 선택한 결과에 대하여 책임을 지는 것이라고 하였다. 이는 보봐르가 여성문제의 근원은 강제적으로 비롯되었다고 보는 한편, 여성문제의 해결은 여성의 자발적 노력을 통해 이루어져야 하는 과제로 보았음을 나타낸다.

보봐르는 현대 여성운동에서 경험과 연구를 기초로 하여 여러 측면에서 여성문제를 묘사한 최초의 여성주의 이론가라는 점에서 그 공적을 널리 인정받고 있다. 보봐르 이후에도 많은 여성주의자들이 여성문제를 해결하기 위한 방법을 제시하였는데, 그 접근방법과 내용은 각기 다르지만 그 기반은 공통적으로 사회주의 사상을 바탕으로 한다. 급진적 여성주의자들에 의하면 여성문제의 해결은 여성을 전통적 가족제도와 가정역할로부터 벗어나게 하고 공적인 일과 생산적 활동에 참여시킴으로써 가능하다.

이상과 같은 여성주의 이론들은 여성문제의 근원을 설명하고 그 답변을 제시하는 데 있어서 차이를 보이지만 몇 가지 공통점을 갖는다(장필화, 1992).

첫째, 여성주의 이론은 여성을 차별하거나 억압하는 사회에 대한 문제를 제기한다.

둘째, 이러한 인식을 바탕으로 하여 여성의 차별, 예속, 억압의 근원에 대해 다양하게 분석하고, 그로부터 성 평등을 위한 이론과 사회적 운동을 전개한다.

셋째, 현재까지 자연스럽고 정상적이며, 바람직한 것으로 여겨 온 많은 것들에 대해 정면으로 도전한다.

넷째, 여성들 자신이 삶을 주체적으로 통제함으로써 남녀관계를 변화시키고 여성의 자아실현의 확대 기회를 도모한다. 이들 공통점은 별개의 사항이 아니라 사실상 상호 밀접한 관련이 있으며, 지금까지 자연스럽고 정상적이라고 간주되어 온 모든 것에 대해 의문을 제기한다는 점에서 그만큼 일반 대중으로부터 저항과 거부감을 불러올 수도 있다.

3. 성 역할 사회화 이론

성 역할 사회화는 출생 직후부터 시작된다. 여아가 여성적으로 성장해 가고 남아가 남성적으로 성장해 가는 것을 나타내는 것을 성 역할 사회화라 할 수 있다. 성 역할 사회화에 대한 이론은 본질적으로 고정 관념화된 여성과 남성의 정체감 발달 및 그에 따른 역할체계를 새로운 방향으로 조정할 수 있는 중요한 근거가 될 수 있다.

성 역할 획득에 관한 이론은 크게 두 가지 대립되는 시각, 즉 본성(nature)을 강조하는 시각과 양육(nurture)을 강조하는 시각으로 구분된다. 본성적 관점은 인생 초기에 발견되는 남아와 여아 간의 행동의 차이는 생물학적 요인이 바탕이 된다는 견해이다. 성 역할 획득에 관한 본성적 시각에 대립되는 것이 양육의 시각이다. 이것은 개인을 둘러싼 대인환경과 문화환경이 심리발달에 영향을 미치는 주요 원천이라고 보며, 성 역할 획득의 주요 요인을 사회화로 본다.

여기에서는 성 역할 획득에 관한 이론으로 본성을 강조하는 동일시 이론, 양육을 강조하는 사회학습 이론, 이 두 시각을 적절하게 조합하는 인지발달 이론으로 구분하여 제시하였다(임정빈 · 정혜정, 2000: 98-118; 한국양성평등교육진흥원, 2012: 32-33).

1) 동일시 이론

성 역할 획득에 있어서 본성을 강조하는 대표적인 이론이 동일시 이론이다. 성 역할 사회화 과정에 대한 동일시 이론은 프로이드(G. Freud)의 정신분석적 심리학에서 출발하며, 프로이드의 딸인 안나 프로이드(A. Freud)가 그 아버지에 이어서 동일시 이론을 발전시켰다. 프로이드는 아동과 부모, 특히 동성의 부모와의 관계가 아동의 성격발달에 막대한 영향을 미친다고 보았다. '동일시(identification)'라는 용어는 아동이 부모라는 모델을 따라 자신의 자아이상(ego-ideal)을 무의식적으로 형성해 가는 고유한 학습 과정을 말한다. 그리하여 사회가 각 개인에게 요구하는 행동(성 역할 행동을 포함)과 아동이 습득하는 수단을 동일시로 보았다.

이 이론은 동일시가 가능한 것은 두 가지 동기 중의 하나가 작용하기 때문이라고 가정한다. 첫째는 사랑의 상실에 대한 두려움 때문에 동일시를 하는 것으로, 이를 의존적 동일시라고 한다. 또 하나는 강한 존재로부터의 보복에 대한 두려움으로 인한 동일시로, 이를 방어적 동일시라고 한다. 이 두 동일시 과정은 모두 아동이 부모에게 의존할 것을 요구하는데, 방어적 동일시는 남성 발달에 영향을 주고, 의존적 동일시는 여성 발달을 지배한다.

동일시의 기초를 이루는 과정은 아동의 성에 따라 다르므로, 남성과 여성 간의 전반적인 성격 차이의 근원은 동일시로 설명될 수 있다고 본다. 더욱이 프로이드는 여아와 남아의 상이한 동일시를 생물학적인 요인에 기초하여 설명한다. 양성 간의 행동적 차이는 실제적인 해부학적 차이의 직접적 결과로 보는데, 특히 남아는 자기가 남근이 있고 여아는 없다는 것을 알고 있기 때문에 남아들은 방어적 동일시를 경험한다고 설명한다.

동일시 이론의 기본 가정을 다음과 같이 정리해 볼 수 있다.

① 성 역할 학습의 안정성

동일시 이론은 내적 동기에 의해 성 역할이 습득되기 때문에 일단 성 역할 행동이 발달하면 이것은 인성의 영구적인 일부분이 된다고 가정한다.

② 성 역할 학습의 시기

동일시 이론에서는 성 역할 행동은 아동이 비교적 어린 시기에 발생한다고 가정한다.

③ 동성부모의 역할

동일시 이론은 동성 부모와의 동일시를 통해 아동이 성 역할을 습득한다고 가정한다. 이는 동성 부모와의 정서적 유대를 동일시의 기본 전제로 삼기 때문이다.

④ 성 역할 학습의 동기

동일시 이론은 성 역할 학습이 내적 동기에 의해 이루어진다고 설명한다.

2) 사회학습 이론

사회학습 이론은 정신분석학에 기초한 동일시 이론을 과감하게 비판하는 관점이다. 정신분석이론이 맹위를 떨치던 20세기 초반에 왓슨(J B. Watson, 1919)은 심리학에 대한 새로운 접근을 시도하였고, 추상적이고 검증할 수 없는 정신분석적 개념에 반대하면서 관찰가능한 행동 연구의 중요성을 강조하였다. 왓슨의 연구로 행동주의의 시대가 열리게 되었다. 행동주의는 인간이라는 유기체를 비교적 수동적인 존재로 보고 있어서 인간의 사회적 행동은 환경이라는 자극에 대한 반응으로 여긴다. 사람이 특정 행동을 학습하는 것은 환경으로부터 지속적인 강화를 받은 결과로 본다. 특정 상황에 적합한 행동은 보상을 받음으로써 지속되고, 부적합한 행동은 처벌을 받음으로써 중지된다는 것이다.

(1) 성 역할 학습의 기제

① 강화

강화는 어떠한 행동을 유지시키거나 그 발생빈도를 증가시키는 자극을 말한다. 남아와 여아는 성 역할에 적합한 행동을 하도록 다르게 강화된다. 아동이 자신의 성에 맞는 행동을 하는 이유는 성에 적합한 행동을 했을 때 보상을 받기 때문이고, 성에 부적합한 행동을 피하는 이유는 그런 행동을 하면 벌을 받기 때문이라고 본다. 부모와 기타 성인 또는 사회기관은 성 역할 기준에 따라 여아와 남아를 서로 다르게 강화하고 벌한다. 가령 남아가 여아보다 더 공격적인 것은 여아가 공격적일 경우 사회적 제재가 심하기 때문에 공격적 행동을 회피하지만, 남아의 공격성은 비교적 용인되기 때문에 남아가 공격적 행동을 더 많이 하는 것으로 본다.

② 모델링

사회학습 이론은 다른 사람의 행동을 본뜨는 것, 즉 모델링(modeling)을 통해서 성 역할 행동이 획득된다고 본다. 강화의 원리는 행동을 학습하는 데 있어서 개인의 외부 환경으로부터의 자극이 중요한 계기를 마련해 주는 것이라고 본다면, 모델링은 행동학습에 있어서 개인의 인지활동이 작용한다고 본다. 모델링은 관찰학습과 모방의 두 가지 과정을 통하여 이루어지는데 이 두 과정은 사회적 행동의 획득에 필수적이다.

(2) 사회학습 이론의 기본가정

① 성 역할 학습의 안정성

사회학습 이론은 시간이 지남에 따라 또는 상황에 따라 행동에 일관성이 있다고 가정하지 않는다. 사회학습 이론은 성 역할 행동을 외적인 사회적 영향 요인에 의해 지속되는 것으로 보기 때문에 행동에 일관성이 있는 것은 사회가 그 행동에 반응하는 방식이 일관적이기 때문이라고 본다.

② 성 역할 학습의 시기

사회학습 이론도 성 역할 행동은 아동이 비교적 어린 시기에 발생한다고 가정한다. 그러나 사회학습 이론은 성 역할 학습을 영구적이거나 고정적인 것으로 보지는 않으며, 아동이 성장함에 따라 사회적 기대와 아동에 대한 보상의 형태가 변하므로 새로운 행동을 계속해서 습득하고 오래된 행동은 바꾸거나 버린다고 본다.

③ 동성부모의 역할

사회학습 이론은 성 역할 학습과정에서 부모만이 유일하고 주요한 모델은 아니며 아동은 다양한 모델을 모방함으로써 적합한 성 역할 행동을 학습한다고 본다. 정서적 유대가 없어도 모방이 강화되는 상황에서는 성 역할 학습이 일어날 수 있다고 보기 때문이다. 따라서 아동은 부모뿐만 아니라 친구, 위인 등을 모방함으로써 성 역할 행동을 모방한다고 가정한다.

④ 성 역할 학습의 동기

사회학습 이론은 외적인 사회적 환경이 아동으로 하여금 성 역할 행동을 학습하게 한다고 가정한다. 이 이론은 특정한 행동이나 모델을 모방하는 데 대해 보상을 자주 받으면 아동은 그것을 모방하도록 학습될 것이라고 본다. 그리고 만일 특정 행동을 모방하는 데 대해 아동이 보상을 받지 못하거나 벌을 받으면 아동은 그 행동을 모방하려고 하지 않을 것이라 본다.

3) 인지발달 이론

성 역할 획득에 관한 인지발달 이론은 스위스 심리학자 피아제(G. E. Piaget)의 연구를 바탕으로 한다. 이 이론은 아동의 사고발달 과정에 초점을 두며, 인간을 단순히 외부 자극에 대한 반응자 또는 무의식적인 동기를 지닌 생명체로 보지 않고 아동이 성장해 감에 따라 어떻게 자신의 세계를 능동적으로 구축해 가는지 그 과정을 중시하였다. 그는 성 역할 획득은 동일시 기제나 관찰 모방을 통해서 일어나는 것이 아니고, 아동 자신의 자연적인 인지발달에 의한 것이라고 본다. 아동의 성 역할 개념은 아동 자신의 경험을 능동적으로 구조화한 것이라고 주장한다.

피아제의 인지발달 이론을 기초로 하여 개인의 성 역할 획득 과정을 설명한 사람은 미국의 심리학자였던 콜버그(L. Kohlberg, 1966)이다. 그는 도덕성 발달이론으로 잘 알려져 있다. 그는 아동이 다음과 같은 몇 가지 인지단계를 거쳐서 성 역할 행동을 습득한다고 보았다.

(1) 안정된 성 정체감의 출현

아동은 사람이 양성으로 구분되며 자신도 이 두 집단 중의 하나에 속해 있음을 인식함으로써 성 정체감을 갖게 된다. 즉, 아동은 2세 반~3세 정도가 되면 자신의 성별을 알게 되고 다른 사람들도 여성이나 남성으로 구분 짓기 시작한다. 시간이 지나고 아동의 인지능력이 성장해 감에 따라 성 정체감은 더욱 안정되어 가고 자신의 성은 변하지 않는다는 것을 믿게 됨으로써 성 안정성을 갖추게 된다. 콜버그는 안정된 성 정체감은 아동이 구체적 조작기에 이르러 보존의 개념을 획득할 때인 5~6세가 되어서야 갖게 된다고 보았다.

(2) 성 고정관념의 형성

성 정체감의 획득과 직접적으로 연관된 것은 아동이 행동에 대해 성 고정관념을 발전시키는 것이다. 아동이 일단 성을 기초로 하여 사람들을 범주화할 수 있다는 것을 인식하며 아동은 무엇이 여성 또는 남성이 되는 것에 대한 도식을 형성하며, 이것을 기초로 하여 자신이 관찰한 바를 해석하고 미래 행동을 예측한다. 또한 새로운 정보는 남성과 여성에 관한 기존의 도식에 동화된다. 아동은 바로 이러한 과정을 통해 성 역할 고정관념을 형성한다.

이 과정은 아동의 인지과정에 의해 영향을 받지만 부모, 친구, 대중매체와 같은 외적 요인에 의해서도 영향을 받는다. 따라서 부모가 자녀의 고정관념적 판단에 아무런 비판없이 반응한다면 아동의 성 고정관념은 더욱 강화될 것이다.

(3) 성 역할 선호성

성 역할 획득을 완성시키기 위해 아동은 자신의 성과 관련된 역할 선호성을 발달시켜야 한다. 일단 아동이 성 역할 선호성을 발달시키면 자신의 성과 관련된 태도와 행동에 더 많은 가치를 부여함으로써 성에 적합한 행동을 모방하고 자신의 성에 적합하지 않은 행동은 피하기 시작한다. 콜버그는 이러한 차별적 가치 부여는 아동의 인지체계의 한 특징인 자아중심적 사고로 인해 아동 자신의 성과 성 역할을 선호하게 된다고 설명한다. 자아중심성은 전조작기 아동의 인지적 특성으로 세상을 자신의 입장에서만 보고 판단하며 자신의 판단을 평가하는 기준으로 이용하는 것이다.

(4) 동일시

성 역할 정체감을 획득하게 되면 자신의 성 역할 정체감을 공유하고 있는 부모나 다른 성인과 가까워지고 싶은 소망이나 그런 사람이 되고 싶은 소망에 의해 동일시가 이루어진다. 그 결과 동일시 대상의 행동과 역할을 모방하게 된다.

이상과 같이 성 역할 획득에 관한 세 가지 이론의 특징을 비교하면 **표 10-1**과 같다.

표 10-1 성 역할 사회화 이론의 비교

구분	동일시 이론	사회학습 이론	인지발달 이론
성 역할 모방의 동기	강한 존재로부터 보복의 두려움이나 사랑의 대상의 상실에 대한 두려움	보상이 성 역할 행동 획득의 직접적 동기	모델링 대상이 유능하고 긍정적인 자아상을 유지하고 스스로에게 적합하다고 판단
성 역할 획득 순서	우선 동일시를 통해 성 정체감 형성	우선 모방을 통해 성 정체감 형성	아동은 먼저 성 정체감을 획득하고 나서 적합한 모델을 모방
문화의 역할	아동의 내적 동기를 강조하여 문화의 역할 미약	강화와 역할모델을 통한 문화의 역할 강조	아동과 문화와의 상호작용 강조

4. 유아와 양성평등교육[7)]

1) 유아기의 발달특성과 성의식

(1) 유아의 성 역할 학습

성의식의 기본 요소는 역할이다. 성 역할이란 한 사회에서 남성과 여성을 일반적으로 구분하는 규정된 태도와 행동양식, 인성 특성으로 남녀를 특징화시키는 개념이다. 성 역할 학습은 사회화 과정에서 가장 기본적인 과제이다. 성 역할은 사회집단에 의해 인정되고 받아들여지는 구성원들의 행동양식으로 생물학적인 성(sex)에 근거하여 사회학적인 성(gender)으로 전환된다.

유아의 성에 대한 정체성은 대개 2~3세에 시작된다. 자신의 성에 대한 명칭 붙이기에서부터 성 정체감이 형성된다. 자신이 여자인지 남자인지 구분하고 양성을 식별하면서 주변 사물에 대한 성 유형화가 가능해지며 남자의 일과 여자의 일을 구분한다. 3~5세가 되면 '난 항상 남자로 남아 있을까?', '만약 내가 인형을 가지고 논다면 나는 여자가 될까?', '만약 내가 나무에 올라가면 남자가 될까?' 등의 질문을 하게 된다. 4~5세가 되면, 자신과 가족 외에도 다른 사람들이 여성인지 남성인지 거의 정확하게 맞춘다. 5세 정도에 성 정체성과 성 안정성을 이해한다. 6~7세가 되면 자신과 타인이 어느 성에 속하는지 확실하게 말할 수 있고, 보존성의 의미를 알게 되어 여성(혹은 남성)이 남성(혹은 여성)으로 바뀌는 일은 없으며 여성(혹은 남성)은 여성(혹은 남성)으로 자라게 된다는 것을 깨닫게 된다. 동시에 직업, 가정에서의 역할놀이, 놀이감과 관련한 성 유형화에 관심을 가

7) 이 내용은 한국양성평등교육진흥원(2012). 생애주기별 양성평등의식교육, 31-46쪽을 요약 정리함.

지며, 사람의 성이란 머리 모양, 의상 및 겉모습을 바꾸더라도 성은 변하지 않음을 이해한다. 점차 성에 근거하여 정보를 분류하고 범주화하는 경향(예를 들면, 머리가 긴 사람은 반드시 여성이다 등)은 감소하다가 소멸되기 시작한다. 이 시기에 성 역할에 대한 유연성이 증가하며, 동시에 남성과 여성의 사회적 성 역할과 행동을 관찰함으로써 사회적 고정관념을 배워나간다.

유아의 연령에 따른 성 역할 발달의 특징을 제시하면 **표 10-2**와 같다.

표 10-2 유아의 연령에 따른 성 역할 발달의 특징

연령	성 역할 발달 특징
성 정체성 획득기 (만2~4세)	• 2세가 되면 자신이 누구인지를 알고 사람들의 차이점과 유사점을 지각하고 질문함. 그러나 자신의 성별을 모르며 성별에 대한 지각없이 생식기에 대해 언급 • 성별을 이해하기 시작하고 성인의 역할에 따른 차이에 민감하게 반응하며 관찰을 토대로 이를 학습 • 3세가 되면 성에 대한 부정적 편견, 느낌, 생각을 깨닫고 주위를 판단 • 대부분의 유아는 성 정체감 획득으로 자신의 성별을 인식 • 머리모양이나 옷차림으로 성별을 구분하여 긴 머리 남자를 여자라고 인식 • 성, 인종, 장애에 대한 편견 및 고정관념을 갖기 시작 • 자신의 성에 대한 문화적 성 유형화 인식 및 적합한 행동이 존재함을 앎 • 4세가 되면, 사회적 성 역할을 수용하고 이를 지키려고 노력
성 안정성 획득기 (만4~7세)	• 성 정체성과 성 안정성 획득, 그러나 성 항상성 개념 미확립 • 자신의 성에 대한 해부학적 지식이 없으며 이에 대해 낄낄거리기, 놀리기 등으로 어색함을 표현 • 성 유형화된 놀이감 선호 및 자신의 성 역할에 충실 • 주변의 성인을 관찰하여 놀이로 재현하고 성 고정관념을 학습

연령	성 역할 발달 특징
동일 성 선호기 (만5~7세)	• 남녀 유아 모두에게 자신과 같은 성을 더 선호하며 놀이감, 옷, 직업에 대한 성 역할 고정관념이 높게 나타남 • 자아중심성에서 벗어나 사회적 규칙 및 규범에 순응 • 성 역할 관심 위반을 잘못된 일로 인식하며 위반 시 처벌 또는 비난을 받을 것이라고 생각 • 성 항상성 획득 • 자신이 속한 사회의 성 역할 규범을 이해하고 이에 따라 행동

자료: 한국양성평등교육진흥원(2012). 생애주기별 양성평등의식교육, 35쪽.

(2) 유아기 성 역할 형성의 영향 요인들

① 유아의 가정환경

유아에게 부모는 최초의 상호작용 대상이다. 유아는 부모의 행동을 모방하고 동일시하며 부모의 가치관을 내재화한다는 점에서 부모는 유아의 성 역할 학습에 결정적인 역할을 한다. 부모는 자신의 아이가 어떻게 성 정체성을 형성하며, 성 역할 태도를 발달시키는지 관심을 가지고 탐색해야 하며, 자신이 가진 성 고정관념이 아이에게 그대로 받아들여진다는 것을 인식해야 한다. 유아 초기에 유아의 성 역할 학습은 부모에게 가장 많은 영향을 받으며 부모의 성 역할 모델에 가장 민감하게 영향을 받는 시기는 만 6세까지이다.

따라서 부모는 유아에게 성 역할의 모델이 되는 동시에 성 고정관념 및 성 유형화된 행동을 하지 않도록 가르쳐야 한다. 특히 자녀의 성 역할 발달에서 아버지의 역할은 매우 중요하다. 대부분의 아버지는 아들과 딸을 구분하고 서로 다른 형태의 양육지도(parenting)를 통해 자녀의 성 역할에 영향을 미치고 있다. 아들에게는 엄격하고 비판적으로 대함으로써 도구적 성 역할을 습득하게 하고, 딸에게는 관대하고 애정으로 대함으로써 표현적 성 역할을 습득하게 한다.

유아 대상의 양성평등의식 조사에서 유아들은 가사활동영역에서 성 역할 고정관념을 가장 두드러지게 나타냈는데, 이는 가정에서 일어나는 부모들의 이분법적인 성 역할이 그대로 유아에게 모방되었음을 보여준다. 따라서 부모들은 자녀가 양성평등한 성 역할을 학습하도록 가정에서 모범을 보여 주어야 한다. 특히 아버지는 아들과 딸을 동일한 방식으로 양육하고 차이가 필요한 경우 성 평등의 관점에서 합당한 근거를 댈 수 있어야 한다.

② 유아의 또래 간 놀이활동

영아기에는 또래와 병행적으로 놀이[8]를 하기 때문에 성 역할 유형화에 상호 간 영향을 미치는 경우가 거의 없다. 그러나 유아 후기에 이르면 점차 또래집단과의 상호작용과 의사소통이 활발하게 일어나게 되고 친구를 모방하고 동일시함으로써 성 역할에 영향을 받게 된다. 이때 보통 유아는 자신의 성에 부적절하다고 생각하는 장난감을 피하고, 일단 같은 성의 친구가 가지고 노는 장난감을 선택하는 경향을 보인다. 모방이 가장 잘 일어나는 상황은 남아의 경우 망치질을 한다든지 모래밭에서 놀 때이고, 여아의 경우는 소꿉놀이를 할 때이다. 동시에 또래집단은 어떤 아이가 성에 적합하지 않은 놀이를 하거나 행동을 할 때 비판하고 의도적으로 창피를 주기도 한다. 이런 경우 유아들은 빠르게 놀이를 바꾸게 되고, 성에 적합한 놀이에 대해 지지를 받은 경우는 오랫동안 그 놀이를 계속하게 된다. 이러한 또래들의 보상과 벌은 유아의 성별 행동에 많은 영향을 주므로 매우 중요한 의미를 갖는다. 결국 유아들은 성 역할 습득 놀이를 통해 서로 가르치고 자극을 받게 된다.

---

8) 같은 장소에서 같은 장난감을 가지고 놀지만 유아끼리 상호작용이 일어나지 않는 경우를 말함. 대체로 2~3세 유아의 혼자 놀이에서 나타남.

③ 유아교육기관 교사와 교수활동

교육기관에 다니는 영유아들은 대부분의 낮 시간을 기관에서 보내므로, 교사는 성 역할 동일시 모델로 부모와 같은 비중으로 영향을 주게 된다. 유아들은 교사의 행동을 의식적 또는 무의식적으로 배우게 되는데 교사 자신이 가지고 있는 성 역할 태도가 유아의 성 역할 유형화에 영향을 준다. 양성평등한 관점으로 유아의 놀이 속에 나타나는 차별적 성 역할을 교정하고 새로운 역할을 지원해 주는 교사와 그렇지 않은 교사의 경우, 유아가 형성하는 성 정체감에 큰 차이를 보여준다.

④ 교수·학습 자료와 대중매체

유아의 성 정체감 형성에 미치는 교사의 영향은 교사가 선택하는 교수·학습자료를 통해서 구체적으로 나타난다. 교사가 전래동화, 창작동화, 동요, 동시, TV 프로그램 등 다양한 교수자료 중에서 무엇을 선택하고 배제하는가는 중요하다. 또한 오늘날의 유아들은 사람과의 접촉보다 인터넷, TV 등 대중매체 및 인쇄매체와의 접촉이 더 많은 환경에서 성장한다. 자주 지적되는 대중매체의 성 역할 고정관념과 성차별적 사고 방식이 유아의 성 역할 학습에 광범위하게 영향을 미치고 있다. 예를 들어, 유아들이 보거나 읽는 동화와 만화의 내용을 분석하면 남녀 간의 성 역할이 뚜렷하게 구분되어 있다. 남자는 왕, 군인, 애국지사, 농부, 학자, 기술자, 탐험가 등의 인물로 등장하는 반면, 여자는 공주, 왕비, 예술가, 교육자 등 한정된 인물로 나온다. 그러나 더욱 중요한 것은 이런 인물들의 성격특성과 추구하는 주제이다. 남자는 용기, 정의, 애국, 고난 극복이 주를 이루고, 여자는 효, 사랑, 권선징악의 내용이 주를 이룬다. 특히 TV 속에서 남자는 적극적이고 건설적이며 중요한 의사결정을 하는 인물로 묘사되고, 여자는 수동적이고 소극적이며 의존적인 인물로 그려진다. 전문직에 종사하는 여성으로 등장한다 하더라도 괴팍한 노처녀로, 건방지고 이기적인 사람으로 묘사해 부정적인 이미지와 메시지를 전달하는 경우가 많다. 이 때문에 TV를 많이 보는 아동이 적게 보는 아동보다 성 역할 고정관념을 많이 갖는 것은 당연한 것으로 보인다.

유아들에게 양성평등한 성 역할 모델을 제공하기 위해서는 부모와 교사를 포함하는 인적 학습환경 및 교수자료, 대중매체를 포함하는 물리적 학습환경에 대해 좀 더 철저한 검증이 필요하다. 그러나 가장 중요한 것은 우리가 살고 있는 현실의 삶을 양성평등적으로 바꾸어 유아들에게 인위적인 교육환경[9]을 만들어 양성평등을 교육하지 않고 삶을 통해서 배우게 하는 것이다.

2) 유아기 양성평등교육의 방향

(1) 교육목적

유아기는 생애주기상 성의식 발달특성에서 성별 정체성을 획득하고 이를 안정적으로 유지하는 시기이다. 가족과 교사 등 주변의 성인들에 의해 영향을 많이 받으며 성 역할 발달의 기초를 만드는 시기이다. 영유아기 성 역할 학습은 주변의 성인모델 및 주변 환경을 보면서 모방학습을 통해 자연스럽게 이루어진다. 이와 같은 발달 맥락을 반영하여 유아기 양성평등교육의 목적은 ① 올바른 자아 정체성 및 성 역할 습득, ② 양성평등한 생활 태도의 형성, ③ 함께 살아가는 사회구성원 되기이다.

---

9) 유아들이 병원놀이를 하는 경우, 주로 남자아이가 의사를 하고, 여자아이가 간호사 역할을 한다. 양성평등 시각을 가진 교사가 이를 교육적 의도로 수정해서 여자아이에게 의사 역할을, 남자아이에게 간호사 역할을 하게 하는 경우, 두 아이 모두가 싫다고 거부한다. 왜냐하면 이 아이들이 보는 현실세계에서 의사는 주로 남자이며, 간호사는 여자이기 때문이다. 이들이 살고 있는 현실이 변화되지 않는 한 인위적인 교육환경에서 교육을 한다는 것은 한계가 있다.

(2) 교육내용

교육목적에 따른 교육목표 및 교육내용을 제시하면 다음과 같다.

표 10-3 유아기의 교육목적별 성 역할 교육 내용

교육목적	교육목표	교육내용
① 올바른 자아정체성 및 성 역할 습득	올바른 성 역할 습득을 위한 성인의 바른 모델 인식	① 생물학적 차이 인식 ② 양성평등 성 역할 모델 인지 및 학습
② 양성평등한 생활태도의 형성	성 고정관념이 생기지 않도록 생활태도의 내면화	① 남녀의 올바른 성 역할 행동 인식 ② 학습을 통한 생활태도 습득
③ 함께 살아가는 사회구성원 되기	타인과의 동등한 관계 및 신뢰감 형성	① 가정 및 유아교육기관에서 양성평등한 생활습관 형성 ② 타인을 배려하는 마음과 평등의식 함양

(3) 교육원리

유아기 양성평등 교육의 원리는 다음과 같다.

① **직접 경험의 원리**: 학습자의 일상생활 중심으로 구체적인 교구와 함께 실제 활동 및 경험에 기초한 교육활동을 제시해야 한다.

② **자발적 학습 원리**: 교사는 촉진자의 역할을 수행하며 유아가 학습을 스스로 할 수 있도록 양성평등적인 학습환경을 지원하고 교재 및 교구를 제시해야 한다.

③ **상호학습의 원리**: 학습자 또래 간 상호경험을 공유할 수 있도록 교육내용이 체계적으로 제시되어야 한다.

④ **발달에 기초한 학습원리**: 유아의 인지적 · 신체적 · 사회적 · 정서적 발

달정도를 고려하여 교육내용을 제시해야 한다.

(4) 교육방법 및 평가

유아대상 양성평등교육은 일상생활에서 자연스럽게 성인과 양성평등한 경험을 하도록 하고, 또래 놀이를 통해서 올바른 성 역할 학습이 되도록 한다. 활용자료로 양성평등 동화책, VTR교재 등 다양한 교구를 사용한다. 교육환경은 유아들이 신체적으로 편안함을 느낄 수 있는 물리적 환경을 제공하고, 심리적 환경으로는 체벌이나 조롱을 금지하고 표현의 자유를 허용해야 한다. 교육담당 교사 및 부모는 성 평등 의식을 갖춘 사람으로 구성한다.

교육평가는 유아의 경우 행동 관찰을 통해 교육내용에 의한 의식 변화 및 행동 변화를 평가하고, 교사 및 부모의 경우 심층 면접을 통해 평가한다.

나의 양성평등 지수 체크리스트

당신의 양성평등지수는 과연 몇 점인가요? '그렇다'는 1점, '아니다'는 0점입니다.

번호	나의 양성평등 지수 체크리스트	그렇다	아니다
1	부드러움과 상냥함은 여성의 타고난 미덕이다.		
2	파마, 화장, 액세서리 등 치장하는 남자는 부자연스럽다.		
3	남자는 되도록 다른 사람 앞에서 울지 말아야 한다.		
4	여자는 폭넓은 대인관계를 형성하는 능력이 남자에 비해 부족하다.		
5	남성은 육아 휴직을 하지 않는 것이 좋다.		
6	가계부양의 일차적 책임은 남성에게 있다.		
7	자녀가 잘못했을 경우 부부 중 아내 쪽의 책임이 더 크다.		
8	딸은 여자답게, 아들은 남자답게 키우는 것이 좋다.		
9	설거지 등의 집안일은 아들보다 딸에게 시키는 것이 더 자연스럽다.		
10	여성과 남성은 타고난 지적 능력의 차이가 있다.		
11	여자는 남자보다 선천적으로 수학, 과학에 대한 소질이 적다.		
12	남녀의 신체적 차이 때문에 체육 수업과 스포츠 활동은 남학생 위주로 될 수밖에 없다.		

【합계】

8~12점: 성별에 꽤 얽매어 있군요. 한 번 더 일상생활을 살펴보세요.

4~7점: 의외의 구석에서 성별에 구애받는군요. 양성평등을 지향하세요.

0~3점: 성별에 구애받지 않는군요. 양성평등 사회를 위해 힘을 발휘해 보세요!

출처: 교육부(2005). 양성평등 교육 학습자료.

11

C/H/A/P/T/E/R

환경과 교육

인류는 온갖 생명이 살아 숨 쉬는 지구에서 살아간다. 인구의 급속한 증가로 식량과 생필품 구입을 위해 끊임없이 개발해 왔으며 비약적인 경제 성장을 해 왔다. 물질적 풍요와 과학기술의 발전으로 인류는 그 어느 때보다 눈부신 발전과 풍요로움의 선물을 얻게 되었다. 그러나 경제성장이 몰고 온 환경 파괴는 자연뿐만 아니라 인간의 삶조차도 위태롭게 하고 있다. 결국 인류는 발전과 환경의 관계에 대해 고민하게 되었고, 이런 배경에서 '지속가능한 발전'이라는 용어가 대두되었다.

이 장에서는 경제성장과 함께 여러 사회집단 사이의 화합과 환경 보존이라는 가치를 동시에 추구하는 지속가능발전교육에 대해 제시하였다. 이를 위해 사회 환경에 대한 이론적 접근과 함께 지속가능발전과 지속가능발전교육을 다루었다. 또한 우리나라에서 지속가능발전교육을 위한 노력과 함께 유아기 지속가능발전교육을 살펴보았다.

1. 사회환경에 대한 이론적 이해

우리를 둘러싼 사회환경을 이해하고, 인간과 환경과의 관계를 이해하기 위해서는 체계를 구성하고 있는 부분적 요소들이 상호의존적이고, 역동적인 인과관계를 맺고 있는 단위들이 서로 영향을 주고 받으며 상호작용이 일어난다고 설명하는 사회체계적 관점을 이해할 필요가 있다. 또한 인간과 사회환경 간의 상호의존성 및 상호작용에 주목하는 생태학이론은 우리를 둘러싼 자연적·물리적·역사적·문화적 환경과의 관계를 통합적으로 접근할 수 있는 안목을 제공한다.

1) 사회체계론

(1) 체계의 개념

사회체계론은 독일의 대표적인 사회학자 니클라스 쿠만(Niklas Kuhmann)이 정립한 이론이다. 체계(system)란 체계를 구성하고 있는 부분적 요소들이 상호의존적이고, 역동적인 관계를 맺고 있는 단위들이 서로 영향을 주고 받으며 상호작용이 일어나는 장이다. 체계란 '특정한 목표를 달성하기 위해 상호작용을 하는 물체나 요소의 집합'을 의미한다. 상호작용관계에 있는 물체나 요소들은 독립적으로 존재하면서도 유기적으로 하나의 전체(whole)를 구성하는데, 이 부분들을 하위체계(subsystem)라고 한다. 다시 말하면 체계란 환경 속의 인간행동을 이해하는 데 있어 상호의존적이며 상호 영향을 주고받는 부분들로 구성되어 있는 전체를 의미한다.

사회체계의 속성을 살펴보면 체계는 자신을 환경과 구별하는 동시에 연결하는 경계선이 존재한다. 즉, 체계는 체계와 환경을 구분하는 울타리가 있는데, 경계선(boundary) 체계가 가지고 있는 또 하나의 속성이 항상성이다. 체계는 환경이 변하면 그 변화에 대처하려고 한다. 환경의 변화에 대해 일관성을 유지하려는 기능이 항상성이다. 그런데 체계는 일관성을 유지할 수 없는 외부의 정보를 접하게 되는 경우에는 스스로 변화한다. 체계의 변화를 변형성이라고 한다. 체계의 변형성은 항상성 다음에 오는 것이 특징이다. 체계는 항상 변화를 하기 전에 먼저 체계 자체를 유지하려고 노력하기 때문이다. 체계 자체 노력으로 외부정보가 효과적으로 통제되어 변화가 필요하지 않으면 체계는 항상성을 유지한다. 그러나 이 노력이 실패하게 된다면 체계는 변화하려고 노력하게 된다(김용태, 2000).

사회체제론적 관점의 특성은 사회를 구성하는 크고 작은 모든 체계가 서로 연결되어 상호작용을 이룬다는 데 있다. 상호작용 중에 있는 부분들이 하나의 전체 환경을 만들어 가며, 그렇게 만들어진 전체 환경은 다시 부분들에게 영향을 미침으로써 부분과 전체는 하나의 공동체로 공존하고 있는 것이다(김광희, 2015: 104).

(2) 기본 가정

사회체계적 관점은 다음과 같은 기본가정을 갖는다(권중돈 · 김동배, 2005: 390; 이인정 · 최해경, 2010: 442-443).

① 사회체계는 한 단위 혹은 전체를 이루는 상호 관련된 성원들로 이루어진다.

② 사회체계의 조직적 한계는 임시적인 또는 정립된 경계나 성원들에 의해 설정된다.

③ 경계는 다른 사회체계들과 구별되는 체계로서의 정체성과 초점을 부여한다.

④ 체계 환경은 체계 경계선 외부의 것으로 규정된다.

⑤ 사회체계에서의 삶은 그 참여자들의 활동을 단순히 합산한 것 이상이다. 오히려 사회체계는 독특한 구조와 의사소통 유형을 지닌 독특하고 상호 관련된 관계망으로 볼 수 있다.

⑥ 사회체계의 성원들 간에는 강한 상호의존성과 내적 조직이 있다.

⑦ 모든 체계는 다른 체계의 하위체계와 상위체계일 수 있다.

⑧ 사회체계 내 한 성원의 변화는 전체 사회체계의 속성에 영향을 준다.

⑨ 사회체계와 외부환경 간의 상호작용이 그 사회체계들에 유용한 능력과 내적 구성에 영향을 미친다.

⑩ 사회체계 내 · 외부의 변화로 인해 체계의 구조적 불균형 상태가 야기될 경우에 체계는 균형 상태를 회복하기 위한 시도를 한다.

2) 생태학 이론

(1) 기본 개념 및 가정

생태학적(ecological)이라는 용어는 '개인의 적응능력과 환경의 양육적 특질에 대해 동시적으로 관심을 기울인다'는 의미를 갖는다. 이러한 용어를 반영하여 생태학이론에서는 '환경 속의 인간'이라는 총체적 인간관을 갖는다(Germain, 1979). 즉 생태학적 이론에서는 인간과 환경은 분리될 수 없으며, 인간과 환경은 지속적인 상호작용과 상호교환을 통하여 서로에게 영향을 미치고 서로를 형성하며 상호 적응하는 호혜적 관계(reciprocal relationship)를 유지하고 있다고 본다. 이와 같이 생태학적 이론에서는 인간본성에 대한 유전적 결정론, 정신적 결정론, 환경적 결정론 모두를 배격하고, 인간을 환경적 요구에 적응하고 때로는 환경을 자신의 요구에 맞게 수정 또는 변화시킴으로써 발달해 가고 만족스러운 삶을 영위하는 존재로 보고 있다.

생태학 이론은 환경과의 적합성, 상호교류, 적응을 지지하거나 방해하는 요소를 중요하게 여긴다. 또한 가족·지역사회·문화 등 인간이 몸담고 있는 생태환경을 보다 체계적으로 구조화하고 이들 환경체계와 개인의 발달 간의 관계를 이해하고자 한다. 인간은 환경적 자원과 사회적 지지를 자율적으로 이용할 수 있으며, 환경 속에서 효과적으로 기능할 수 있는 능력을 지니고 있다고 본다. 즉 인간은 자기 내면세계의 요구와 외부세계의 요구로부터 비교적 자유로운 존재로서, 환경과의 상호교류에서 성공적 경험을 획득하고 자율성과 자기규제능력 그리고 유능성을 확보할 수 있는 능력이 있다고 본다.

생태학 이론의 기본 가정을 제시하면 다음과 같다(권중돈·김동배, 2005: 412).

① 환경과 상호작용을 하고 타인과의 관계 능력은 타고난 것이다.
② 유전적 및 다른 생물학적 요인은 환경과 상호작용하는 과정에서 다양한 방식으로 표현된다.
③ 개인과 환경은 상호영향을 미치는 단일체계를 형성한다.
④ 적합성이란 적응적 개인과 양육적 환경 사이의 상호작용을 통하여 형성되는 상호적 인간-환경 과정이다.
⑤ 인간은 목적 지향적이고 유목적적이다. 인간은 유능성을 획득하기 위하여 노력한다. 개인의 환경에 대한 주관적 의미는 발달에 매우 중요하다.
⑥ 개인을 자연적 환경과 상황 속에서 이해할 필요가 있다.
⑦ 성격은 개인과 환경 사이의 상호작용의 산물이다.
⑧ 생활경험에 따라 긍정적인 변화가 일어난다.
⑨ 생활상의 문제는 전체 생활공간 내에서 이해하여야 한다.

(2) 생태체계적 관점

생태학이론은 인간과 환경은 특정 문화와 역사적 맥락 속에서 서로 끊임없이 영향을 미친다는 점에 주목한다. 생태학적 관점은 단순한 인과관계의 규명이 아닌 복잡한 인간과 환경 간의 상호교류에 관심이 있다.

생태학적 접근으로 인간발달을 설명하는 브론펜브레너(U. Bronfenbrenner)는 인간 발달을 '인간이 자신의 환경을 지각하고 다루는 방식에서의 지속적인 변화'로 보고 인간 행동을 체계론적 관점으로 보면서 새로운 생태학적 체계이론이라는 용어를 사용하였다(Bronfenbrenner, 1979). 생태체계이론을 한 개인에게 적용할 때 구체적으로 개입이 되는 다섯 가지 변인은 미시체계, 중간체계, 외체계, 거시체계, 시간체계로 나누어진다. 이 다섯 변인이 인간의 발달에 직접적인 영향을 주는 것이다(**그림 11-1** 참조).

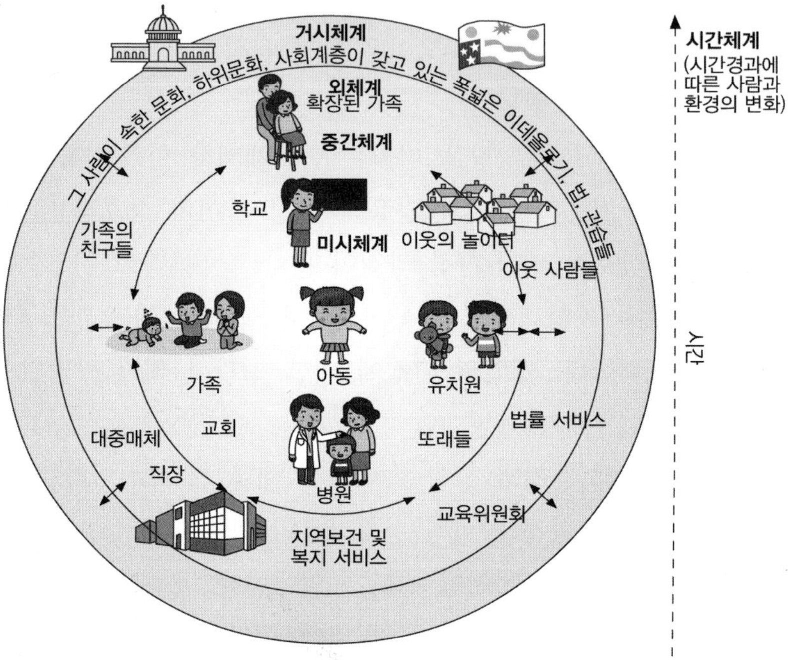

그림 11-1 브론펜브레너의 5체계 모형

자료: Bronfenbrenner, U.(1979). The ecology of human development: Experiments by nature and design. Cambridge, Mass: Harvard University Press.

미시체계는 특정한 물리적·물질적 특징들이 주어진 장면에서 발달하고 있는 개인이 시간과 더불어 경험하는 활동, 역할, 대인관계의 패턴 혹은 이것들을 설명하는 분석 틀을 의미한다. 중간체계는 서로 연결된 미시체계들로 이루어진 체계로, 가정과 학교 같은 관계 속에 있는 상호작용하는 개인을 말한다. 가정과 학교(혹은 직장)의 관계, 가정과 동료 집단과의 관계가 대표적이다.

외체계는 중간체계가 확장된 것으로 성장하는 개체를 포함하지는 않지만 개체가 포함되어 있는 인접 환경을 둘러싸고 있기 때문에 그 안에서 일어나는 일에 영향을 줄 수밖에 없는 환경을 말한다. 이것은 각 개인에게 직접 영향을 주지는 않지만 가정을 통하여 간접적인 영향을 미칠 수 있는 것으로서, 지역사회 수준에서 기능하고 있는 사회의 주요 기관, 즉 직업세계, 이웃, 대중매체, 정부기관, 물품과 용역의 분배체계, 교통 및 통신 시설, 비형식적인 사회적 관계망 등을 예로 들 수 있다.

거시체계는 사회 경제와 정치적 체계, 대중매체와 같은 영향을 포함하는 거대한 체계다. 이것은 동일 문화권 내에 일반적으로 존재하는 환경으로 환경의 구조나 활동패턴을 구체적인 수준에서 설정하는 기능이 있다. 사회와 문화 이념, 가치, 법률, 규칙, 법칙과 같이 명백한 형태를 가진 것도 있지만, 대부분의 거시체계는 비형식적이고 묵시적인 것으로 사회구성원들의 정신세계 속에 내재된 관습과 일상생활 습관으로 표현되는 이데올로기를 말한다.

시간체계는 어떤 개인이나 환경의 특성이 시간의 경과에 따라 변화하거나 일관성을 유지하는 체계를 말한다. 예를 들면 사춘기의 시작, 사계절의 변화 등이 있다.

(3) 환경에 대한 이해

생태학이론에서는 생활상의 문제가 환경적 문제와 어떤 연관성을 지니고 있는가에 관심을 갖는다. 사회적 환경과 물리적 환경은 복잡한 방식으로 상호작용하며 이들의 상호작용은 문화적 환경으로까지 확대되어 나간다. 생태학 이론에서는 생활을 영위하고 있는 물리적 환경과 사회적 환경뿐만 아니라 문화적 환경에도 관심을 갖는다.

① 사회적 환경

현대인의 생활에서 가장 많은 영향을 미치는 사회적 환경은 관료제 조직이다. 보건, 교육 및 사회서비스 조직은 적절한 노동 분화, 정책과 절차 그리고 권위와 의사결정과정을 통하여 인간의 욕구를 효과적으로 충족시키기 위한 목적으로 만들어진다. 그러나 이러한 조직은 본래의 목적보다는 체계 유지에 더 많은 관심을 기울이고 있기 때문에 그 조직을 이용하는 인간의 욕구나 인간에 대한 서비스 기능이 조직의 욕구와 관심사에 종속되는 현상을 초래하게 되었다. 이러한 조직은 이용자들의 생활 스트레스를 극복할 수 있도록 도와주기보다는 오히려 생활문제를 야기하는 사회적 환경이 되어 버리는 경우가 많이 있다.

사회적 환경의 다른 하나는 사회적 관계망(social network)으로 가족, 친척, 친구, 이웃, 그리고 직장동료 등을 포함한 주요 타인 간의 관계체계이다. 사회적 관계망은 타인과 관계를 맺고 자원과 사회적 지지를 상호 교환할 수 있는 기회를 제공하는 의사소통 통로이기도 하다. 사회적 관계망은 개인의 관계욕구를 충족시켜 줄 뿐만 아니라 자원의 교환, 정보제공, 그리고 대처기술의 교습과 같은 도구적 기능과 정서적 지지를 제공하는 표현적 기능을 담당한다.

② 물리적 환경

물리적 환경은 자연적 환경과 인위적 환경으로 구성된다. 자연적 환경에는 기후와 지리적 조건 등이 포함되며, 인위적 환경에는 건축물, 대중매체, 교통체계 등의 자연적 환경 내에 인간이 배치한 구조나 대상들이 모두 포함된다. 기압, 습도, 온도, 계절적 변화와 같은 기후적 특성, 밤과 낮, 하루, 계절의 변화 등의 자연환경은 인간의 모든 생활에 깊숙하게 반영되어 있다. 또한 인위적인 물리적 환경은 이웃과의 상호작용, 생활양식에 영향을 미친다.

③ 생활영역과 거주환경

생활영역과 거주환경은 인간의 문화적 환경을 대표한다. 거주환경은 개인의 문화적 맥락 내에 존재하는 물리적 및 사회적 환경과 관련된 개념이다. 생활영역은 지역사회 성원들이 차지하고 있는 직접적인 환경이나 지위들을 말한다. 브론펜브레너(Bronfenbrenner, 1989)는 생태학적 생활영역을 개인의 발전을 촉진 또는 방해하는 환경 내의 영역이라고 하였다. 생태학이론에서는 이러한 생태학적 생활영역의 개념에 입각하여 개인적 발달의 결과는 문화나 하위 문화, 그리고 시대에 따라 다르다고 보고 있다(권중돈 · 김동배, 2005: 420).

2. 지속가능발전과 지속가능발전교육

1) 지속가능발전의 개념과 필요성

'지속가능발전(Sustainable Development)'이란 용어는 「지속가능발전법」 제2조에서 '지속가능성에 기초하여 경제의 성장, 사회의 안정과 통합 및 환경의 보전이 균형을 이루는 발전'으로 규정하고 있다. 그러면 왜 지속가능발전인가. 지속가능발전이 필요한 배경에 대해 살펴보기로 한다(지옥정, 2017: 13-20).

두 편의 영화는 우리가 사는 지구의 위험성을 잘 고발하고 있다. 픽사(Pixar)가 2007년 제작한 영화 'Wall-E'(WALL-E: Waste Allocation Load Lifter Earth-Class, 지구 폐기물 수거-처리용 로봇)와 봉준호 감독이 2013년 제작한 '설국열차'가 대표적이다. Wall-E는 쓰레기와 온갖 오염물질로 뒤덮인 지구를 떠나 텅 빈 지구에 홀로 남아 수백 년이란 시간을 외롭게 일만 하며 보내는 로봇의 이야기이며, 설국열차는 기상이변으로 인해 지구에 새로운 빙하기가 닥친 이야기를 그린 영화이다. 이 영화들은 환경문제로 절망적인 지구의 이야기를 하고 있지만, 오염된 지구에서 벌레 한 마리와 가녀린 화초 하나를 통해, 그리고 설국열차에서 구사일생으로 살아남은 자의 눈에 보인 북극곰 한 마리를 통해 지구의 희망을 보여준다.

환경위기시계는 전 세계 90여 개국의 정부, 지방자치단체, NGO, 학계, 기업 등의 환경 전문가를 대상으로 매년 한 차례 설문조사를 실시함으로써 전문가들이 느끼는 인류생존 위기감을 시간으로 표시하여 지구환경의 악화 정도를 보여준다. 우리나라의 환경재단(Korea Green Foundation)과 일본 환경단체인 아사히그라스 재단(The Ashahi Glass Foundation)은 1992년부터 매년 공동으로 그 결과를 발표하고 있다(환경재단, 2021).

환경위기시계는 '00:01~03:00 → 불안하지 않음, 03:01~06:00 → 조금 불안함, 06:01~09:00 → 꽤 불안함, 09:01~12:00 → 매우 불안함'으로 구분해 표시한다. 환경위기시계가 나타내는 12시는 '인류생존이 불가능한 마지막 시간', 즉 '인류의 멸망시각'을 의미한다. 조사를 처음 시작한 1992년 7시 49분으로 시작하여 매년 위기시계가 급속히 진행되어 1996년 9시 13분까지 진행된 후, 이후 9시를 전후로 불안한 상태를 유지하고 있다.

그러면 우리가 살아가는 현재의 전 세계 환경위기시계는 몇 시를 가리키는가. 환경재단의 발표에 의하면 2018년 9시 47분, 2019년 9시 46분, 2022년 9시 35분으로 환경위기시계는 위기수준을 계속 유지하고 있다고 보고하고 있다. 특히 2020년 이후 코로나 19 팬데믹과 태풍, 산불, 이상고온 등과 같은 이상기후로 위기에 직면하고 있다. 다양한 환경문제 중 '기후위기(30%)'와 '생물종 다양성(14%)'이 모든 대륙에서 가장 심각한 문제로 인식되고 있으며, 사회 · 경제 · 환경정책(12%), 수자원(9%), 인구(8%)가 뒤를 잇고 있다. 대부분 국가들은 기후변화문제를 가장 우선적으로 고려하고 있으나 기후변화 외의 환경문제에 있어서는 지역별로 차이가 나타난다. 남아메리카에서는 '토지이용과 생물종 다양성'을, 중동에서는 '수자원', 인도에서는 '인구', 아프리카에서는 '생화학적 오염과 생물종 다양성', 호주에서는 '생물종 다양성과 토지사용'을 자국 내 중요 환경이슈로 보고 있다.

그렇다면 한국의 환경위기시계는 몇 시일까. 2022년 현재 한국위기시계는 세계 평균 시계보다 7분 빠른 9시 28분을 가리키고 있다. 2021년 이후 처음으로 2년 연속 앞당겨진 기록이지만 여전히 우리 국민들에게 기후변화에 대한 경각심을 고취시키고 있다. 한국에서 가장 심각한 환경문제는 수자원 문제(10:56)이며 다음으로 라이프스타일/소비습관(10:18), 인구(10:08), 생물종 다양성(10:01), 기후변화(9:53), 토지사용(9:47), 식량(8:21) 순으로 빠른 시간을 기록하고 있다.

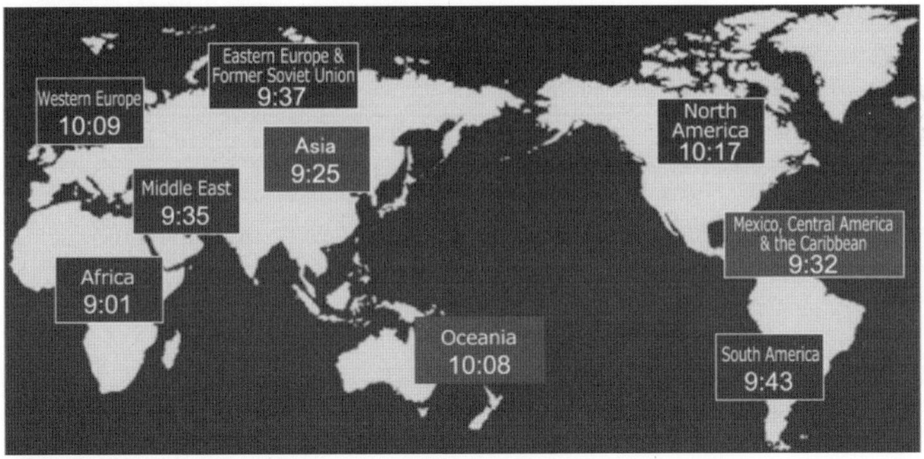

그림 11-2 대륙별 환경위기 시각(2022년)

자료: 환경재단, 2022년 환경위기시계 발표 보도자료, 2022. 9. 8

과연 세계는 환경위기에 대해 어떻게 대처하고 있는가. 환경위기시계는 2019년부터 '탈탄소화 사회로 전환되고 있는가'에 대해 ① 정책과 법률

제도, ② 대중의 인식, ③ 사회 인프라, 이 세 가지 측면에서 조사를 시작했다. 그 결과 미국과 서유럽(영국 제외)의 경우 대중의 인식은 많이 발전되었지만 이를 뒷받침해 주는 제도와 사회 인프라가 매우 부족한 반면, 중국은 대중의 인식보다는 국가정책에 있어서 많은 변화가 있었다고 조사되고 있다. 이에 비해 한국의 경우에는 세 가지 측면에서 어떠한 발전도 이루어지지 않은 세계 유일한 국가로 나타났다. 2019년에 비해 전 세계는 대중인식, 제도, 사회 인프라 모든 측면에서 개선되었지만, 한국은 여전히 세계 평균보다 현저히 낮은 수치를 보여주고 있다. 이로 인해 한국은 국제사회에서 '기후깡패', '기후악당'으로 불리며 환경오염의 주범으로 불리고 있다.

표 11-1 기후변화의 관점에서 본 탈탄소화 사회로의 전환률

	대중인식	정책&법률제도	사회인프라
세계 평균	+1.28	+0.59	+0.75
한국	-0.42	-0.58	-0.76

※ 위 수치는 각 측면별 개선 정도를 −2에서 +2 사이의 범위로 나타낸 수치이며, −2는 '전혀 개선되지 않았다', −1은 '다소 개선되지 않았다', 0은 '변화가 없다', +1은 '다소 개선되었다', +2는 '현저히 개선되었다'를 의미함.

자료: https://blog.naver.com/greenfu/222141235069

2) 지속가능발전의 출현 배경

환경오염이 전 세계 문제로 부각되면서 환경 관련 국제회의가 열리게 되었다. 세계 최초의 국제회의는 1972년 6월 5~16일에 스톡홀름에서 개최된 유엔인간환경회의(United Nations Conference of the Human Environment, UNCHE)이다. '하나뿐인 지구(Only One Earth)'라는 주제로 개최된 이 회의에서는 '인간환경선언'을 채택하였다. '스톡홀름 선언'이라고도 하는 '인간환경선언'은 환경 위기에 처한 지구를 보전하는 데 전 지구인이 다함께 협력하고 노력해야 한다는 선언적 규정을 담고 있다. 또한 이 회의는 다음 해 1973년부터는 개막일 6월 5일을 세계 환경의 날로 지정하여 기념하고 있다. 우리나라는 1993년부터 민간 환경단체 주도로 환경의 날 행사를 개최해 오다가 1996년부터 법정기념일로 제정하여 기념하고 있다(지옥정, 2017: 21).

'지속가능발전(Sustainable Development)'은 인류의 발전에 대한 새로운 관점으로, 1987년 '세계환경개발위원회(World Commission on Environment and Development, WCED)'에 보고된 이른바 「브룬트란트(Bruntland) 보고서」에서 구체적으로 언급됐다. 노르웨이의 첫 여성 수상을 지낸 브룬트란트가 위원장이 되었다. 이 보고서에서는 지속가능발전의 개념을 '미래 세대의 욕구를 충족시킬 수 있는 능력을 저해하지 않으면서 현재 세대의 욕구를 충족시키는 발전(development that meets the needs of the present without compromising the ability of future generations to meet their own needs)'으로 정의하고, 환경보존과 개발을 동시에 추구하는 새로운 개발 담론으로 제시했다(황세영·김남수, 2016). 또한 1992년 브라질 리우데자이네루에서 개최된 '환경개발유엔회의(UN Conference on Environment and Development, UNCED)', 일명 '리우환경회의'를 통해 본격적으로 지속가능발전에 대한 논의가 시작되고, 리우 선언문과 「의제21」(Agenda 21)이 채택됐다. 또한 리우회의 10년 후인 2002년 남아프리카공화국 요하네스버그에서 개최된 '지속가능발전 세계정상회의'에서는 이에 대한 정치적 의지를 다시 확인했다.

그러나 지속가능발전을 위한 국제사회의 합의와 정치적 선언이 담론 수준에 머물고 구체적인 실행으로 이어지지 못한다는 비판이 불거졌다. 이런 가운데 2012년 브라질 리우에서는 다시 한 번 '유엔 지속가능발전 회의(United Nations Conference on Sustainable Development, UNCSD)'가 개최되었다. 1992년 브라질 리우회의가 열린 지 20년 만에 같은 자리에 모인 전 세계 정상들은 경제, 사회, 환경을 동시에 고려하는 지속가능발전을 이루기 위한 정치적 의지를 재확인했다. 'Rio+20 회의'라 불리는 이 회의에서 유엔지속가능발전위원회(The United Nations Commission on Sustainable Development, UNCD)는 「우리가 원하는 미래(The Future we want)」라는 결과 보고서를 발표하고, 새천년개발목표(Millennium Development Goals, MDGs)를 계승할 지속가능발전목표(Sustainable Development Goals, SDGs)의 필요성을 강조했다(안해정 외, 2016). 이후 구체적인 의제 설정을 위한 일련의 논의 과정을 거친 끝에 국제사회는 마침내 2015년 9월 '유엔개발정상회의'에서 SDGs를 2030년까지 전 세계 모든 국가가 협력해서 달성해야 할 공동의 목표로 채택했다. 이를 통해 국제사회는 개발도상국의 빈곤해소라는 개발의 문제에서 벗어나, 개발도상국과 선진국 모두에게 적용되는 지속가능발전을 개발 담론의 중심에 올려놓게 되었다(박환보, 2019: 26).

그림 11-3 **한국의 국가지속가능발전목표 심볼**

자료: http://ncsd.go.kr(지속가능발전포털)

한편 PG4는 지구 최대 현안인 기후변화 대응과 지속가능발전목표(SDGs) 달성을 가속화하기 위해 2017년 출범한 이니셔티브로, 우리나라를 포함하여 대륙별 12개 중견국가들과 국제기구 및 기업들이 참여하고 있다. PG4 정상회의는 출범을 주도한 덴마크 코펜하겐에서 2018년 10월 제1차 회의가 열려 '코펜하겐행동선언'이 채택된 바 있다. 제2차 회의는 2021년 5월에 서울에서 개최되었으며, 지구 평균 기온 상승폭을 산업화 이전 대비 1.5도 이하로 제한하도록 노력한다는 파리기후변화협약의 목표와 국가 온실가스 감축목표 상향 등 각국의 기후 대응 의지를 담은 '서울선언문'이 채택되었다.

3) 지속가능발전교육의 개념과 역할

살기 좋은 미래를 위해 가장 필요한 것은 지속가능성을 위한 교육이다(월드워치연구소, 2018: 69). 교육은 지속가능발전을 위한 핵심적인 수단이다(UNESCO, 2005). 지속가능발전교육은 모든 사회구성원의 공동의 노력을 촉구한다는 점에서 평생교육을 장려한다. 이에 다양한 분야와 모든 이를 대상으로 한 교육이 점차 확산되고 있다(유네스코한국위원회, 2011). 이는 교육 패러다임의 전환을 가져온 것으로 현 세대와 앞으로 다가올 모든 세대들이 건강한 생태계의 보전, 활력 있는 경제, 공평한 사회 시스템 등 세 가지가 잘 조화되는 결정을 내릴 수 있도록 교육하는 것이다.

지속가능발전교육이란 '모든 사람들이 질 높은 교육의 해택을 받을 수 있으며, 이를 통해 지속가능한 미래와 사회 변혁을 위해 필요한 가치, 행동, 삶의 방식을 배울 수 있는 사회를 지향하는 교육'으로 정의된다(이선경 외, 2005). 또한 '지속가능발전교육'이란 인류가 생태계와 조화를 이루면서 평화롭게 계속 잘 살아가기 위해서 하는 교육을 말한다(지옥정, 2017). 지속가능발전교육의 목적은 지속가능한 발전을 달성하는 데 필요한 역량을 길러 지속가능하지 않은 방식의 행동을 지속가능한 방향으로 전환하는 데 있다(박태윤 · 성정희, 2007).

지속가능성을 위한 교육은 환경교육, 지역사회 기반 교육, 자연 및 장소중심 교육 등의 유사한 이름으로 세계 곳곳에서 행해지는데 공통적으로 지속가능성을 위한 교육을 목표로 한다. 지속가능발전교육은 환경교육에서 출발했지만, 보다 다양한 관점과 가치를 고려한다는 점에서 환경교육과 구별된다(최돈형, 2005; 최돈형 외, 2011). 지속가능발전교육은 지구적 관점에서 기존의 방식을 변화시키는 새로운 패러다임으로 환경교육뿐 아니라 평화교육, 다문화교육, 인권교육 등을 포괄하는 개념이다.

지속가능발전교육은 크게 '지속가능발전에 대한 교육'과 '지속가능발전을 위한 교육'으로 구분해 볼 수 있다(지옥정, 2017: 32-33).

첫째, 지속가능발전에 대한 교육이다. 지속가능발전에 대한 교육은 지속가능발전이 무엇이고, 지속가능발전이 왜 중요하며, 지속가능발전을 해나가기 위해서는 무엇을 어떻게 교육해야 하는가 등이 포함된다. 지속가능발전에 대한 교육 영역이 무엇인가를 이해하기 위해서는 2015년 UN총회에서 제시한 지속가능발전의제 2030에서 찾을 수 있다. 당시 UN총회는 '우리 세계의 변혁: 2030 지속가능발전의제(Transforming Our World: The 2030 Agenda for Sustainable Development)'라는 문서를 채택하고 전 세계 모든 국가가 협력해서 2030년까지 달성해야 할 공동의 목표로 지속가능발전목표(SDGs) 17개 의제를 제시한 바 있다(**표 11-1** 참조). 17개 의제는 크게 빈곤, 사회발전, 환경, 경제성장, 글로벌 파트너십 등 다섯 영역으로 구분되어 있고, 17개 의제 자체가 지속가능발전교육의 핵심내용이 된다.

둘째, 지속가능발전을 위한 교육이다. 지속가능발전을 위한 교육은 SDGs 4-교육 2030 의제인 형평성 있는 교육보장과 평생학습과 관련된다.

표 11-2 지속가능발전의 핵심 내용(SDGs, 2030)

빈곤	사회발전	환경	경제성장	글로벌 파트너십
• 빈곤퇴치 • 기아해소와 식량안보	• 보건증진 • 교육보장과 평생학습 • 양성평등과 여성역량 강화 • 불평등 해소 • 평화로운 사회와 제도	• 에너지 • 기후변화대응 • 해양지원 • 육상 생태계 • 물과 위생 • 도시 • 지속가능한 소비와 생산 증진	• 경제성장과 일자리 • 인프라와 산업화	• 이행수단과 파트너십

자료: 안해정 외(2016). 2030 지속가능개발목표(SDGs) 실천 방안 연구: 교육분야를 중심으로. 한국교육개발원, 34쪽 재조직.

지속발전가능발전을 위한 교육내용으로 '2030년까지 지속가능한 발전, 생활양식, 인권, 성 평등, 평화 및 비폭력적 문화의 확산, 세계시민의식, 문화 다양성 및 지속가능발전을 위한 문화적 기여에 대한 교육을 통해 지속가능한 발전 확대에 필요한 지식 및 기술을 학습할 수 있도록 지원'하고 있다.

4) 지속가능발전교육의 목적과 역할

(1) 목적 및 가치

지속가능발전교육의 목적은 교육을 통해 발전·지속가능한 사회를 만드는 것이다. 지속가능발전교육에서 추구해야 할 핵심가치는 ① 모든 사람의 인권 존중, ② 미래세대의 권리 존중, ③ 공동체와 문화 다양성 존중, ④ 생태적 다양성 존중이라 할 수 있다. 이러한 4가지 핵심가치를 관통하는 단어는 '존중'이다.

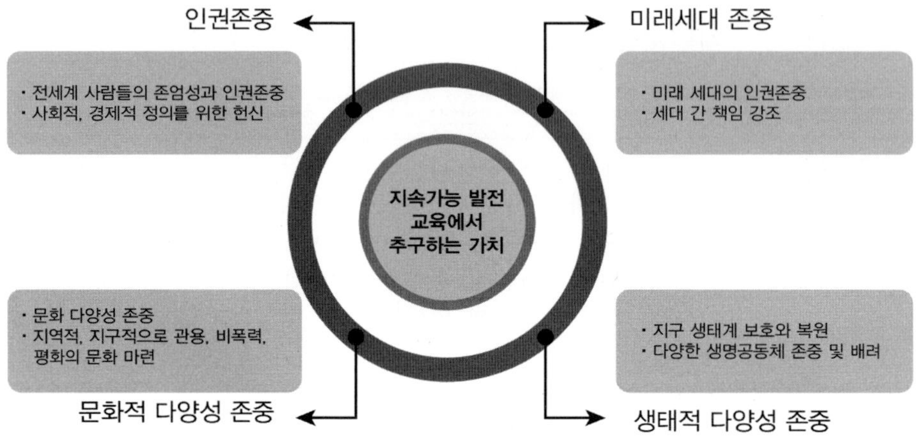

그림 11-4 지속가능발전교육에서 추구하는 가치

자료: 지옥정(2017). 유아기 지속가능발전교육. 창지사, 36쪽 재조직.

(2) 지속가능발전교육의 역할

지속가능발전교육에서 추구하는 4가지 가치를 실현하기 위해 교육을 어떤 방향으로 해야 하는가의 역할을 제시하였다(지옥정, 2017: 2016-40 재인용).

① 주인의식 강화

지속가능발전교육은 지구에 사는 사람이라면 누구나 지속가능한 미래를 만들어 나가야 할 책임의식을 갖도록 하는 역할을 한다. 모든 사람이 주인의식을 갖고 이를 위해 스스로 노력해야 하는데, 교육을 통해 이 점을 학습자들이 인식하도록 해야 한다. 2007년 호주 시드니에서 시작된 지구촌 불(전등)끄기(Earth Hour) 행사는 세계자연기금(WWF)이 주최하는 환경운동 캠페인으로 매년 3월 마지막 주 토요일에 실시되고 있다. 이 캠페인은 시작한 지 불과 1년 만에 35개국에서 5천만 명 이상의 사람들이 자발적으로 참여하는 국제적인 운동으로 해당 일에 1시간 전등을 소등함으로써 기후변화의 의미를 되새기는 상징적이고 자발적인 자연보전의 노력을 담고 있다.

② 변화를 위한 역량 강화

지속가능발전교육은 지속가능한 삶을 지향하고 그런 삶을 살아나갈 수 있는 역량을 강화해 주는 역할을 한다. 예를 들어, 유아들이 식수대에서 물을 마실 때나 음식을 먹을 때 버리는 것이 먹고 마시는 것보다 더 많다고 해 보자. 이런 경우 유아들에게 필요한 역량은 무엇일까? 무엇이 문제인지 판단준거가 될 수 있는 관련 지식과 더불어 비판적 사고력, 창의적 문제해결력, 인내심, 물이 부족한 나라에 사는 사람들에 대한 관심과 배려, 알고 깨달은 바대로 잘못된 행동을 변화시키는 태도 및 자세 등이다. 미래사회에서 요청되는 핵심역량이 창의력, 비판적 사고력, 의사소통능력, 자율적 행동 능력 등이라고 할 때 변화를 위한 역량 강화가 지속가능발전교육의 중요한 역할이 되어야 한다.

③ 가치, 행동과 생활양식의 변화 촉진

지속가능발전교육은 학습자가 지속가능하지 않은 생활양식에 대해 비판적으로 성찰하고 가치, 행동, 생활 태도를 지속가능한 미래를 생각하며 바꾸도록 촉진하는 역할을 한다. 우리나라는 예로부터 넉넉한 상차림을 예의로 생각해오면서 음식물쓰레기가 필요 이상 많아지는 문화 속에서 살았다. 그러나 지속가능한 미래를 생각한다면 이렇게 음식을 필요 이상 차리는 문화는 바뀌어야 한다. 교육을 통해 이런 음식문화를 비판적으로 성찰하고 '빈 그릇 운동'에 모든 학습자들이 동참하도록 해야 할 것이다. 환경부 자료(2021)에 의하면, 음식물쓰레기의 경우 하루 1만 4천 톤이 발생하는데, 이 중 70%가 가정과 소형 음식점에서 버린 것이라고 한다. 음식물 쓰레기 처리비용은 연간 8천억 원, 경제적 손실은 연간 20조 원 이상이 되고, 연간 온실가스 배출량도 적지 않다는 것이다. 음식물쓰레기를 20%만 줄여도 연간 1,600억 원의 쓰레기 처리비용이 줄고 에너지 절약 등으로 5조원에 달하는 경제적 이익이 생긴다는 점에서 지속가능발전교육을 통해 음식과 같은 생활양식의 변화가 필요한 시점이다.

④ 장기적 결정과 의사결정 능력 학습

지속가능발전교육은 학습자가 자신이 속한 공동체와 지역사회의 장기적이고 지속가능한 미래를 고려하여 의사결정하는 방법을 배우고 익히도록 돕는 역할을 한다. 즉, 우선 눈앞에 보이는 이익에 급급하지 않고 멀리, 종합적으로 사고하면서 결정할 수 있는 능력을 길러주어야 한다. 현재와 같은 지구 환경오염, 생태계 파괴문제도 인간중심 마구잡이식 개발 결과임을 감안해 본다면 장기적 결정과 미래를 지향하는 의사결정능력을 학습자에게 키워주는 것은 매우 중요한 지속가능발전교육의 역할이라고 할 수 있다.

⑤ 미래지향성 제고

지속발전가능교육은 지속가능성 또는 지속가능한 삶 자체가 미래지향적이라는 점에서 학습자들이 미래지향성을 갖도록 하는 역할을 한다. 학습자들로 하여금 지금 눈앞에 당장 보이지 않더라도 창조적인 상상력을 가지고 건설적 비전을 세우며 미래를 개척해 나가도록 도와준다.

3. 우리나라의 지속가능발전교육

1) 「지속가능발전법」 제정

유엔은 1992년 6월에 '의제21' 실천계획 수립 및 이행 평가를 위해 각국에 국가지속가능발전위원회(National Commission for Sustainable Development, NCSD)의 설치를 권고한 바 있다. 이에 우리나라는 그 권고에 따라 2000년 9월에 대통령 직속자문기구인 '지속가능발전위원회'를 만들었다. 또한 지속가능발전을 더욱 강력하고 조직적으로 추진하기 위하여 2007년 8월에는 「지속가능발전기본법」도 제정하였다. 정권이 바뀌면서 2010년에 「지속가능발전법」(법률 제11530호)으로 명칭이 바뀌게 되었다.

「지속가능발전법」은 우리나라가 지속가능발전을 이룩하고 지속가능발전을 위한 국제사회의 노력에 동참하여 현재 세대와 미래 세대가 보다 나은 삶의 질을 누릴 수 있도록 함을 목적으로 한다. 이 법에서는 '지속가능성'의 용어를 현재 세대의 필요를 충족시키기 위하여 미래 세대가 사용할 경제 · 사회 · 환경 등의 자원을 낭비하거나 여건을 저하(低下)시키지 아니하고 서로 조화와 균형을 이루는 것으로 규정하고 있다.

국가는 지속가능발전지표를 작성하여 보급해야 하고, 국가의 지속가능발전을 효율적으로 추진하기 위하여 환경부장관 소속으로 설치한 지속가능발전위원회를 통해 2년마다 국가의 지속 가능성을 평가받도록 되어 있다. 「동법」 제21조(교육 · 홍보)에서는 국가와 지방자치단체는 기본전략의 수립 · 이행 · 평가와 그 밖에 지속가능발전을 실현하기 위하여 필요한 조사 · 연구 및 교육 프로그램을 개발하고 지속가능발전 관련 홍보 등의 업무를 수행할 수 있다고 규정하고 있다.

2) 「환경교육진흥법」 제정

2008년 3월에는 지속가능발전을 지향하는 「환경교육진흥법」도 제정되었다. 「동법」 제1조(목적)에서는 환경교육의 진흥에 필요한 사항을 정하여 환경교육을 활성화하고, 인간과 자연의 조화를 이룸으로써 국가와 지역사회의 지속가능한 발전에 기여함을 목적으로 제정되었음을 명시하고 있다. 또한 제2조 '환경교육'의 개념을 국가와 지역사회의 지속가능발전을 목표로 국민이 환경을 보전하고 개선하는 데 필요한 지식 · 기능 · 태도 · 가치관 등을 기르고 이를 실천하도록 하는 교육으로 정의하고 있다. 또한 '학교환경교육'의 범위를 「유아교육법」에 의한 유치원과 초중등학교, 고등교육기관을 포괄하고 있다.

「동법」 제5조(환경교육종합계획의 수립)에서는 국가가 매 5년마다 환경교육종합계획을 수립하도록 하고 있으며, 환경교육에 관한 사항을 심의하기 위해 환경교육진흥위원회를 두도록 하고 있다. 제9조(학교환경교육의 지원)에는 환경부장관이 교육부장관과 협의하여 유치원의 환경교육을 비롯한 학교환경교육을 지원할 수 있도록 규정하고 있다. 또한 제16조(환경교육센터의 지정)에서는 환경교육의 활성화에 필요한 사업을 추진하기 위하여 환경교육센터를 지정할 수 있도록 하고 있다.

그림 11-5 (사)환경교육센터 홈페이지(http://www.edutopia.or.kr)

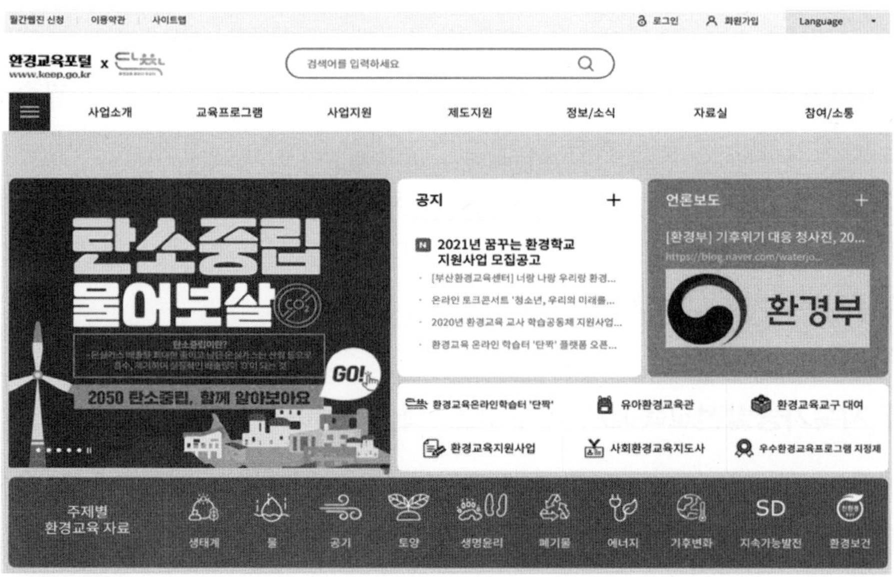

그림 11-6 환경교육포털(www.keep.or.kr)

4. 유아기 지속가능발전교육

지속가능발전교육의 출발점은 유아기여야 한다는 인식이 세계적으로 확산되고 있다. 유아기가 태도 형성을 위한 중요한 시기이며, 유아기부터 지속가능발전교육을 받는다면 그 영향력은 더욱 커진다는 인식이 확대되고 있다. 이러한 인식 속에서 지속가능발전을 위한 유아교육이 국제적 관심사로 부상되고 있다. 이와 관련하여 2005년에 스웨덴에서 '지속가능발전을 위한 유아교육의 역할'이라는 주제로 첫 번째 국제모임이 열리게 되었다. 전 세계의 많은 국가들이 유아기 지속가능발전교육을 위해 국가 수준, 지방자치단체 수준, 개별 교육기관 수준에서 적극 노력하고 있다.

전 세계적으로 공통적으로 적용할 수 있는 지속가능발전교육 모델은 존재하지 않는다. 지속가능발전교육은 모든 사람들에게 중요하고 필수적인 과제이지만 각국이 처한 경제적·사회적·환경적 여건과 상황이 다르고 한 국가 안에서도 지역적 특성이 다르므로 교육의 모습은 각기 다를 수밖에 없다. 그럼에도 불구하고 여기에서는 유아기 지속가능발전교육의 특성을 9가지로 제시하였다(지옥정, 2017).

1) 지속가능발전교육에서 추구하는 핵심가치에 기반을 둠

앞서 살펴본 바와 같이 지속가능발전교육에서 추구하는 핵심가치는 ① 모든 이의 인권에 대한 존중, ② 다음 세대의 권리에 대한 존중, ③ 생태적 다양성 존중, ④ 공동체와 문화 다양성 존중이다. 2019 개정 누리과정에서는 추구하는 인간상의 하나로 '더불어 사는 사람'을 제시하고 있다. 다른 사람과 생명을 존중하고 자연과 더불어 살아가며 보다 나은 사회를 만들기 위해 사회문제에 관심을 갖고 협력하는 민주시민을 의미한다. 결국 이러한 인간상은 지속가능발전교육에서 추구하는 가치인 '존중'과 관련된다.

2) 환경교육 한 면이 아닌 인간의 삶 전체를 연계시켜 봄

유아기 지속가능발전교육은 환경교육 한 면이 아닌 인간의 삶 전체 영역과의 관련성을 이해하는 데 초점을 둔다. 인간의 삶, 즉 정치, 경제, 사회, 환경은 모두 유기적으로 연계되어 있기 때문이다. **그림 11-7**과 같이 지구 생태계 보전은 포용적 경제 성장, 평화롭고 정의로운 사회와 통합적 접근을 통해 이루어지게 된다. 구체적으로 지속가능성(sustainability)은 본질적으로 사회적 정의와 공정성의 문제로 귀결된다. 따라서 유아기 지속가능발전교육은 자연세계의 보존에 대한 것뿐만 아니라 빈곤 및 소비문제, 미래교육, 시민의식, 평화교육, 다문화 및 성교육, 지역사회 생활, 건강교육, 환경교육 등을 통합적으로 접근해야 한다.

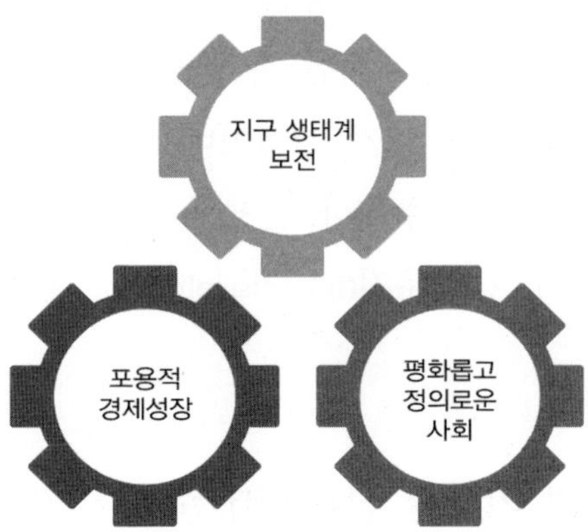

그림 11-7 **지속가능발전목표의 통합적 접근**

자료: 임현묵 · 박환보(2019). 지속가능한 사회를 꿈꾸는 교육. 유네스코한국위원회, 19쪽.

3) 기관 차원의 총체적 접근 지향

유아기 지속가능발전교육의 세 번째 특성은 총체적 기관접근 지향이다. 좋은 교육 프로그램으로 유아들을 잘 가르치는 것도 중요하지만 이외 유아교육기관에서 전기나 물, 기타 자원을 어떤 방식으로 사용하는지, 음식 재료 구입부터 준비, 식사 지도는 어떻게 이루어지고 있는지, 유아교육기관의 교사, 조리사, 운전기사 등 전 구성원이 지속가능한 삶을 위한 사고를 하고 있는지, 또 실제로 그런 삶을 살고 있는지 등 모든 것이 함께 어우러져야 한다. 따라서 지속가능발전교육은 '분절적, 단기적, 지금-여기'에 초점 맞추는 사고에서 '전체적, 장기적, 미래 지향적 · 생태적 사고'로 전환하는 것, 사고와 행동을 지속가능성에 맞추어 변화시키는 것 등을 중요시 하는 것이다.

4) 간학문적 접근

유아기 지속가능발전교육의 특성 중의 하나는 모든 분야의 학문이 관여하게 된다는 점이다. 앞서 제시한 바와 같이 지속가능발전 자체가 인간 삶의 모든 영역과 관련되어 있기 때문이다. 그렇기 때문에 유아기 지속가능발전교육은 대체로 특정 주제나 문제를 중심으로 한 프로젝트를 실시하면서 총체적(holistic), 간학문적(interdisciplinary) 접근 방식을 취하는 경우가 일반적이다.

5) 구성주의 이론에 기초한 상호협력 중시

유아기 지속가능발전교육은 구성주의 이론에 기초한 상호협력을 중시한다. 지속가능발전교육은 교사가 일방적으로 확정된 교육내용을 전수하는 전달모델(transmission model)이 아닌, 학습자 스스로의 의미 구성, 개념적 이해 및 문제해결능력 증진을 중시하는 변형적 모델(transformational model)을 지향하기 때문이다. 그렇기 때문에 학습자인 유아를 능동적이고 자신들의 학습에 책임 있는 주체로 보면서 교사와 유아의 상호협력 및 책임 공유를 강조하는 것이다. 즉, 교사는 유아들이 지속가능성 관련 문제들에 관해 스스로의 견해를 세우도록 돕는 한편, 의미 있는 학습이 일어날 수 있도록 도전을 주며 생각의 확장을 도와주어야 한다. 단, 유아들을 동기화시키기 위해서는 교사가 먼저 지속가능성에 대한 지식과 이해, 적합한 가치와 태도를 가지고 있는 것이 전제되어야 한다.

6) 지역과 관련이 깊고 문화적으로 적절할 것

유아기 지속가능발전교육은 지역과 관련이 깊고 문화적으로 적절할 것을 강조한다. 학습자들이 삶의 터전에서부터 지속가능하지 않은 문제에 대해 비판적으로 사고하고 지속가능성을 향한 변화를 위해 노력하는 것이 중요하기 때문이다. 물질적으로 부족한 아프리카 우간다 지역의 지속가능발전교육과 과소비 행태가 나타나는 한국의 지속가능발전교육은 그 중심 내용이 다를 수밖에 없다. 또한 한 국가 내에서도 제주도와 충청도의 지속가능발전교육은 중점을 두는 내용에 있어서 우선순위가 달라질 것이다.

7) 가정이나 지역사회의 문제에 대한 유아의 주체적 참여 장려

유아기 지속가능발전교육의 특성은 가정이나 지역사회의 문제에 대한 유아의 주체적 참여를 장려한다는 점이다. 시민의식이 18세 성인이 된다고 해서 갑자기 생기는 것은 아니다. 유아기부터 지속가능한 미래를 위해 책임감을 가지고 바른 결정을 하도록 교육하는 것, 더 나아가 이런 참여

경험을 통해 유아가 가정이나 지역사회에 자신도 무엇인가를 기여할 수 있다는 의식을 갖도록 하는 것은 시민의식 형성에 큰 영향을 미친다.

8) 유아교육기관과 지역사회의 다양한 기관 협조

유아기 지속가능발전교육은 정규 교육기관인 영유아기관 뿐만 아니라 지역사회 내 환경교육센터, 체험교육원, 유아교육진흥원, 공원, 동물원, 슈퍼마켓 등 다양한 지역사회 기관이 함께 협조하고 노력할 때 그 성과를 기대할 수 있다. 그러므로 유아교육기관에서는 교육을 하는 과정에서 지역사회의 다양한 주체들과 협력하기 위해 노력해야 한다. 교육이 지역사회 생활로 연계되지 않으면 살아 있는 교육이 되기 어렵다. 우리 지역의 환경교육센터와 연계하여 체험활동을 연계하고 다양한 교육 활동자료 등을 활용해 나갈 수 있을 것이다.

9) 다양한 교수기법 활용

유아기 지속가능발전교육은 다양한 교수기법을 활용한다. 이것은 유아교육의 일반적인 특성이기도 하다. 특히 지속가능발전교육은 학습자가 주인의식을 가지고 비판적으로 사고하고 스스로 느끼며, 문제해결과정에 적극적으로 참여하는 것이 중요하므로, 토의, 문제상황 해결을 위한 방법 찾기, 현장견학, 전문가 만나기, 지역사회 관계자들과 협력하기 등 다양한 교수방법을 활용해 나갈 수 있을 것이다.

12

C/H/A/P/T/E/R

평화 · 통일과 교육

1. 분단의 배경과 통일의 필요성
2. 통일의 과정과 미래 비전
3. 평화 · 통일교육의 목표와 전략
4. 유아 평화 · 통일교육

분단 70년을 넘은 한반도에서 평화를 구체화하고 평화를 실천하는 노력이 절실한 상황이다. 한반도의 분단 현실 속에서 더 이상 이념교육 및 체제유지 중심의 통일교육이 아니라 평화교육과 상호 융합된 평화·통일교육으로 패러다임 변화가 요구된다. 한반도에서 평화교육은 통일교육과 결합함으로써 통일교육이 북한이해교육, 통일정책 홍보, 안보교육 등에 머무르지 않도록 해야 한다. 평화교육과 통일교육의 결합은 한반도에 사회통합과 평화·통일의 구현을 위한 새로운 삶의 가치와 사회문화의 혁신을 이끌어낼 것으로 기대된다.

이 장에서는 교육사회학의 이슈 중의 하나인 평화·통일교육이라는 주제를 다루었다. 남북분단의 배경과 통일의 필요성, 통일의 과정과 미래비전을 제시하였다. 또한 평화·통일교육의 목표와 전략, 방법을 제시하고 통일교육을 위한 법제도적 지원체제를 다루었다. 이 장은 평화·통일교육에 대한 단순한 이해 수준을 넘어서서 평화·통일에 대한 비판적인 성찰과 함께 통일에 대한 인식의 지평을 넓히는 데 목표를 둔다.

1. 분단의 배경과 통일의 필요성

통일을 어디에서부터 시작해야 하는가에 대한 질문은 분단의 본질에 대한 문제이다. 분단이 어떻게 시작되었는가에 대해 어떻게 인식하는가에 따라 통일을 위한 출발점이 달라진다. 이런 점에서 분단이 어떻게 이루어졌고, 통일은 왜 해야 하는가에 대해 살펴본다(통일교육원, 2018).

1) 분단의 배경

(1) 남북분단은 일본 제국주의의 식민통치에 뒤이은 미·소의 한반도 분할 점령으로 시작

일본제국이 연합국에 의해 두 발의 원자탄으로 폭격 당하자 1945년 8월 1일, 무조건 항복을 선언함으로써 제2차 세계대전이 종결되었다. 일본이 패망하기 직전 미국과 소련은 패망한 일본군의 무장 해제를 위해 38선을 기준으로 이북으로는 소련군이 주둔하고 이남으로는 미군이 주둔하기로 합의하였다. 8월 9일, 소련은 일본에 대한 선전포고와 함께 군대를 남하시켰으며, 일본이 패망하자 곧바로 평양으로 향했다. 9월 6일 미군은 서울에 주둔하여 즉각 군정을 실시하였다. 북위 38도선을 경계로 분할 점령함으로써 한반도 분단은 시작되었고, 미·소 간 이념적 대립과 갈등이 표출되면서 분단은 강화되었다. 결국 미국과 소련을 중심으로 이뤄지는 힘의 정치(power politics)라는 국제정치의 구조적 원인과 남과 북으로 나뉜 이데올로기적 대립이 한국전쟁의 핵심 원인이었다(이동기·송영훈, 2014: 6).

1945년 12월 모스크바 3상 회의에서 미국·영국·소련이 한반도 신탁통치를 결의하자, 자유주의 진영과 공산주의 진영은 신탁통치에 대한 찬반 여부로 상호 대립하게 되었다. 결국 1948년 남과 북은 대한민국과 조선민주주의인민공화국이라는 두 개의 정부를 각기 수립하게 되었다.

(2) 6.25전쟁으로 분단 고착

1950년 6월 25일 북한의 남침으로 발생한 6.25전쟁은 수많은 인명과 재산의 피해를 가져왔을 뿐만 아니라 민족 구성원 상호 간의 적대감을 심화시키는 심리적 분단으로 이어졌다. 1951년 이후 휴전 때까지 현재의 군사분계선을 중심으로 소모전이 계속되었다. 1953년 7월 교전 양측은 휴전에 합의하여 분단이 고착되고 오랫동안 체제 경쟁을 벌이고 있다. 남과 북이 다시 협상에 나선 것은 7·4 남북 공동성명 이후이다. 2000년 6·15 남북 공동선언으로 통일 논의가 진행되고 있으며, 2007년에는 남북관계 발전과 평화번영을 위한 선언이 있었다. 결국은 한국전쟁으로 한반도의 분단은 고착화·장기화되었다.

2) 통일의 필요성

(1) 분단이 장기화되면서 유·무형의 비용 발생

분단은 개인적 차원에서는 정신적·물질적 고통과 희생을 수반하고, 민족적 차원에서는 민족의 역량을 낭비하고 공동번영을 저해하는 요인으로 작용해 왔다.

분단은 남북한 사이에 소모적인 경쟁과 지속적인 대립으로 다양한 유·무형의 비용을 발생시키고 남북한의 발전을 저해하는 요인이 되었다. 분단비용은 분단 상황에서 지불해야 하는 불가피한 비용으로 적정규모 이상으로 지출하고 있는 국방비, 규모의 경제효과 포기와 같은 경제적 손실, 국제사회에서의 외교적 경쟁비용 등과 같은 외교적 손실 등 유형적 측면의 비용과 전쟁의 위협, 이산가족의 고통, 남남 갈등 등과 같은 무형적 측면의 비용이 있다.

(2) 분단 구조의 불안정성을 극복하고 지속가능한 발전을 위해 필요

정전체제에 의해 유지되고 있는 분단 구조는 사소한 계기로 긴장이 고조되고 언제든지 전쟁이 재발될 수 있는 불안정성을 지니고 있다. 분단 구조는 소모적인 경쟁과 대결로 인해 많은 자원을 낭비시킬 뿐 아니라 구성원의 고통과 손실 등 상당한 사회적 비용을 유발시키고 있다. 따라서 분단 구조에 따른 상황의 불안정성을 극복하고 소모적인 자원의 낭비와 사회적 비용의 절감 그리고 지속가능한 발전을 위해서 통일은 반드시 필요한 과제이다.

(3) 분단으로 인해 굴절된 역사를 바로잡고 민족적 과제 해결

남북한 주민은 민족이라는 정체성을 기초로 하나의 공동체를 이루며 살아왔다. 우리 민족은 동일한 언어와 문화, 혈통을 지니고 있으며, 수많은 국난을 겪으면서도 공동체 의식을 갖고 단결함으로써 통일 국가를 발전시켜 온 긴 역사를 지니고 있다. 그러나 분단의 장기화로 인한 민족 간 갈등은 오랜 기간 같은 민족으로 간직해 왔던 공통의 민족 정체성을 크게 훼손시켰다. 이러한 이질화를 극복하고 우리 민족의 동질성을 회복하기 위해서는 통일이 필요하다.

(4) 유·무형의 편익 발생

통일이 진행되는 과정과 통일 이후에는 일정한 비용이 수반되지만, 이러한 통일비용보다 통일편익이 훨씬 크다. 통일편익에는 통일되면서 분단비용이 소멸되는 것과 통일로 새롭게 발생하는 유·무형의 이익이 있다. 즉 통일로 인해 분단비용의 해소와 함께 시장의 확대, 산업 및 생산 요소의 보완성 증대 등의 경제적 편익뿐만 아니라 이산가족 문제해결, 국제사회에서의 위상 제고, 전쟁위험 해소 등 비경제적 편익도 발생한다.

한반도에서 통일은 엄청난 성장의 계기가 될 수 있다. 통일은 시장을 넓히고 새로운 사업을 창출한다. 일부 학자는 남쪽의 고급인력들은 북한 지역에서 관리자나 경영자, 교사나 교수, R&D 같은 고급 인력에 대한 새로운 수요를 창출할 것이라고 주장한다. 특히 기업은 통일에 대한 관심을 갖고 그에 대한 대비책을 세워야 한다고 본다(권석균 외, 2013).

> 통일에 대한 회의론
>
> • 북한을 신경 쓰지 않고 따로 살아도 되지 않을까?
> • 독일의 통일 후유증이 컸다는데 우리는 어떻게 극복할 수 있을까?
> • 통일비용이 만만치 않다는데 어떻게 해결할 수 있는가?
> • 북한의 저임금 노동자들로 인해 남쪽의 실업과 비정규직 현상이 더 심해지지 않을까?

2. 통일의 과정과 미래 비전

1) 통일의 과정

(1) 통일은 남북 간 상호 이해, 대화와 협상 등 평화적 방식을 통해 점진적으로 추진

우리가 추구하는 바람직한 통일은 개인의 자유와 복지 그리고 민족의 생존 및 번영이 보장되는 민족공동체를 만드는 것이다. 그러나 오랜 기간 형성되어 온 남북 간 이질감을 고려할 때 그것을 단기간에 이루는 것은 현실적으로 쉽지 않은 일이다.

이런 차원에서 통일은 남북이 상호존중의 정신에 입각하여 서로 다름을 인정하고 공동의 이익을 위해 다양한 차원의 교류협력을 확대해 나가는 방식으로 달성되어야 한다. 흡수통일이나 인위적 통일을 추구하지 않으며 남북이 서로 존중하고 협력하면서 교류와 협력을 증대시켜 통일로 나아가야 하는 것이다.

(2) 남북 간 상호신뢰를 바탕으로 화해협력 지평 확대 및 평화공존의 기반구축 노력 필요

남북은 분단 이후 6 · 25 전쟁을 겪었고 이후 북한의 다양한 형태의 도발 등으로 인해 상호 대결과 갈등 관계를 형성해 왔다. 그러나 한편에서는 1970년대에 들어서 남북 간 대화와 교류가 시작되면서 상호 협력의 관계가 형성되기도 하였다. 특히 1992년 '남북기본합의서'와 분야별 부속합의서를 발효시켜 남북관계를 새롭게 정립하는 계기를 만들었다. 이후 우리 정부의 노력과 정상회담 등을 통해 이산가족, 금강산 관광, 개성공단 사업 등 경제, 사회문화, 인권 등 다양한 분야의 교류협력이 이루어짐으로써 남북 간에 화해하고 협력하는 관계도 이루어 왔다.

통일을 이룩해 나가기 위해서는 남과 북이 상호불신을 해소하고 협력을 통해 분단 상황을 평화 · 통일 지향적으로 관리해 나가는 것이 필요하다. 남북이 상호신뢰 속에 평화공존을 이룩하고, 지속적인 교류협력과 이를 바탕으로 정치적 신뢰를 쌓아갈 때 한반도의 통일은 자연스럽게 이룩될 수 있다. 한반도의 평화공존과 통일은 남북 간 경제교류를 넘어 정치 · 외교 · 사회 · 문화 등 교류협력이 다양화 될 때 진일보할 수 있으며, 이는 남과 북의 적극적인 노력으로 달성될 수 있다.

□ 통일방식으로 제기되는 흡수통일과 중립화론에 대하여

• 흡수통일

통일을 주도하는 남과 북 어느 한쪽이 다른 쪽을 흡수하는 통일이며, 독일 통일이 흡수통일 방식으로 이해된다. 동독이 서독의 민주주의와 자본주의를 그대로 받아들이고 상호 합의하여 새로운 헌법을 만들지 않고 동독 지역이 서독연방에 개별적으로 편입되는 방식으로 이루어졌다.

현 상황으로는 남쪽의 역량이 부족하여 북을 흡수할 수 있는 상황은 아니며, 장기적이고 점진적 흡수통일 전략을 가져야 한다. 김대중정부의 햇볕정책, 노무현정부의 포용정책, 문재인정부의 대북정책이 대표적이다.

• 중립화 방안

대안적 통일론으로 중립화 방안으로 통일하자는 주장이 제기되기도 한다. 중립화 방안을 주장하는 논리는 이렇다. 한반도는 강대국의 이해관계가 대립하고 있어 그 누구도 배타적 세력권에 속하도록 놓아두지 않는다. 한반도는 국력이 부족하므로 중립화를 통해 통일 후 한반도 안보를 유리하게 확보해야 한다는 것이다. 즉 약소국으로서 주변 강대국의 교량 역할을 수행할 수 있다고 보는 것이다.

중립화론은 얼핏 보기에는 남북 양측에 대한 균형적 시각처럼 보인다. 그러나 현실적으로 남북이 합의를 하기도 어렵고 합의를 하더라도 북한 주도의 공산화에 악용될 가능성이 높다. 또한 변화된 세계정세와 한반도의 위상과 맞지 않다는 점에서 대안적 통일론으로 인정하기 어렵다는 주장이 제기된다.

권영태(2019). 통일교육 에센스. 정독, 42-27쪽에서 일부 발췌

2) 통일의 미래 비전

(1) 통일은 구성원 모두의 자유와 인권 보장 및 풍요로운 삶의 향유 기회 제공

통일은 분단으로 인한 지리적·경제적·문화적 제약과 구속에서 벗어나서 남북 구성원 모두가 자유와 복지, 인간으로서의 존엄과 인류 보편적 가치가 존중되는 사회에서 자유롭고 평화로운 삶을 영위하게 될 것이다.

또한 통일은 사회구성원 개개인이 거주, 여행, 결혼, 직업 등 삶의 다양한 분야에서 더 넓은 선택의 기회와 보다 자유롭고 풍요로운 삶을 누릴 수 있는 기회를 제공한다.

(2) 통일은 새로운 성장 동력 창출과 한반도 및 동북아시아 국가들과의 공동 번영 유도

통일은 한반도의 단일 경제권 형성에 따른 규모의 경제를 실현하고 남한의 기술·자본과 북한의 천연자원·노동력의 결합에 따른 시너지 효과 등을 창출함으로써 새로운 성장 동력을 확보하게 할 것이다. 나아가 통일은 남과 북을 하나의 생활공간으로 만들어 줄 뿐만 아니라 우리의 삶의 공간을 대륙으로 확장시키는 효과를 가져와 통일한국은 유라시아 대륙과 태평양을 연결하는 무역과 교통의 요충지가 될 것이다. 한반도 통일로 인해 동북아시아 국가 간 경제권 형성과 역내 교류협력이 가속화되어 한반도와 동북아시아의 공동 번영을 이끌어 갈 것이다.

전문가들은 통일에 따른 한반도의 지정학적 위상 변화가 일어날 것으로 전망한다. 즉, 해양과 대륙을 잇는 지정학적 특성 회복과 역내 경제교류·협력 및 정보·교통·물류기지로 부상할 것이다. 이는 결국 한반도가 동북아지역 경제협력에서 핵심적 역할을 수행하고 세계경제 문제에 대한 주요 발언권을 갖게 될 것이라는 점이다(권영태, 2019: 31).

(3) 통일은 한반도의 전쟁위협 제거와 평화정착을 통해 동북아시아와 세계평화에 기여

북한의 핵 개발과 전쟁의 위험이 완전히 가시지 않은 한반도의 불안한 정세는 동북아시아 지역의 평화와 안정을 저해하는 요소로 작용해 왔다. 통일은 한반도에서의 전쟁 위험을 제거하고 평화를 정착시켜 동북아시아

지역은 물론이고 세계 평화에 기여할 것이다.

(4) 통일은 경제적 실리와 혜택 제공

통일을 통한 경제적 실리는 다양한 영역에서 이루어질 수 있다. 첫째, 자원의 혜택이다. 북한은 매우 많은 양의 철과 석탄, 마그네사이트, 아연 등 지하자원을 보유하고 있다. 자원공동개발을 통해 북한의 낙후된 생산량을 어느 정도만 향상시켜도 한국경제에 6조 원 이상의 부가가치 효과가 나타난다.

둘째, 물류기지의 혜택이다. 통일은 철도와 도로를 부산항에서 중국, 러시아와 연결함으로써 부산이 유라시아 대륙과 태평양을 잇는 세계 최대의 물류기지로 거듭나게 할 수 있다.

셋째, 황해경제권의 혜택이다. 오늘날 G2로 불리는 중국의 고속성장의 엔진은 동부해안이다. 동부해안의 도시들은 모두 황해를 사이에 두고 한반도와 마주하고 있다. 통일은 중국경제 성장의 핵심지대인 동부해안의 발전 동력을 흡수할 수 있으며, 남북한이 중국과 함께 발전할 수 있는 거대 경제지대를 만들게 한다.

넷째, 관광 혜택이다. 통일은 휴전선을 오가며 남북의 명소를 연계하는 관광벨트를 실현할 수 있다. 내국인뿐만 아니라 외국의 관광객들을 유치할 수 있는 풍부한 관광자원을 확보할 수 있게 된다.

다섯째, 코리아 리스크 해결의 혜택이다. 코리아 디스카운트[10]를 극복하여 외국인의 투자가 활성화될 것이다. 통일된 한국이 바이 코리아를 권장

---

10) 코리아 디스카운트(Korea discount)는 남북 분단으로 군사적 대치 상황과 재벌 기업의 지배구조로 인한 이중화, 경기 상황에 민감하게 반응하는 산업의 높은 수출 의존도, 노동시장의 경직성, 회계의 불투명성 등의 이유로 인한 경제 상황의 불확실성으로 인해 실제보다 한국의 주가 가치를 낮게 책정하는 것을 말한다. 수익성과 자산가치가 해외 기업과 비교했을 때 밀리지 않는 수준이라 하더라도 코리아 디스카운트가 적용되면 최대 60~70% 정도 평가 절하된다.

하는 정책을 시행할 경우 국가 경제는 10년간 매년 GDP 대비 11.25%의 성장률을 보일 것이라는 연구결과도 있다.

여섯째, 괄목할 만한 경제성장 혜택이다. 통일 직후 남북 간 소득격차 감축을 위해 북측 지역에 상당한 투자를 할 경우, 대부분 실물 자본을 남측에서 생산, 공급함으로써 남측 지역에 막대한 경제적 이득을 가져다 준다는 것이다(권영태, 2019: 35; 신창민, 2019: 51-62).

(5) 통일은 무형적 혜택 제공

우리 민족의 분단은 지역적 분리로 시작하여 이념, 체제, 문화, 감정에 이르기까지 오랜 세월 동안 여러 차원의 분열적 양상들이 중첩되어 오늘에 이르고 있다. 분단은 남한사회가 북한문제로 인해 민의가 왜곡되고 민주주의가 지체되고 발전을 가로막는 경험을 수없이 만들어 주었다. 또한 분단으로 인해 형제간에 증오와 대결을 부추겨오면서 민족 구성원의 도덕성을 마비시키고 정신적 불구화를 초래하였다(이종석, 2012). 결국 통일은 식민지 지배, 분단, 그리고 전쟁과 대결로 이어져 온 굴절된 민족의 역사를 바로잡는 계기가 된다. 또한 통일을 이루었다는 성취감과 자부심으로 국민적 일체감이 높아질 것이다.

3. 평화·통일교육의 목표와 전략

1) 평화·통일교육의 목표

「통일교육지원법」 제2조에서는 통일교육을 '자유민주주의에 대한 신념과 민족 공동체 의식과 건전한 안보관을 바탕으로 통일을 이룩하는 데 필요한 가치관과 태도를 기르도록 하기 위한 교육'으로 정의하고 있다. 이러한 정의 속에는 통일교육을 왜 해야 하는가에 대한 질문에 대한 답변이 포함되어 있다. 즉, 통일을 이룩하는 데 필요한 가치관과 태도를 기르는 데 있는데 이를 구체적으로 살펴보면 다음과 같다(통일교육원, 2018).

(1) 평화통일의 실현의지 함양

분단이 70년 넘게 장기화되면서 일부 국민들 사이에서는 분단 상황을 주어진 현실로 받아들이고 통일을 부담으로 여기는 경향이 나타나고 있다. 특히, 오늘날 젊은 세대로 갈수록 통일이 더 이상 민족적·당위적 의무로 받아들여지지 않고 있다.

따라서 통일을 해야 하는 보다 현실적인 이유를 다양한 측면에서 제시해 주는 것이 필요하다. 통일은 분단으로 인해 남북한 주민들이 겪고 있는 고통과 불편을 극복하기 위해 달성되어야 한다는 점, 우리 민족의 재도약을 위한 발판이자 한반도와 동북아 더 나아가 국제평화에 기여할 수 있다는 점, 인류 보편적 가치가 존중되고 인간다운 삶을 보장한다는 점 등이다.

통일을 달성해야 하지만 수단과 방법을 가리지 않는 통일지상주의는 경계해야 한다. 우리가 지향하는 통일은 평화적 통일로, 이는 전쟁의 비극이 다시금 이 땅에서 되풀이되어서는 안 된다는 우리 사회의 일치된 자각과 동의에 근거하고 있음을 강조한다. 이런 점에서 통일교육은 우리 사회구성원들의 평화통일에 대한 긍정적인 인식을 제고하고, 실천의지와 역량을 신장시켜 나가는 데 적극적으로 기여하도록 해야 한다.

(2) 건전한 안보의식 제고

한반도에는 국제 안보환경의 변화, 남북 간 군사적 대치, 북한의 핵문제 등 우리 국가안보를 위협하는 여러 요소가 존재한다. 국가 안보는 이러한 위협으로부터 나와 우리 가족이 영위하는 삶의 터전을 지키고 우리 사회의 자유와 번영을 보호하는 것을 말한다.

국가안보의 기초는 군사적 위협은 물론 우리 사회구성원들의 안정과 평화를 위협하는 다양한 위험요소들로부터 인류 보편적 가치와 민주적 제도를 지켜 나가려는 건전한 안보의식을 갖추는 데 있다. 이러한 안보의식을 바탕으로 한 안보역량의 강화가 평화통일의 실현을 뒷받침한다는 점을 인식시켜야 한다.

(3) 균형 있는 북한관 확립

평화통일을 실현하는 데 있어 중요한 과제 중의 하나는 통일의 상대인 북한에 대한 균형 있는 인식이다. 균형 있는 북한관은 북한 실상을 있는 그대로 이해하면서, 북한에 대해 우리 안보를 위협하는 경계의 대상이지만 통일을 함께 만들어 나가는 협력의 상대로 인식하는 관점을 말한다. 즉, 분단 현실에서 북한은 같은 동포이면서 동시에 우리의 안보를 위협하는 경계의 대상인 이중적 존재라는 사실을 균형 있게 인식해야 한다.

따라서 통일교육은 북한의 실상 등에 대해 객관적으로 이해하고 균형적인 사고를 하고, 이를 토대로 북한문제에 대해 올바르게 판단할 수 있는 안목을 갖출 수 있도록 해야 한다.

(4) 평화의식 함양

분단 이후 지속적인 남북 간 체제경쟁과 대립은 상호불신과 갈등을 유발함으로써 민족 간 화해와 통합에 커다란 걸림돌이 되어 왔다. 또한, 우리 사회 내부에도 분단경험 세대와 전후 세대의 인식 격차, 개인별·계층별 가치관의 차이에 따라 통일문제에 대해 다양한 견해가 존재한다. 이러한 상황에서는 통일 과정에서 사회적 갈등과 문화적 충돌을 피하기 어렵다.

따라서 우리는 평소의 다른 사회구성원들이 가지고 있는 사회문화적 가치관의 차이를 인정하고 상호 소통하는 자세를 갖추어 나갈 필요가 있다. 상대를 배제하고 갈등의 시각으로 바라볼 것이 아니라 '다름'을 인정하는 자세와 관용의 정신, 평화의식을 키워나가야 한다. 이를 통해 향후 통일과정에서 남북 간의 사회적 통합도 모색해 나갈 수 있을 것이다.

(5) 민주시민의식 고양

우리가 구상하는 통일의 미래상은 민족 구성원 모두에게 자유·민주·평화의 가치가 구현되는 국가이다. 이를 실현하기 위하여 통일교육은 자유와 인권, 복지, 민주주의 등 보편적 가치와 질서를 폭넓게 다루어야 한다.

따라서 통일교육은 민주적 의사결정과 문제해결능력, 그리고 민주적 원리와 절차에 따라 행동할 수 있는 능력을 통합적으로 기르도록 해야 한다.

2) 평화·통일교육의 추진 전략

그동안 통일교육은 분단의 원인과 결과를 이해하고 안보와 북한에 대한 이해에서 점차 남북한의 사회통합의 중요성을 강조하는 방향으로 확대되어 왔다. 따라서 통일교육이 제도적 통일만이 아니라 사람과 사회의 통합, 문화의 공존과 적대성의 제거를 포함하는 평화교육의 핵심 이념을 반영해 나갈 필요가 있다. 이런 점에서 평화교육의 이념을 실현하면서 추구해 나가야 할 통일교육의 과제를 살펴본다(이동기·송영훈, 2014: 83-86).

첫째, 현재까지 통일교육의 기본방향이 안보와 통일을 지향하고 있는데, 평화·통일교육은 이해와 화해·협력을 추구하는 평화 지향적, 공존 수용적일 필요가 있다. 통일교육의 기본방향은 평화, 통합, 신뢰, 화해, 민주, 정의 등과 같은 개념들이 필요한 원인에 대한 이해의 증진을 우선적으로 학교교육에 구현하는 것이어야 한다. 즉, 한국사회에 대한 반성과 그러한 과정에서 나타나는 불신과 두려움을 통제하는 능력을 학생들에게 함양해야 한다. 이를 통해 북한에 대한 막연한 두려움을 제어할 수 있는 능력이 생기고, 그로 인해 통합적 관점에서 통일을 이해할 수 있게 될 것이다.

둘째, 남한체제의 우위에 기반을 둔 국가 및 체제의 통합을 우선적으로 가정하기보다 남북한 사회 및 문화의 통합을 고려하는 장기적 플랜의 기초로서의 통일교육이 필요하다. 정치적으로는 민주주의 근간을 유지하면서도 북한 주민의 다양한 경험과 기억, 가치와 지향을 인정하고 존중하는 열린 자세의 통일교육이야말로 평화를 보장할 수 있다. 특히 이러한 통일교육은 북한과 북한주민을 통일과정의 주체로서 인식할 것을 요구한다. 북한주민들을 이방인처럼 배제하지 않고 그들을 지원의 대상이 아닌 사회의 동등한 구성원으로 이해하기 위한 노력이 필요하다.

셋째, 통일교육은 정치체제와 이념에 대한 이해교육에서 사회문화 이해

교육과 국제이해교육으로의 확장이 요구된다. 이를 통하여 민족관계의 특수성과 세계 공동체의 구성원으로서의 시민적 자질 함양이 동시에 이루어질 수 있어야 한다.

넷째, 통일 그리고 통일교육이 정부의 독점적 영역이 아님을 인정하고 학교통일교육 주체의 다양화를 꾀할 필요가 있다. 이는 정규 프로그램과 교과 외 프로그램 간의 적절한 균형과 조정이 필요하다. 청소년들이 정부 주도의 제도권 교육만이 아닌 사회의 다양한 형태의 사회갈등 극복 프로그램에 참여할 수 있다면 이들의 기본적인 갈등해결능력이 향상될 것이다.

다섯째, 통일교육의 핵심 내용은 체제·이념 경쟁, 통일정책의 이해를 위한 교육에서 벗어나 상호이해와 존중에 대한 것이어야 한다. 평화적 공생과 공존의 의미를 높여야 하고 대립적 구조에서 평화적 합의에 도달할 수 있는 개인들의 역량을 강화하는 교육이 핵심 내용으로 자리 잡아야 한다.

여섯째, 통일교육은 남북한의 비교에 그치지 말고, 세계 다른 국가들과 비교하거나 그것을 바탕으로 북한을 이해하기 위한 다양한 시도들이 활용되어야 한다. 북한에 대한 적대적 타자의 이미지 혹은 공포를 넘어 개방적 토론 문화를 정착시켜야 다름을 인정하고, 다른 이들과 공존할 수 있는 통합지향적 사회발전이 가능해진다.

4. 유아 평화·통일교육

1) 유아 평화·통일교육의 필요성

통일교육은 변화하는 환경은 물론 학습자들의 특성을 감안하여 적절한 교육방법과 유기적으로 결합될 때 더 높은 효과를 거둘 수 있다. 특히 세대별로 분단과 통일에 대한 인식이 서로 다를 수 있다는 점을 자연스럽게 받아들여야 한다. 이러한 견지에서 통일교육은 모든 세대의 학습자들에게 통일·북한에 대한 관심과 흥미를 높이고 통일 의지를 증진할 수 있도록 이루어져야 한다. 이를 위해 통일에 대한 지식은 물론 통일 감수성과 실천 능력까지 고르게 발달시켜 나가야 한다. 또한, 학습자 스스로가 통일을 자신의 문제로 인식할 수 있도록 자발적인 탐구와 능동적인 참여가 이루어질 수 있어야 한다.

일반적으로 교육의 대상이 되는 학습자들은 연령, 성별, 계층, 직업, 학력 등에 따라 다양한 특성을 지닌다. 통일교육도 학습자의 특성에 따른 맞춤형 교육이 필요하다. 특히 유아기에는 신체적 발달과 함께 지적인 능력이 향상되는 시기이다. 특히 자신을 둘러싼 사회 공동체에 대한 인식이 생겨나고 국가애와 민족애와 같은 공동체적 정서가 형성되는 시기이다. 따라서 이 시기에는 놀이·체험형 또는 문화·감성적 접근을 통해 통일과 북한에 대한 관심과 흥미를 높이는 것이 중요하다.

2000년대에 들어서 유아의 평화·통일교육의 필요성에 대한 교육 수요가 증가해 왔으나 이를 수업에 적용하는 데 어려움이 있어 실제 현장에서 잘 이루어지지 않는 것으로 보고되고 있다. 유아들은 북한을 다른 나라로 인식하고, 북한과 남한의 특수한 관계에 대한 초보적인 인식을 갖는 것으로 나타났다. 그러나 유아들은 평화적인 차원에서 통일의 필요성을 인식하고 있으며, 북한과 통일에 대해 접할 수 있는 매체로 TV를 꼽고 있어 북한과 평화·통일에 대한 이해를 돕기 위해서는 대중매체의 역할이 중요함을 알 수 있다(김영경, 2002; 박혜숙, 2000).

현재 통일부 국립통일교육원에서는 통일교육을 초등학교부터 시작하고, 관련 교재 및 프로그램을 제공하고 있다. 유아들을 위한 통일교육이 전무하다는 점에서 교육부를 중심으로 유아 대상 통일교육 프로그램을 개발 보급하고 있다(교육과학기술부, 2013). 그러나 여전히 유아 대상 통일교육에 대한 체계적인 프로그램 개발·보급은 활성화되어 있지 않다. 보다 효과적인 유아 통일교육을 위해서는 다양한 양질의 자료 개발뿐만 아니라 국가 수준에서 유아 통일교육의 범위 설정이 제시되어야 하고, 이와 동시에 통일교육에 대한 유아교사들의 인식 변화도 요구된다(지성애·김숙자·최민수, 2003). 이와 함께 가족이 함께 할 수 있는 프로그램을 개발함으로써 유아가 유치원에서 배운 통일교육의 내용을 가정에서도 연계할 필요가 있다. 따라서 통일에 대한 유아의 관심이 유지되기 위해서는 유아, 교사 및 부모를 대상으로 한 통일교육 프로그램 개발이 절실히 요구된다. 결국 유아 대상 평화·통일교육은 일회성이 아닌 지속성을 갖고 교육이 이루어져야 하며, 이를 위한 교사교육의 중요성이 강조된다.

2) 유아 평화·통일교육의 목적

평화·통일교육은 통일문제에 대한 합리적 인식의 틀을 형성함으로써 유아에게 북한 사회를 비롯한 통일문제에 대한 관심을 갖고, 통일에 대한 의지를 키워 통일을 준비하는 세대를 기르는 데 목적이 있다. 이러한 목적을 달성하기 위한 교육의 구체적인 목표는 다음과 같다(교육과학기술부, 2013: 11).

첫째, 북한에 대한 선입관과 경직된 인식을 조정하고 더불어 살아갈 수 있는 삶의 필요성과 상호 존중의 태도를 함양한다.

둘째, 남북의 이질성은 극복의 대상이라기보다는 수용되고 존중되어야 할 대상이라는 점을 인식시킨다.

셋째, 유아들도 북한에 대한 객관적이고 정확한 정보를 제공받으며, 이를 통해 북한에 대한 객관적인 태도를 갖도록 한다.

넷째, 다양한 교수자료 개발을 통해 유치원 교사에게 통일교육의 방법 및 내용에 쉽게 접근할 수 있도록 돕는다.

3) 인지·정의·행동적 영역을 포괄하는 통합적인 통일교육

통일을 이룩하는 데 필요한 가치관과 태도를 기르기 위해서는 통일·북한문제에 대한 지식과 정보뿐만 아니라 통일을 지향하는 정서와 이를 삶 속에서 실천하려는 노력 등이 모두 중요하다. 이런 점에서 통일교육을 학습자의 인지·정의·행동적 영역을 통합적으로 접근하는 것이 바람직하다.

첫째, 인지적 영역에서 통일·북한문제에 대하여 객관적 사실에 기초하여 이해하고 비판적으로 사고해야 한다. 통일·북한문제에 대한 정보와 사실이 정확하고 객관적으로 주어질 때, 유아들은 합리적으로 이해하고 사고할 수 있을 것이다.

둘째, 정의적 영역에서 통일의지와 열정을 갖는 것도 중요하다. 유아들이 통일을 자신의 문제로 느끼고 이를 자신의 가치 속으로 받아들일 수 있기 위해서는 통일·북한문제에 대한 감수성이 발달되어야 한다. 예를 들면 북한의 인권문제나 이산가족, 북한이탈주민 정착상의 어려움 등에 대해 공감 능력을 갖추고, 가슴으로 인정하고 받아들이는 태도를 갖추도록 하는 것이 필요하다.

셋째, 통일을 삶 속에서 실천하기 위해서는 행동 역량을 갖추는 것도 필요하다. 예를 들면 통일에 대한 자신의 생각을 표현하고, 통일 관련 활동에 참여하며, 나아가 통일과 관련된 상황에서 다양한 문제를 해결하려는 실천적 노력이 매우 중요하다.

이제 통일교육은 분단과 대립의 역사를 평화적으로 재구축할 수 있는 능력, 장기간 적으로 인식해왔던 상대방에게 말을 걸고 의사소통을 하고 상호갈등을 조화롭고 평화롭게 해결할 수 있는 능력, 미래 남북한의 공존과 공동번영, 더 나아가서 인류공동체, 동북아 지역공동체 속에서 남북한이 정치·사회·경제적 공동체를 구상하고 실현해 나갈 수 있는 인지적·정서적·행동적 능력을 기르는 행위로 재정립되어야 한다(조정아, 2018).

4) 학습자 중심의 통일교육

학습자인 유아들이 통일문제를 자기 자신의 문제로 인식할 수 있으려면 학습자 중심의 통일교육이 되어야 한다. 학습자는 주도적으로 통일·북한문제 관련 주제에 대해 정보와 자료를 적극적으로 탐구하면서 남북한 사회를 바라보는 논리적이고 비판적인 시각과 함께 통일을 바라보는 종합적 사고 능력을 갖춰야 한다.

특히 집단활동에 기반한 협동학습 방식의 통일교육은 다른 사람들과 열린 대화와 토론을 통해 통일과 북한문제에 대한 다양한 견해들이 존재하고, 학습자 상호이해와 소통이 중요하다는 것을 인식시켜 준다.

5) 흥미와 관심을 증진하는 다양한 방법의 활용

강의식 교수법은 지식의 전달이 일방적 형태로 이루어지기 때문에 유아인 학습자의 입장에서는 집중력이 쉽게 떨어질 수 있다. 이러한 강의식 교수법의 한계를 극복하고, 학습자가 능동적으로 교육에 참여하도록 하기 위해서는 다양한 학습기법을 활용할 필요가 있다. 통일교육에서 활용할 수 있는 기법들을 예시하면 다음과 같다.

첫째, 시청각 매체를 활용하여 학습자들의 관심과 흥미를 증진시키는 방법이다. 적절한 통일·북한 관련 애니메이션이나 공감 영상 또는 뮤직비디오나 동화 플래시 등을 활용하면 학생들의 관심과 흥미를 높일 수 있다. 이를 위하여 동영상, PPT, 그림, 사진, 동화, 음원 등 교육용 DVD를 활용하는 방법이 있다.

둘째, 정보통신기술(ICT)을 활용해 참여와 소통을 증진시키는 방법이다. 통일 UCC, QR코드 또는 증강현실(Augmented Reality) 등을 통일교육에 활용하면 학습자들이 좀 더 능동적으로 교육에 참여할 수 있게 될 것이다. 정보통신기술을 활용하여 학습자와 상호작용을 통한 참여와 소통을 증진시킬 수 있는 방법을 다양하게 찾아 나가야 할 것이다.

셋째, 소집단을 활용한 통일교육 방법이다. 집단별로 프로젝트 학습이나 문제기반학습(problem based learning), 통일이나 북한에 대해 궁금한 점을 질문으로 만든 뒤 서로 질문하며 토론하는 하브루타 교육을 활용할 수 있다. 이외에도 통일과 관련된 다양한 상황을 가정하고 문제해결능력을 증진하기 위한 상황극이나 역할놀이 등도 활용할 수 있다.

넷째, 체험학습을 통한 통일교육 방법이다. 전국에 산재한 12개 통일관이나 비무장지대 인근 통일·역사 체험관 또는 지역사회의 통일 관련 명소를 탐방하면서 통일문제를 느낌으로 접해보는 것은 좋은 방법이다.

다섯째, 부모교육 자료를 병행하여 활용해 나간다. 가정에서도 일관성 있는 통일교육이 이루어질 수 있도록 자녀들에게 들려줄 수 있는 동화와 자녀와 함께 할 수 있는 북한의 요리와 동요, 북한의 언어와 전통놀이, 자연 등의 내용으로 부모와 자녀가 함께 알아야 할 통일 관련 지식과 부모와 함께 할 수 있는 활동을 개발한다.

참고문헌

강남식(1991). 여성문제에 대한 과학적 이해, 여성학 강의. 한국여성연구회. 서울: 동녘.

강순원 역(1983). 교육과 사회구조. 서울: 한울.

강유정 · 김영훈 · 최성열(2018). 교육사회학. 서울: 동문사.

강희경 · 이해찬 역(2004). 사회학적 상상력. 밀즈(Mills, C. W.)(1959). Sociological Imagination. 서울: 돌베개.

교육과학기술부(2013). 유치원 교육과정 운영 지원을 위한 유아 통일교육 프로그램.

교육부(2020). 2020 다문화교육지원계획.

교육부 · 한국교육개발원(2018). 교육통계연보.

권석균 · 이병철 · 조봉현(2013). 통일, 기업에 기회인가 위기인가. 서울: 알에이치코리아.

권영태(2020). 통일교육 에센스. 파주: 정독.

권중돈 · 김동배(2005). 인간행동과 사회환경. 서울: 학지사.

김경근(2003). 한국사회의 교육열과 청년실업. 교육학연구, 41(4), 87-105.

김경근(2005). 한국사회 교육격차의 실태 및 결정요인. 교육사회학연구, 15(3), 1-27.

김경근 · 변수용(2007). 한국사회에서의 학업성취에 대한 문화자본의 영향. 교육사회학연구, 17(1), 23-51.

김경근 · 연보라 · 장희원(2014). 서울시 중고등학생의 학업성취 영향요인 및 그 함의. 교육사회학연구, 24(4), 1-29.

김경식 · 안우환(2003). 한국교육사회학의 연구동향 분석. 교육사회학연구, 13(2), 47-64.

김경신 · 김명자 · 박혜인 · 유영주 · 유은희 · 윤종희 · 이미숙(1994). 한국 가족의 교육열과 대학입시: 가족적 대책 수립을 위한 실천방안 연구. 대한가정학회지, 32(2), 161-178.

김경애 · 류방란 · 이성회 · 이승호 · 이희현 · 장명림 · 장동철 · 김성식 ·

이상호 · 이호준 · 한치록 · 김다솜 · 윤종원(2020). 교육분야 양극화 추이 분석 연구(I): 기초연구. 한국교육개발원.
김광혁(2008). 지역사회자본과 가족 소득의 변화가 아동의 학업성취도 변화에 미치는 영향. 한국사회복지정책학회, 35, 5-28.
김광희(2015). 지역사회복지론. 고양: 공동체.
김대중 · 김소영(2017). 대학교육에서의 핵심역량과 역량기반 교육에 대한 이해와 쟁점. 핵심역량교육연구, 2(1), 23-45.
김병성 역(1991). 사회문화와 교육. (W. Brookover 저). 서울: 문음사.
김병성(1995). 교육과 사회. 서울: 학지사.
김병성(2018). 교육사회학: 학교사회-문화분석. 서울: 학지사.
김병욱(2012). 교육사회학. 서울: 학지사.
김병욱(2019). 교육사회학. 서울: 학지사.
김봉석 · 이혜림 · 이훈병(2004). 현대교육의 이해. 파주: 양서원.
김부태(1995). 한국 학력사회론. 서울: 내일을 여는 책.
김선희 · 신재흡(2010). 교사가 지각한 유아교육기관 원장의 변화 지향적 지도성과 교사의 직무성과 간의 연구. 유아교육 · 보육복지연구, 14(3), 197-223.
김성열 외 역(1991). 국가와 교육. (M. Carnoy and A. H. Halsey 저). 서울: 배영사.
김송이(2008). 한국 어머니의 자녀교육열: 가정의 사회인구학적 특성과 어머니의 심리적 특성을 중심으로. 대한가정학회지, 46(2), 13-23.
김승호(1989). 과잉학력자의 사회적 성향에 관한 연구. 서울대학교 대학원 석사학위논문 미간행.
김승희(2017). 유아사회과교육. 서울: 학지사.
김신일(2005). 교육사회학. 서울: 교육과학사.
김안국 · 장주희 · 김지영 · 이상호(2017). 한국 사회의 학력주의(Credentialism)와 포스트 NCS. 한국직업능력개발원.
김영화(1992). 학부모의 교육열: 사회계층간의 비교를 중심으로. 교육학연구, 30(4), 173-197.
김영화(2010). 교육사회학. 파주: 교육과학사.
김영화 · 이인효 · 박현정(1993). 한국인의 교육열 연구. 한국교육개발원.

김영화 · 이인효 · 임진영(1994). 한국인의 교육 의식 조사 연구. 한국교육개발원.

김용숙(1986). 학력병 환자. 양평: 민족문화사.

김용숙(1990). 점수병 학교. 학력병 사회 이대로 좋은가. 서울: 성원사.

김용옥(1994). 삼국통일과 한국통일상. 서울: 통나무.

김용태(2000). 가족치료이론. 서울: 학지사.

김재은(1974). 한국 가족의 심리. 서울: 이화여자대학교 출판부.

김재인 · 곽삼근 · 조경원 · 유현옥 · 송현주 · 심미옥 · 곽윤숙 · 오재림 · 박성정 · 김선영 · 이해주 · 임선희 · 민무숙 · 정해숙(2001). 여성교육개론. 서울: 교육과학사.

김종두(2013). 교육사회학. 파주: 교육과학사.

김지현 · 손철성(2009). 세계시민주의, 공동체주의, 자유주의. 시대와 철학, 20(2), 93-126.

김현철 · 서은경(2018). 소득계층별 사교육비 지출격차 추이분석. 교육학연구, 56(1), 133-153.

김혜숙 · 한대동 · 김희복(2017). 학부모의 사교육 지원 현상에 관한 근거이론적 분석. 열린부모교육연구, 9(1), 65-92.

김혜진 · 박영숙 · 신연재 · 이동엽 · 이승호 · 최원석 · 함승환 · 함은혜 · 허주(2020). 교원 및 교직환경 국제비교연구: TALIS 2018결과를 중심으로(II). 한국교육개발원.

김희복(1992). 학부모문화 연구: 부산지역 중산층의 교육열. 서울대학교 대학원 박사학위논문 미간행.

남궁선혜(2019). 신규 유아교사의 초기 3개월간의 교직사회화에 대한 탐색적 연구. 한국보육학회지, 19(4), 33-45.

도경선(1994). 서울시의 사회계층별 거주지분화에 관한 연구. 서울대학교대학원 박사학위논문 미간행.

류방란(2006). 교육격차: 가정배경과 학교교육의 영향력 분석. 한국교육개발원.

류황석(2016). 부모로서의 정체성과 한국사회의 교육열: A. Giddens의 하이모더니티(high-modernity)론을 중심으로. 교육사회학연구, 26(1), 1-24.

박경호 · 김지수 · 김창환 · 남궁지영 · 백승주 · 양희준 · 김성식 · 김위정 · 하봉운 · 한금영(2017). 교육격차 실태 종합 분석. 한국교육개발원.

박미영 · 박한숙(2018). 유치원교사의 교권 및 교원침해에 대한 인식. 학습자중심교과교육연구, 18(8), 195-218.

박상호 · 김경희(1995). 교육학개론. 서울: 박문각.

박용헌 · 이상주 · 금영찬(1980). 학교와 지역사회. 서울: 배영사.

박인용 · 김성은 · 구슬기 · 김완수(2015). 학교 학업성취 연도별 변화에 미치는 교육맥락변인 분석. 교육평가연구, 28(5), 1447-1471.

박재옥 · 홍길회(2020). 유아다문화교육. 서울: 창지사.

박주호 · 백종면(2019). 교육격차 실증연구의 체계적 분석. 한국교육문제연구, 37(1), 213-238.

박지원(2016). 신규교사의 교직 사회화 과정 탐색. 전북대학교 교육대학원 석사학위논문 미간행.

박철홍(2014). 청소년들의 사회 · 문화적 자본과 학업성취 및 대학선택 만족의 관계. 연세대학교 대학원 박사학위논문 미간행.

박태윤 · 성정희(2007). 지속가능발전교육을 위한 교사 지침서. 유네스코한국위원회 유엔지속가능발전교육 통영센터.

박현정 · 길혜지(2013). EBS 수능강의 수강이 교육격차 감소와 학교수업태도 향상에 미치는 효과 분석. 교육평가연구, 26(5), 1115-1141.

박현진(2010). 가정의 문화자본 및 사회자본과 영어 학업성취의 구조적 관계에 관한 종단분석. 홍익대학교대학원 박사학위논문 미간행.

박호성(1994). 평등론. 서울: 창작과 비평사.

박환보(2019). 우리가 원하는 교육, 지속가능한 사회를 꿈꾸는 교육. 서울: 유네스코한국위원회, 23-37.

백승학(2020). 예비교사를 위한 교육사회. 서울: 공동체.

변수용 · 김경근(2008). 한국 고등학생의 교육결과에 대한 문화자본의 영향. 교육사회학연구, 18(2), 53-82.

서영희 · 허우정 · 김은주(2007). 사회양극화 현상에 따른 유아기 가정 · 교육환경 실태 및 요구도 조사. 아동교육, 16(2), 253-276.

석태종(1996). 교육사회학. 파주: 교육과학사.

성낙돈 · 안병환 · 가영희 · 노재화(2018). 교육사회학. 서울: 동문사.

성열관(2004). 거주지 분화와 교육격차: 미국의 현실이 우리나라 교육정책에 주는 함의. 교육사회학연구, 15(1), 139-161.

손수민(2013). 사회양극화에 따른 유아교육양극화 현상에 대한 고찰. 유아교육연구, 12(2), 69-90.

손유미 · 송창용 · 이현정(2015). 대학생 핵심역량지원 방안 연구. 세종: 한국직업능력개발원.

손준종(2004). 교육공간으로서 강남(江南) 읽기. 교육사회학연구, 14(3), 107-131.

손준종(2006). 교육양극화의 개념, 유형, 동인에 관한 탐색적 논의. 한국교육학연구, 12(2), 31-58.

시기자 · 이용상 · 김인숙(2013). 국가영어능력평가시험에 나타난 영어 학력 격차 설명 요인 분석. 교육과학연구, 44(3), 19-47.

신윤정 · 박신아(2018). 배우자 간 학력 격차 변화와 결혼 선택: 출생코호트별 중심으로. 보건사회연구, 38(4), 431-464.

안해정 · 서예원 · 윤종혁 · 김은영 · 임후남 · 박환보 · 최동주 · 김명진 · 이정화(2016). 2030지속가능개발목표(SDGs) 실천 방안 연구: 교육 분야를 중심으로. 한국교육개발원.

양계민 · 조혜영 · 이수정(2008). 사회통합을 위한 청소년 다문화교육 활성화 방안 연구. 한국청소년정책연구원.

양정호 · 한희진(2018). 다극화 지수와 지니 계수를 이용한 사교육비 양극화 추이 분석. 한국자료분석학회, 20(6), 3139-3153.

염민호(2007). 교직전문화의 개혁담론에 대한 비판적 접근. 한국교육 34(3), 103-128.

오경희 · 한대동(2009). 학부모들의 학교교육에 대한 인식과 열망에 관한 이해. 열린교육연구, 17(3), 127-148.

오욱환(1986). 한국 대학교육 확장의 사회학적 해석. 이화여자대학교 한국문화연구원 논총 제50집, 129-150.

오욱환(1997). 가부장제 국가자본주의 사회에서 성별 불평등과 '여성교육'. 교육사회학연구, 7(2), 130-160.

오욱환(1999). 한국사회의 교육열에 대한 고유 이론모형의 탐색. 교육학연구, 37(4), 1-28.

오욱환(2000). 한국사회의 교육열: 기원과 심화. 서울: 교육과학사.

우명숙(2013). 서울시 중학교의 단위학교 및 자치구 수준에서의 교육격차 분석. 교육재정경제연구, 22(4), 55-83.

우옥경(2020). 교직사회화의 세대차이에 대한 질적 분석. 부산대학교대학원 석사학위논문 미간행.

월드워치연구소(2018). 지속가능한 교육을 꿈꾸다. 서울: 환경재단.

유네스코한국위원회(2008). 유네스코와 문화 다양성.

유네스코한국위원회(2011). 지속가능발전교육(ESD) 개황. 서울: 유네스코한국위원회.

유순이(2003). 유아교사의 발달단계에 따른 직능특성에 관한 연구. 중앙대학교 교육대학원 석사학위논문 미간행.

유한구(2006). 사회계층과 교육격차. 한국직업능력개발원.

윤인진(1998). 서울시의 사회계층별 거주지 분화형태와 사회적 함의. 서울학연구, 10, 229-270.

이규민(1992). 학력주의 사회의 형성조건에 관한 연구. 연세대학교 대학원 석사학위논문 미간행.

이규환 역(1986). 자본주의와 학교교육. (S. Bowles and H. Gintis 저). 서울: 사계절.

이돈희(1985). 한국사회의 교육열과 교육기회의 관리문제. 대한교육연합회, 새교육, 12-18.

이동기 · 송영훈(2014). 평화 · 통일교육 추진전략 연구. 서울: 유네스코한국위원회.

이두영(2009). 교사발달단계를 고려한 교사평가 준거의 탐색. 인천대학교 대학원 박사학위논문 미간행.

이두휴(2003). 우리나라 대학은 서울대와 지방대 두 개뿐이다? 교육개발, 30(30), 30-33.

이두휴(2012). 중초교사의 교직사회화과정 연구. 교육사회학연구, 22(1), 141-170.

이문구(2006). 교사의 발달단계에 따른 멘토링 실태 및 요구 분석. 한국교원대학교 교육대학원 석사학위논문 미간행.

이인정 · 최해경(2010). 인간행동과 사회환경. 서울: 나남출판사.

이재경 · 김양분 · 신혜진(2016). 학력격차의 변화 추세와 해소 방안. 한국교육, 43(1), 261-286.
이정규(2003). 한국사회의 학력 · 학벌주의: 근원과 발달. 서울: 집문당.
이정림 · 최효미 · 정주영 · 오유정 · 이정아(2014). 「3-5세 누리과정 유아관찰척도」를 활용한 누리과정 효과 분석 연구. 서울: 육아정책연구소.
이정선(2001). 초등학교에 있어서 학업성공과 사회자본 관계: 문화기술적연구. 학술진흥재단 신진교수 과제 연구보고서.
이정원 · 이정림 · 도남희 · 최효미 · 이재희 · 이윤진 · 윤지연 · 염혜경(2018). 2018년 전국보육실태조사: 가구조사 보고. 보건복지부 · 육아정책연구소.
이정표(1994). 기업체의 채용 · 승진과정에 나타나는 학력의 기능 분석: 대졸자에 대한 고용주의 인식을 중심으로. 이화여자대학교 대학원 박사학위논문 미간행.
이정표(2020). 교육학 개론. 파주: 교육과학사.
이종각(1996). 교육사회학 총론. 서울: 동문사.
이종석(2012). 통일을 보는 눈. 고양: 개마고원.
이중흔(2003). 학벌주의 극복을 위한 종합대책 마련. 직업과 인력개발, 38-40.
이효수(1984). 노동시장 구조론. 서울: 법문사.
이훈병 · 황성원(2017). 예비교사를 위한 교육사회. 서울: 창지사.
임부연 · 김성숙 · 송진영(2015). 유아교사론. 파주: 양서원.
임의진 · 박인용 · 정혜경 · 서민희 · 김완수 · 한정아(2018). 국가수준 학업성취도 평가 결과에 기반한 고등학생 학업성취도 영향요인 및 격차 탐색. 교육평가연구, 31(1), 125-153.
임정빈 · 정혜정(2000). 성 역할과 여성. 고양: 신정.
임현묵 · 박환보(2019). 지속가능한 사회를 꿈꾸는 교육. 서울: 유네스코 한국위원회.
임희연(2008). 초등학교 교사발달단계와 교직전문성 인식과의 관계연구. 서울교육대학교 교육대학원 석사학위논문.
장미혜(2002). 사회계급의 문화적 재생산: 대학 간 위계서열에 따른 부모의 계급구성의 차이. 한국사회학, 36(4), 223-251.

장필화(1992). 여성학적 관점들, 성 여성 여성학. 부산대 여성연구소. 부산대 출판부.

정동욱 · 김영식 · 우윤미 · 한유경(2011). 지역교육지원청 내 단위학교 간 교육자원 배분과 학업성취 간의 관계 분석. 교육재정경제연구, 20(4), 189-215.

정석환(2017). 쉽게 풀어쓴 교육사회학. 고양: 어가.

조석주(2007). 다문화공생을 위한 지방자치단체의 기능 강화방안. 지방행정연구, 21(3), 3-46.

조영재 · 고현민 · 한석근(2012). 교육양극화 개념과 측정에 관한 논의. 교육종합연구, 10(2), 25-44.

조욱상 · 김재원(2012). 학교체육이 학생들의 지능과 학업성취도에 미치는 영향: 메타분석. 한국스포츠교육학회지, 19(2), 177-196.

조정아(2018). 2030 세대의 통일의식과 통일교육의 새로운 패러다임 모색. 통일교육연구, 15(2), 21-45.

주동범 · 김정희 · 정일환(2015). 교육사회학. 서울: 동문사.

지속발전가능위원회(2005). 유엔지속가능발전교육 10년을 위한 국가 추진전략 개발 연구.

지옥정(2017). 유아기 지속가능발전교육. 서울: 창지사.

차경수 · 최충옥 · 이미나 · 옹정근 · 남기석(2010). 교육사회학의 이해. 파주: 양서원.

최경주(2020). 유아교사의 발달단계에 따른 직무스트레스와 스트레스 대처의 관계. 가천대학교 교육대학원 석사학위논문 미간행.

최돈민(2009). 학력주의에서 능력주의로의 전환을 위한 방안 탐색. 교육종합연구, 7(3), 97-118.

최돈형(2005). 지속가능발전과 위기의 환경교육. 환경일보.

최돈형 · 조성화 · 안재정 · 홍현진 · 정국초(2011). 교사가 실천하는 지속가능발전교육. 서울: 유네스코한국위원회.

최상근(1992). 한국초 · 중등 교사의 교직 사회화 과정 연구. 한국교원대학교 대학원 박사학위논문 미간행.

최샛별 · 최유정(2011). 문화자본론의 관점에서 본 영어의 한국적 의미와 구조. 문화와 사회, 10, 207-252.

최은영(2004). 서울의 거주지 분리 심화와 교육환경의 차별화. 서울대학교대학원 박사학위논문 미간행.

최정숙 · 박용현(1999). 교육사회학. 서울: 한국방송통신대학출판부.

최희숙(2008). 부모, 친척의 사회자본이 학업성취에 미치는 영향–서울지역 일반계 고등학교 1학년 학생을 중심으로–. 연세대학교대학원 박사학위논문 미간행.

최희진(2002). 중학교 초임 체육교사의 교직 사회화. 서울대학교 대학원. 체육교육과 박사학위 논문 미간행.

통계청(2020). 2020 청소년 통계.

통일부 국립통일교육원(2018). 평화 · 통일교육: 방향과 관점.

하숙현(2000). 다문화교육에 대한 부모의 인식 및 양육실제 연구조사. 성균관대학교 교육대학원 석사학위 청구논문.

한국양성평등교육진흥원(2012). 2012년도 생애주기별 양성평등의식 교육.

한세리(2016). 가정과 학교의 사회자본이 학업성취 향상에 미치는 영향. 이화여자대학교 대학원 박사학위논문 미간행.

한승완(2008). 민족주의와 다문화주의 담론. 2008년 대학철학회봄학술대회 발표 자료.

한정신(1998). 한국여성의 교육열 탐구. 아세아여성연구, 37, 숙명여대아세아여성문제연구소, 67-95.

한혜정 · 장경숙 · 김기철 · 이주연(2017). 2015 개정 교육과정의 핵심역량 함양을 위한 초 · 중학교 교육과정 설계 방안 연구(RRC 2017-2). 진천: 한국교육과정평가원.

허은정 · 신철균 · 정지선(2012). 일반계 고등학교의 교육격차 실태 및 특성 분석. 열린교육연구, 20(1), 141-164.

허은주 · 유현정 · 이수진 · 안영화 · 배석영(2015). 현대 교육사회학. 서울: 양서원.

현주 · 이재분 · 이혜영(2003). 한국 학부모의 교육열 분석 연구. 서울: 한국교육개발원.

황기우(1992). 한국 초등학교의 교사문화에 관한 해석적 분석. 고려대학교 대학원 박사학위논문 미간행.

Alexander, K. L. & McDill, E. L.(1976). Selection and Allocation Within Schools: Some Cause and Consequences of Curriculum Placement. American Sociological Review 41: 963-980.

Alexander, K. L., Cook, M. A. & McDill E. L.(1978). Curriculum Tracking and Educational Stratification: Some Further Evidence. American Sociological Review 43: 47-66.

Anderson, C. A.(1961). A Skeptical Note on Education and Mobility. American Journal of Sociology, 66(1), 164-179.

Apple, M. W.(1981). Cultural and Economic Reproduction in Education. London: Routledge & Kegan Paul.

Apple, M. W.(1982). Education and Power. London: Routledge & Kegan Paul.

Banks, A. & Banks, C. A. M.(2011). 다문화교육 현안과 전망(차윤경 · 부향숙 · 윤용경 역). 박학사.

Baron, J. N. & Bielby, W. T.(1982). Workers and machines: Dimensions and determinants of technical relations in the workplace. American Sociological Review, 47, 175-188.

Bennett, C. I.(2009). 다문화교육 이론과 실제(김옥순 외 공역). 학지사.

Bennett, T.(2005) 'Civic Laboratories: Museums, Cultural Objecthood, and the Governance of the Social', Cultural Studies, 19(5), 521-547.

Berg, I.(1971). Education and Jobs: The Great Training Robbery. Boston: Beacon.

Bills, D. B.(1988). Educational credential and promotions: Does schooling do more than get you in the door? Sociology of Education, 61, 52-60.

Blau, P. M. & Duncan, Otis, D.(1967). American Occupational Structure. John Wiley.

Bloom, B. S.(1968). Learning for Mastery, Evaluation Comment, 1(2) Center for the Study of Instructional Program, Los Angeles Univ. of California.

Boudon, R.(1977). Education and social Mobility: A Structural Model.

in Karabel and Halsey, Power and Ideology in Education, Oxford University Press, 186-196.

Bourdieu, P.(1986). Distinction: A Social Critique of the Judgement of Taste, American, Ethnologist, 13(1), 163-164.

Bowles, S. & Levin, H. M.(1968). The Determinants of Scholastic Achievement-An Appraisal of Some Recent Evidence. The Journal of Human Resources, 3(1), 3-24.

Bowles, S. & Gintis, H.(1976). Schooling in Capitalist America: Educational Reform and the Contradiction of Economic Life, New York: Basic Books. 이규환 역(1986). 자본주의와 학교교육. 사계절.

Bronfenbrenner, U.(1979). The ecology of human development: Experiments by nature and design. Cambridge, Mass: Harvard University Press.

Bronfenbrenner, U.(1989). Ecological systems theory. Annals of Child Development. 6, 187-249.

Brookover, W. B., et al.(1979). School Social Systems and Student Achievement: School Can Make a Difference. New York: Praeger Publishers.

Brophy, J. E. & Good, T. L.(1970). Teacher's Communication of Differential Expectations for Children's Classroom Performance: Some Behavioral Data. Journal of Education Psychology, 60, 365-374.

Burris, V.(1983). The social and political consequences of overeducation. American Sociological Review, 48, 454-476.

Campbell, D. E.(2004). Credible Performances: The Performativity of Science Studies, Social Studies of Science 34(3), 433-442.

Carnoy, M.(1974). Education as Cultural Imperialism. New York: Longman. 김쾌상 역(1980). 교육과 문화적 식민주의. 한길사.

Chiswick, B. & Mincer, J.(1972). Time-Series Changes in Personal Income Inequality in the United States from 1939, with Projections to 1985, Journal of Political Economy, 80(3), S34-S66.

Coleman, J. S., et al.(1966). Equality of Educational Opportunity: Washington, DC: U.S. Government Printing Office.

Coleman, J.(1988). Social capital in the creation of human capital, American journal of Sociology, 94, 95-120.

Collins, R.(1971). Functional and conflict theories of educational stratification. American Sociological Review, 36(6), 1002-1019.

Collins, R.(1974). Where are educational requirements for employment highest? Sociology of Education, 47, 419-442.

Collins, R.(1979). The Credential Society: On Historical Sociology of Education and Stratification. New York: Academic.

Cooley, C. H.(1909) Social Organization. New York: Scribners Sons.

Cunha, F., et al.(2005). Interpreting the Evidence on Life Cycle Skill Formation. NBER Working Paper No.11331.

DiMaggio, P.(1982). Cultural capital and school success: The impact of status culture participation on the grades of U. S. high school students. American Sociological Review, 47(2), 189-201.

Dore, R.(1976). The Diploma Disease: Education, Qualification and Development. Berkley: University of California Press.

Durkheim, E.(1956). Educational Sociology. translated by Sherwood Fox, Illinois: The Free Press.

Freud, S.(1913). The Interpretation of Dream. George Allen, London.

Giddens, A.(1991). Modernity and self-identity. Stanford, California: Stanford University Press.

Gollnick, D. M. & Chinn, P. C.(2009). Multicultural education in a pluralistic society(2nd ed.). Columbus, OH: Merrill Publishing Co.

Hallak, J. & Caillods, F.(1980). Education, Work and employment. Paris: UNESCO.

Havighurst, R.(1961). Education and Social Mobility in Four Societies. Halsey, Floud, and Andersons(eds.). Education, Economy, and Society. Free Press, 105-120.

Hochschild, A. R.(1983). The managed heart: Commercialization of

Human Feeling, Berkerley. CA: University of California Press.

Hurn, C. J.(1978). The Limits and Possibilities of Schooling: A Introduction to the Sociology of Education. Boston: Allyn and Bacon, Inc.

Inkeles, A. & Smith, D. H.(1974). Becoming: Individual change in six developing countries. Cambridge, MA: Havard University Press.

Jencks, C., et al.(1972). Inequality: A Reassessment of the Effect of Family and Schooling in American. New York: Basic Books.

Johnson, D. W. & & Johnson, R. T.(2010). 다문화교육과 인간관계(김영순 외 공역). 교육과학사.

Karabel J. and Halsey. A. H. Power and Ideology in Education. New York. Oxford University Press, 325-335.

Katz, L. G.(1972). Development stages of preschool teachers. Elementary School Journal, 73(1), 50-54.

Labaree, D.(1992). Power, knowledge, and the rationalization of teaching: A genealogy of the movement to professionalize teaching. Harvard Educational Review, 62(2), 123-154.

Lacey, C.(1977). The socialization of teachers. London: Methuen.

Layard P. R. & Psachropoulos, G.(1974). The screening hypothesis the return to education. Journal of Political Economy, 82, 985-998.

Lieberman, M.(1960). Education as a profession. Englewood Cliffs. NJ: Prentice-Hall.

Mead, G. H.(1934). Mind, Self, and Society. Chicago: University of Chicago Press.

Metz, M.(1978). Classrooms and Corridors. Berkeley, CA: University of California Press.

OECD(2020). Education at a Glance.

OECD(2020). TALIS 2018 Results (Volume II): Teachers and School Leaders as Valued Professionals. OECD Publishing.

Parelius, A. P. & Parelius, R. J.(1978). The Sociology of Education. Englewood Cliffs: New Jersey: Prentice-Hall, Inc.

Rawls, J.(1971). A Theory of Justice. Harvard University Press. 황경식 역(1985). 사회정의론. 서광사.

Reid, I.(1986). The Sociology of School and Education. Fontana.

Sandel, M.(2010). Justice: What's The Right Thing To Do. 김명철 역(2014). 정의론. 와이즈베리.

Schultz, T. W.(1961). Investment in human capital. American Economic Review, 51(1), 1-17.

Seefeldt, C.(2005). How to work with standards in the early childhood classroom. New York, London: Teachers College Press.

Sleeter, C. E. & Grant, C. A.(1988). Making choices for multicultural education: Five approaches in race, class and gender. Columbus, OH: Merrill Publishing Co.

Thurow, L.(1972). Education and Economic Equality, The Public Interest, 28, Summer, 61-81.

United States Department of Education(1993). Proceedings of the third national symposium on limited English proficient student issues: Focus on middle and high issues, 2, Washington D. C.: US department of Education.

Wilson, J. C.(1983). Social Theory. New Jersey: Prentice-Hall, Inc.

Wright, E. & Perrone L.(1977). Marxist Class Categories and Income Inequality. American Sociological Review, 42(1), 32-55.

Young, M.(1971). Knowledge and control: new directions for the sociology of education. Collier-Macmillan.

저자 소개

이정표

이화여자대학교 교육학과 졸업
이화여자대학교 대학원 교육학과(문학석사)
이화여자대학교 대학원 교육학과(문학박사, 교육사회학 전공)
한국교육개발원 연구원
한국직업능력개발원 연구위원
현재: 한양여자대학교 유아교육과 교수

예비유아교사를 위한
교육사회학

초판 1쇄 발행 / 2021년 7월 25일
초판 2쇄 발행 / 2023년 1월 20일
초판 3쇄 발행 / 2025년 3월 20일

●

저　자 / 이　정　표
발행인 / 이　중　수
발행처 / **동　문　사**

●

서울특별시 서대문구 홍제원 1길 12
(홍제동 137-8)
Tel : 02)736-3718(대), 736-3710, 3720
Fax : 02)736-3719
등록번호 : 1974.04.27. 제9-17호
가격 : 15,000원

●

ISBN : 979-11-6328-304-1 (93370)
E-mail : dong736@naver.com
www.dongmunsa.com